이혼했으면 성공하라

이혼했으면 성공하라

2014년 8월 10일 1판 1쇄 인쇄
2014년 8월 20일 1판 1쇄 발행

지은이 | 조명준
펴낸이 | 이종춘
펴낸곳 | BM 성안북스

주　　소 | 121-838 서울시 마포구 양화로 127 첨단빌딩 5층 (출판기획 R&D센터)
　　　　　413-120 경기도 파주시 문발로 112 출판도시 (제작 및 물류)
전　　화 | 02-3142-0036
　　　　　031-955-0511
팩　　스 | 031-955-0510
등　　록 | 1973. 2. 1. 제 13-12호
홈페이지 | www.cyber.co.kr

ISBN | 978-89-315-7747-1 (13180)
정 가 | 15,000원

이 책을 만든 사람들

기획진행 | 이병일
교정 | 김기영
디자인 | 하늘창
마케팅 | 구본철, 차정욱, 나진호, 강호묵
홍보 | 전지혜
제작 | 김유석

이 책의 어느 부분도 저작권자나 BM 성안당 발행인의 승인 문서 없이
일부 또는 전부를 사진 복사나 디스크 복사 및 기타 정보 재생 시스템을 비롯하여
현재 알려지거나 향후 발명될 어떤 전기적, 기계적 또는 다른 수단을 통해
복사, 재생하거나 이용할 수 없음.

이혼했으면 성공하라

이혼을 정면으로 마주보는 법, 이혼의 상처로부터 벗어나는 법
그리고 화려하게 성공하는 법

| 조명준 지음 |

BM 성안북스

서문

/
이혼은
성공할 수 있는 기회다
/

　　어느 누구도 불행한 결혼을 꿈꾸지는 않는다. 더군다나 이혼을 생각하면서 결혼하는 사람은 없다. 그런데도 불행한 결혼 생활을 했고 어쩔 수 없이 이혼을 했다. 이 순간, 자신의 삶이 끝장 난 것처럼 절망할 수 있다. 왜 내게만 이런 일이 생기는 것인지 한탄하고 있을지 모른다. 그러나 잠시 생각해보자. 우리가 결혼을 하기 위해 어떤 준비를 했는지. 과연 무엇이 행복이고 행복한 결혼 생활을 하기 위해서는 어떻게 해야 하는지, 갈등이 생겼을 때는 어떻게 조정해야 하는지 한 번이라도 배운 적이 있던가. 우리는 사랑이라는 환상에 빠져서 무조건 결혼부터 하고 본 것이다. 결혼만 하면 행복할 것이라고 믿으면서 말이다. 그런데 이혼을 했다.

　　이혼을 하지 않으려고 지금까지 참고 견뎠지만 모든 것이 허사로 돌아갔다. 설령 결혼을 지속했다고 해도 행복했을 것이라는 보장도 없다. 실제로도 얼마나 갈등이 심했던가. 차라리 잘된 일일 수도 있다. 하지만 막상 이혼하고 나니 앞으로 어떻게 살아야 할지, 누구와 사랑해야 할지 두렵기만 하다. 또다시 사랑한다면 행복할 수 있을지 자신이 없다. 더군다나 이혼한 지 얼마 되지 않았다면 삶 자체가 뒤죽박죽이 되어 무엇부터 정리해야 할지 감정이 몹시 혼란스럽다.

이 책은 바로 그 혼란스러운 감정을 치유하는 데서부터 시작한다. 그리고 어떻게 하면 이별의 상처를 극복하고 전 배우자를 놓아 보낼 수 있는지 그 방법을 알려준다. 그런 과정을 통해서 미처 해결하지 못한 옛 상처도 치유할 수 있도록 돕는다. 어쩌면 전 배우자와의 갈등은 성장 과정에서 만들어진 상처 때문일 수도 있다. 누구에게나 상처는 있지 않으냐, 그것이 결혼 생활과 무슨 상관이 있느냐고 의아해 할 것이다. 그렇다. 우리는 아무것도 모르고 지금까지 살아왔다.

이제 그것을 알기 위해 나 자신을 돌아봐야 한다. 우선 이혼으로 겪게 되는 외로움, 두려움 그리고 슬픔과 분노 같은 감정들을 정리해야 한다. 그것들을 해결하지 못하면 자신의 상처를 들여다볼 수 없다. 감정이 정리되면 자연스럽게 자신의 상처를 들여다볼 수 있다. 자신의 상처가 무엇인지 그리고 그 상처가 자신의 성격을 어떻게 만들었는지 알게 되면 지금까지 전 배우자와 갈등할 수밖에 없었던 이유도 알 수 있을 것이다. 그런 과정에서 나 자신이 얼마나 성장을 원하고 성숙해지기 위해 노력했는지도 알게 된다. 바로 상처란 단순한 아픔이 아니라 성장하기 위한 진통이라는 사실을 말이다.

우리 몸만 자가 치유 능력을 가지고 있는 것이 아니라 우리 마음도 스스로 치유하고 성장하는 능력을 가지고 있다. 그것이 주변 환경으로 인해 왜곡되고 억압된 것뿐이다. 그것을 푸는 열쇠는 남이 쥐고 있는 것이 아니라 나 자신이 가지고 있다는 것을 깨닫는 순간 우리는 다시 성장할 수 있다. 그러면 인격적인 성숙이 이루어진다.

인격적으로 성숙해야만 행복한 부부 관계를 만들 수 있다. 성장이 멈추고 있는 상태에서는 오히려 갈등만 심해진다. 그런데도 우리는 갈등의 원인을 나 자신이 아니라 상대방에게서 찾으려고 했다. 그래서 치열하게 다투고 갈등하다가 결국 이혼까지 한 것이다.

사람들은 사랑만 있으면 어떤 어려움도 이겨낼 수 있다고 생각한다. 그런데도 사랑에 대해서는 잘 모른다. 그러다 보니 사랑이 아니라 책임과 역할만 다하며 살아왔다. 가정을 위해 희생과 양보를 하는 것이 사랑이라 착각하면서 말이다. 과연 결혼 생활에서 얼마나 사랑하며 지냈는가? 사랑이란 단어가 낯설게 느껴질 수도 있다. 어쩌면 사랑은 어차피 식는 것이 아니냐고 말할지 모른다. 남들도 지지고 볶으면서 살고 있지 않느냐고 말이다.

사랑이 식어버린 결혼 생활, 지금까지 그런 결혼 생활을 해왔기 때문에 이혼한 것이다. 그래서 다시는 사랑도 하지 않고 결혼도 하지 않겠다고 결심했을지 모른다. 이미 결혼 자체에 회의를 느끼고 삶 자체가 너무 허무할 수도 있다.

하지만 이 책에서는 사랑은 감정이 아니라 관계라고 말한다. 그것도 부부가 대등한 관계에서 사랑할 때 행복할 수 있다고. 그리고 갈등이 생겼을 때 어떻게 조절해야 하는지, 관계를 잘 만들어가기 위한 방법도 알려준다. 사랑의 관계를 유지하기 위해서는 부부간의 친밀감이 필요하고, 친밀감을 유지하기 위해서는 성적인 행동이 필요하다. 성적인 문제를 해결할 수 있는 방법도 알려준다. 이 모든 것이 인격적으로 성숙하지 않으면 할 수 없는 것이다. 특히 이혼한 지금 성적인 문제를 어떻게 해결할 수 있는지 명쾌한 해답을 제시한다.

이 책을 다 읽고 나서 스스로 성장했다고 느꼈다면 다행이다. 우리 본성이 무엇을 추구하고 있는지 알게 되면 지금처럼 살지 말아야겠다고 생각할 테니까. 그러면서 나 자신을 있는 그대로 사랑할 줄 알게 된다. 이 단계에 도달하면 이제 누군가를 다시 사랑할 용기를 가질 수 있다. 삶 자체를 희망적으로 볼 수 있다. 그리고 자신이 정말 좋아하고 잘할 수 있는 일을 찾아 새롭게 인생을 설계할 수 있다. 자신이 좋아하고 잘할 수 있는 일을 찾는다면 사람은 반드시 성공하게 되어 있다. 게다가 긍정적인 생각을 하면 삶 자체가 행복하게 바뀐다. 그런 의미로 보면 이혼은 오히려 성공할 수 있는 기회다.

이 책은 분명히 이혼한 사람을 위해 썼다. 그렇다고 이 책을 이혼한 사람만 읽어야 하는 것은 아니다. 지금 이혼을 생각하고 있거나 가정불화를 겪고 있다면 이 책이 큰 도움이 되기 때문이다. 물론 결혼 생활 내내 부부가 함께 행복할 수 있다면 그것처럼 좋은 일은 없다. 이혼이라는 어려운 고난의 시간을 보내지 않아도 되니 말이다. 하지만 지금까지 해왔던 것을 그대로 답습하면서 변화를 하겠다고 한다면 오히려 이혼하는 것보다 더 힘들 수도 있다. 변화는 지금까지의 틀을 깨고 지금보다 더 많은 위험을 감수하고 새로운 것을 배우고 그것을 익혀서 새로운 나 자신을 만들어가는 것이기 때문이다. 그런 과정에서 나 자신에게 제일 좋은 친구는 나 자신이라는 것도 깨달아야 한다.

무엇보다 나 자신이 미완성의 존재라는 것을 알아야 한다. 자신이 완성되지 않았다는 것을 인정해야만 발전할 수 있다. 하지만 사람들은 '세상에 완벽한 사람은 없다'고 말하면서도 부부 사이에서는 스스로 완벽한 척하면서 살고 있다. 그래서 함께 성장할 수 있는 기회를 놓치고 갈등하고 무시하면서 살아온 것이다. 그런 의미로 본다면 이 책은 오히려 결혼 전에 읽는 것이 좋을지 모른다. 그래야만 부부가 같이 노력하는 결혼 생활을 할 수 있고, 함께 인격적인 성숙을 이루어낼 수 있기 때문이다.

그렇다고 이 책이 완벽한 것은 아니다. 이 한 권의 책으로 모든 것을 다 설명할 수는 없었다. 그러나 이 책을 계기로 좀 더 깊게 자신을 들여다보고 계속 성장할 수 있는 발판이 마련되었다면 그것만으로 충분하다고 본다. 그것을 발전시켜서 자신을 성장시키는 것은 독자의 몫으로 돌린다. 무엇보다 이혼으로 아파하고 있는 사람들에게 새로운 희망을 줄 수 있고 이혼을 성공의 기회로 삼을 수 있다면 더 이상 바랄 것이 없다. 끝으로 이 책의 출간을 도와준 성안북스 편집부 여러분에게 감사를 드린다.

2014년 6월
조명준

차례

서문 - 이혼은 성공할 수 있는 기회다 /4

제1부 이혼한다는 것

01 이혼은 아프다 /17
02 이혼을 준비하는 사람은 없다 /22
03 이혼은 삶 자체를 무기력하게 만든다 /27
04 왜 이혼 사실을 숨기려고 하는 것일까? /32
05 도움을 받을 수 있는 응원군을 만들어라 /36
06 자녀 문제로 이혼을 후회하고 있다면… /44
07 시간이 지난다고 상처가 저절로 아물지는 않는다 /49

제2부 이혼의 함정

01 이혼 후에 제일 먼저 두려움이 찾아온다 /57
02 외로움의 진실 /63
03 혼자된다고 외로운 것은 아니다 /68
04 이혼은 슬픔과 함께 시작된다 /74
05 우울증 극복하기 /79
06 분노는 힘든 상황을 극복하기 위한 원동력이다 /85
07 적절한 분노를 표현하는 방법 /90
08 자신의 감정을 정리하라 /96
09 이혼은 죄책감을 느끼게 한다 /102

제3부 당신의 결혼 생활을 돌아보라

01 당신의 결혼 생활을 돌아보라 / 111
02 나는 원래 그런 사람이 아니었다 / 118
03 부부란 무엇인가? / 123
04 무엇이 이혼하게 만들었을까? / 128
05 결혼 생활에서 섹스만큼 중요한 것도 없다 / 134
06 왜 부부는 대등해야 하는가? / 139
07 참고 견디는 것은 노력이 아니다 / 145

제4부 상처가 이혼하게 만들었다

01 결혼은 두 사람이 하는 것이 아니다 / 153
02 건강하지 못한 적응 행동이 갈등을 만든다 / 158
03 상처는 왜 생기는 것일까? / 165
04 사랑의 블랙홀 / 171
05 상처가 어떻게 갈등을 만드나? / 176
06 그렇다면 모두 부모 탓인가? / 182
07 나를 사랑한다는 것 / 188

제5부 섹스, 이혼 그리고 그 이후

01 잘못된 섹스가 이혼을 부추겼다 / 197
02 섹스 트러블만큼 자존감을 낮추는 것은 없다 / 202
03 섹스를 완성시키는 것은 사랑이다 / 207
04 이혼 후 개인적인 성적 변화 / 212
05 성적 관리가 필요한 이유와 그 방법 / 218
06 돌아온 싱글의 성생활 / 222

제6부 관계 맺는 방법을 배워라

01 이혼은 관계의 실패를 의미한다 / 231
02 지금까지 어떤 관계를 유지해 왔나? / 236
03 관계의 중심을 나한테 둔다는 것 / 242
04 원만한 대화법 배우기 / 247
05 장점을 보지 못하면 서로를 존중할 수 없다 / 251
06 불만을 말하더라도 상대방을 비난하지 마라 / 257
07 두 사람만의 규칙 만들기 / 263
08 성장한다는 것 / 270

제7부 새로운 시작을 위한 준비

01 관계를 정리하는데 오래 끌지 마라 /279
02 '놓아 보낸다'는 것은 어떤 의미인가? /283
03 용서는 나를 위해 하는 것이다 /288
04 자존감을 높여라 /293
05 자신을 돌보는 법 배우기 /300
06 자존감이 낮을수록 잘못된 배우자 상을 가지고 있다 /305
07 당신 자신을 믿어라 /311

제8부 화려하게 성공하라

01 이혼은 분명히 기회다 /319
02 이제 미래를 위해 목표를 세워라 /324
03 외모를 가꾸어라 /332
04 나만을 위한 교육 프로그램 짜기 /336
05 행복 습관 새로 만들기 /341
06 그래도 사랑이다 /347

이혼했으면 성공하라

이혼은 아프다 / 이혼을 준비하는 사람은 없다 / 이혼은 삶 자체를 무기력하게 만든다
왜 이혼 사실을 숨기려고 하는 것일까? / 도움을 받을 수 있는 응원군을 만들어라
자녀 문제로 이혼을 후회하고 있다면… / 시간이 지난다고 상처가 저절로 아물지는 않는다

제1부
이혼한다는 것

지금 이혼한 지 얼마 되지 않아 많은 아픔을 경험하고 있다면
당분간 많이 아파하면서 힘들어해도 된다.
충분히 아파하면서 자신이 왜 그처럼 고통을 당하고 있는지
그리고 어떻게 해야 다시는 이런 잘못된 관계를 만들지 않을 수 있는지
알아보는 시간을 가지는 것이 필요하다.

이혼은 아프다

이혼의 고통은 상실의 아픔이다

이혼하고 나면 제일 먼저 아픔을 느낀다. 상실의 아픔 중에 가장 가슴이 아픈 것은 바로 사랑의 상실이다. 그러나 우리는 사랑을 잃기 전까지 자신이 얼마나 사랑의 힘에 의존하고 있었는지 의식하지 못하는 경우가 종종 있다.

"왜 이렇게 가슴이 아픈 것일까?"

그것은 바로, 전 배우자와의 사랑이 특별났기 때문이다. '특별나기는? 매일 싸우기 바빴는데 무슨 소리하는 거야?'라고 말할지 모른다. 그러나 배우자 자체가 이미 다른 사람과 다르다. 그 사람은 인생의 전부였고 앞으로도 그럴 것이라 믿으면서 함께한 시간이 있기 때문이다.

　우리가 인정하지 않으려고 해도 분명한 것은 그 사람과 함께 하루하루를 살아가는 의미와 보람을 느껴왔다는 사실이다. 하루가 끝났을 때 반갑게 맞아주고 자신이 하는 일을 인정해주고 가치를 알아주고 함께하는 것으로 인해 행복했다. 자신의 현실적인 삶만이 아니라 미래에 대한 꿈도 모두 그 사람과 함께했다. 그리고 두 사람 사이에 자녀가 있다면 더욱 그렇다. 어떻게 보면 몸과 마음뿐만이 아니라 영혼까지 하나였던 사람이다. 그런 관계가 무너졌다면 그 어떤 고통보다 클 것은 당연하다.

　어느 순간에 삐거덕거리면서 많은 갈등을 경험했다 해도 그것이 두 사람의 관계를 파괴하지 않으리라는 막연한 믿음이 있었기에 더 치열했다. 그리고 앞으로 좋아질 것이라는 기대감을 가지고 있었다. 그런데 모든 것이 끝나버렸다. 마치 절대로 무너지지 않을 것 같은 거대한 성城이 하루아침에 무너지고 나면 남는 것은 황폐함이다. 설령 오랜 갈등으로 인해 사랑이 사라졌다 해도 함께해온 세월만큼 여전히 남아 있는 기대와 믿음마저 지워야 한다면 그 자체가 고통이고 외로움인 것이다. 그것을 감당할 수 있는 사람이 얼마나 있을까?

　사랑하는 사람을 잃었을 때 상대에게 얼마나 의지하고 집착했느냐에 따라 다시는 결코 사랑할 수 없으리라는 확신의 정도도 달라진다. 비록 수많은 갈등을 느꼈다 해도 그 내면에는 배우자에 대한 의존과 애착이 숨어 있다. 그래서 배우자의 사랑 없이는 더 이상 행복할 일도 없고 남은 인생이 아무런 의미가 없다고 느껴진다. 본인이 인식하지 못한다 해도 마음속의 빈자리가 예리한 칼날처럼 가슴을 찌른다.

처음 이런 경험을 하게 되면 아연실색하고 그것을 인정하지 않으려고 한다. 그 고통이 너무 크기 때문이다. 주변의 시선이나 미래에 대한 불안감도 한몫을 하겠지만 무엇보다 자신을 정말 괴롭히는 것은 이제 사랑할 수도, 사랑받을 수도 없다는 것이다. 자신이 선택하고 오랫동안 함께해온 사람과 이별하게 되면 사랑의 대상이었고 자신을 떠받쳐 주고 지지해 주는 힘의 근원이 상실한 것을 느낀다.

항상 일정한 공간에서 자신이 생활을 하고 그 안에 함께하는 사람이 있었는데 그것이 하루아침에 사라져버렸다. 마치 둥지를 잃어버린 새처럼 갈 곳이 없는 것이다. 같은 집에 들어간다 해도 예전의 그 집이 아니라 따뜻한 분위기는 사라지고 냉기만 감돌 뿐이다. 그리고 가구로 가득 차 있다 해도 텅 빈 느낌은 집을 썰렁하게 만들고 적막하게 만든다. 마치 몸의 일부가 잘려나간 것처럼 휑하니 찬바람이 한쪽을 스치고 지나간다. 울어도 위로해 줄 사람이 없고 품에 안기고 싶어도 허허로운 벽만이 지켜본다. 그렇게 되면 마음이 움츠러들고 아픔이 우리를 집어삼킨다.

"아냐, 그럴 리가 없어! 난 받아들일 수 없어. 이건 현실이 아냐."

너무 고통스러워서 견디기 힘들기 때문에 이렇게 외치면서 현실을 인정하려고 하지 않는다. 극심한 고통에 빠져 있을 때 어느 누구도 위안이 되지 못한다. 마치 가슴이 뻥 뚫린 것 같은 느낌, 완전히 패배한 느낌, 목숨이 붙어 있지만 사실은 죽은 것 같은 느낌이 든다. 너무 두렵고 무서워서 정말 죽고 싶은 기분이다. 그런데도 죽지는 않는다. 그 이유는 우리 인간에게는 감당할 수 있을 만큼만 고통을 느끼게끔 프로그래밍되어 있기 때문이다. 고통이 너무 크면 우리는 그것을 충분히 겪어내면서 그 안에서 무언가를 배울 만한 힘을 기를 때까지 그 고통을 인정하지 않고 감추려고 한다. 우선 감당할 수 있을 만큼만 고통을 받아들이고 나머지는 그 고통을 인정하지 않고 그것을 '부인 否認의 자루' 속에 감추어버린다.

고통스러운 현실을 인정하는 데서 치유는 시작된다

지금의 고통이 너무 커서 모든 것을 거부하거나 불신의 눈으로 세상을 보게 될지도 모른다. 그런 심리가 자신을 지켜주는 것처럼 보이지만 그것이 부정적인 경험을 다시 하게 만드는 요인이 되기도 한다. 어느 때는 감추는 것이 고통을 극복하는 데 도움이 되기도 하지만 대개는 오히려 고통에서 벗어나 새롭게 성장하는 데 방해가 된다. 고통이 너무 크게 느껴지면 이혼한 사실조차도 인정하지 않으려 하기 때문이다. 물론 이성적으로는 이미 일어난 일이기 때문에 인정하지 않을 수 없다. 그러나 내면에서는 현실을 인정하지 않으려고 한다. 다음 날 잠에서 깨어나면 모든 것이 예전으로 돌아와 있기를 바란다. 그저 나쁜 꿈을 꾼 것이라면 얼마나 좋을까. 그러나 그 일이 실제로 일어났으며 이제는 돌이킬 수 없다는 것을 깨닫는다.

아무것도 할 수 없다는 무력함을 인정하는 순간 외로움이 엄습해 온다. 그러다 보니 살아가는 의미를 상실하고 더 이상 사랑할 자신도 없다. 모든 것이 끝나버린 것 같은 공허함에 외로움은 살을 에는 듯한 추위로 다가온다. 이것이 외로움이다. 살아갈 의미와 보람이 사라져버린 것이다. 그래서 앞으로 어떻게 살아야 할지 막막하고 쓸쓸하고 초라하기 이를 데 없다. 그만큼 외롭고 힘이 드는 것이다. 자신의 전부였던 사람이 없다. 그것을 채우지 못하면 질식할 것 같다. 외로움이란 바로 특정한 사람에 대한 이런 감정이다. 그래서 아프다. 마음만 아픈 것이 아니라 몸도 아프다.

하지만 이 역시 지나간다. 시간이 지나고 마음을 추스르면 또다시 사랑하고픈 욕구를 느낀다. 더 이상 전 배우자의 사랑에 의지하지 않고 자신에게 사랑과 지지를 보내 줄 또 다른 대상에게 마음의 문을 열게 된다. 그렇게 되면 전 배우자에게 의존하지 않고도 사랑으로 가슴을 채울 수 있다. 그때는 아프지도 않고 외롭지도 않다. 하지만 사랑을 상실했다는 아픔을 피하기 위해 서둘러서 또 다른 사랑에 뛰어들면 또다시 아픈 경험을 하고 말 것이다. 그렇기 때문에 아프다고 무조건 피하거나 그저 시간이 지나가기만 기다리는 것은 어리석다. 잘못되었다고 생각하는 순간 삶 전체를 한 번쯤 돌아보면서 무엇이 잘못되었는지 바로잡는 것도 나 자신을 성장시키는 방법이고 그런 삶이 우리를 행복한 삶으로 인도하기 때문이다.

지금 이혼한 지 얼마 되지 않아 많은 아픔을 경험하고 있다면 당분간 많이 아파하면서 힘들어해도 된다. 충분히 아파하면서 자신이 왜 그처럼 고통을 당하고 있는지 그리고 어떻게 해야 다시는 이런 잘못된 관계를 만들지 않을 수 있는지 알아보는 시간을 가지는 것이 필요하다. 어쩌면 그것이 쓴 약처럼 상처를 치료하고 건강한 삶을 사는 데 도움이 될 것이다.

이혼을
준비하는 사람은 없다

마음의 준비 없이 맞는 이혼

모든 것이 불확실한 상황에서 이혼했다고 두려워만 할 이유는 없다. 어차피 맞지 않은 상대와 남은 시간을 갈등 속에서 사느니 새롭게 시작하는 것도 나쁘지 않다. 많은 이혼자는 지금까지 살아온 시간이 아깝고 그동안 노력한 것이 모두 수포로 돌아간 것에 안타까워한다. 그렇게 노력을 했는데도 맞지 않았다면 당연히 맞는 상대를 만나서 새롭게 시작해야 한다. 하지만 새로운 상대를 만난다는 것은 생각도 하지 못한다. 오히려 전혀 예측하지 못한 이혼에 황당해 할 뿐이다.

사실 이혼을 선택할 때 이혼 후 새로운 인생을 살아야겠다고 계획을 세우는 사람은 거의 없다. 단지 관계를 지속할 수 없었기 때문에 이혼한 것이다. 그렇다고 이혼을 쉽게 생각한 적은 없다. 그저 어쩔 수 없는 상황까지 끌고 가다 보니 결국 이혼을 택한 것뿐이다. 그러니 언제 이혼 후 펼쳐질 삶을 머릿속에 떠올려볼 여유가 있었겠는가. 오히려 이혼 후의 삶을 떠올렸다면 차마 용기를 내지 못했을지도 모른다. 이혼한 지금, 새로운 상대를 만나겠다는 생각은커녕 앞으로 어떻게 살아야 할까 하는 걱정만이 앞서니 말이다. 이처럼 새로운 삶을 생각하지 않으면서도 관계를 끝낸다는 것 자체가 하나의 고통이다.

우리가 이혼을 하고도 한동안 새로운 상대와의 사랑을 생각하지 못하는 데는 나름대로 정한 신념이 있기 때문이다. 결혼을 할 때 우리는 한 사람을 만나 그 사람과 평생 행복하게 살아갈 것이라는 신념을 가졌을 뿐, 결혼 후 마음에 들지 않으면 그것을 어떻게 조정하고 그래도 안 되면 이혼을 하고 새로운 상대를 찾겠다고 설계한 적이 없다.

사랑은 감정이 아니라 관계다

우리는 사랑 때문에 결혼한다는 말을 즐겨 해왔다. 그러나 사랑이라는 감정은 항상 변하게 되어 있다. 사랑의 감정은 일정한 시간이 지나면 자연스럽게 시들해지게 되어 있다. 그다음에는 관계라는 것만 남는다. 그런데 사람들은 싸늘하게 식어버린 관계만 알았지 어제보다 오늘, 오늘보다 내일 더 많이 사랑하게 만드는 관계의 기술에 대해서는 모른다. 그래서 사랑이 식었다는 둥 사람이 달라졌다는 둥 불만만 털어놓을 뿐이다. 그러면서 한편으로는 배우자가 아닌 사람과의 새로운 사랑을 꿈꾸기도 한다. 하지만 쉽게 실천하기 어렵고, 설령 실천한다 해도 그 사랑 역시 변할 것이기 때문에 새로운 사람과 결혼하기보다는 그냥 사랑만으로 끝내기를 원한다. 그래서 외도를 할지언정 이혼은 생각한 적이 없다.

    이처럼 우리는 사랑만을 생각할 뿐 그 사랑을 관계라는 기술로 성장시켜야 한다는 것을 알지 못한다. 그저 관계가 삐걱거리기 시작하면 서로를 원망하면서 정 때문에 참고 산다고 말한다. 전혀 헤어질 것을 염두에 두지 않고 오직 상대방의 성격이나 습관을 바꿈으로써 갈등을 없애려고 한다. 그런데 사람의 성격이나 습관을 바꾼다는 것은 그 사람의 정체성을 바꾸는 것만큼 어렵다. 그래서 원망하게 되고 화를 내고 그것을 견디지 못하면 서로 피하기 위해 각방을 쓰기도 한다. 서로 차갑게 대하면서도 차마 헤어지지 못해서 그냥 한집에 살면서 정 때문에 산다고 말한다. 마치 이혼하지 않는 것이 사랑인 듯이 말이다. 하지만 마음에 들지 않는 것을 지켜보는 것 자체가 고통이고 불행이다. 그냥 아무것도 하지 않고 체념한 채로 견디고 있다고 표현하는 것이 더 정확할지 모른다.

이혼은 새로운 삶과 사랑을 찾는 계기일 수도 있다

    우리의 삶이란 여러 가지 경험을 하기 위한 여정이다. 철학적으로 들릴지 몰라도 아무 일도 하지 않고 그냥 견디기보다는 실수를 하더라도 변화를 시도해 보는 것이 더 낫다는 말이다. 고통스러운 현실에서 꼼짝도 하지 않고 있는 것보다는 위험해 보여서 두렵더라도 일단 고통에서 벗어나는 것도 새로운 경험일 수 있다. 물론 변화의 방법이 꼭 이혼만 있는 것은 아니다. 지금까지 갈등과 원망 속에서 결혼 생활을 하고 있다면 이제라도 관계의 기술을 배워서 사랑을 성장시키면 된다. 하지만 이미 이혼을 했다.

그렇다면 생각을 바꾸어보는 것도 좋다. 이혼이란 새롭게 펼쳐질 신세계에 대한 설렘일 수도 있다. 낡은 삶을 청산하고 새로운 삶을 산다는 설렘, 새로운 사람을 만나서 다시 사랑을 할 수 있다는 설렘이다. 그리고 그 사랑을 성장시키는 새로운 경험을 할 수 있다는 설렘일 수도 있다. 그런데도 그렇게 생각하기에는 아무것도 모르고 더군다나 당장, 이혼 후의 삶 자체가 불확실하고 세상 사람들이 손가락질하는 것이 무섭고 색안경을 쓰고 볼 것 같아 두렵기만 하다.

그래서 오히려 이혼의 정당성을 찾기 위해 다시 한 번 노력을 하게 된다. 이혼 후의 미래를 생각하기보다는 자신이 지금 경험하고 있는 문제를 정리하기도 바쁘다. 분명한 것은 이미 이혼을 했는데도 아직도 머릿속에서는 부부 싸움이 계속되고 있고 법정 다툼이 계속되고 있다는 것이다. 왜냐하면 자신이 왜 이혼을 했는지에 대해 주변 사람들에게 설명할 필요가 있기 때문이다. 자신이 얼마나 힘들었는지 배우자의 단점을 최대한 수집해서 자신을 변명해야 하고, 그런 삶이 얼마나 고통스러웠고 자신이 이런 결정을 하기까지 많은 시간을 고민했다는 것을 자기 자신에게 납득시켜야 하고, 그다음에 주변으로부터 지지를 받아야 한다. 그렇지 않으면 자신이 너무 비참해지기 때문이다.

지금 당장 현실에 닥친 문제를 해결하는 데도 급급하다. 앞으로 어떻게 살아야 할지, 무엇을 하면서 살게 될지 그리고 새로운 배우자를 어떤 사람으로 선택할지 등에 대해서는 전혀 생각하지 않는다. 더군다나 관계의 기술에 대해서는 한 번도 생각해보지 못했기 때문에 생각조차 하지 않는다. 그저 이혼이라는 막막하고 아득한 암흑 속에 빠져든 느낌이다. 그래서 혼자 살면서 엄청난 자기혐오나 자기 비난과 패배 의식에 빠져서 우울한 시간을 보내곤 한다. 그러나 중요한 것은 삶을 결정하는 것도 나 자신이고, 나 자신의 행복을 위해 중요한 선택을 했다는 것이다. 그렇다면 이제부터 어떻게 해야 행복할 수 있는지 그 해답을 찾으면 된다. 지금 그런 생각을 하고 있는가?

생각을 바꾸면 처음부터 다시 시작해 새로운 사랑을 만나는 놀라운 보상을 받을 수 있다. 물론 쉬운 일은 아니다. 새로운 사랑을 하기 위해서는 나 자신이 새롭게 태어나야 한다. 새로운 나를 찾고 새로운 삶을 탄생시킨다는 데는 틀림없이 산고産苦가 따른다.

지금 당장 이것을 인정한다는 것은 너무 성급한 일인지 모른다. 그러나 이혼한 사실을 인정하는 순간, 생각이 바뀌면 서서히 이런 사고방식이 도움이 될 것이다. 어쨌든 이미 벌어진 일에 대해 한숨을 쉬면서 울고 앉아 있기보다는 꿈꾸는 이상형의 배우자를 새롭게 만나서 황홀한 사랑을 할 수 있다는 상상만 해도 기분이 좋아질 것은 틀림이 없다. 잠시 얼굴에 미소를 띠어보자. 조금은 위안이 될 것이다.

이혼은 삶 자체를
무기력하게 만든다

이혼한 직후의 정신적 혼란과 무기력함

이혼하고 나면 예측할 수 없는 수많은 감정이 한꺼번에 밀려와 자신도 모르게 무기력해진다. 마음속으로 이미 벌어진 일을 되돌릴 수 없다는 무능함과 싸운다. 그러면서도 헤어진 사람에 대한 원망과 분노가 속에서 끓어오른다. 한없이 밉다가도 한편으로는 보고 싶다. 사랑과 미움의 감정이 동시에 밀려오면서 다시는 만날 수 없다는 생각에 스스로 눈을 감아버린다.

어떻게 이혼까지 하게 되었는지 이해할 수 없고 현실로 느껴지지 않아서 마치 남의 일처럼 멍한 생각이 들고 무감각해진다. 엄청난 충격인 것이다. 우울하고 허탈하다. 두려움과 공포가 밀려온다. 가만히 앉아 있을 수가 없다. 몸이 부들부들 떨리고 심장이 두근거려서 숨 쉬기도 힘들다. 절망, 무력감, 감당할 수 없는 느낌이 든다. 감정 조절이 되지 않아서 며칠을 내리 울거나 소리를 지르거나 미친 듯이 친구들에게 전화를 한다. 그러면서도 그 사람과의 관계가 끝났다는 것은 창피해서 차마 말도 꺼내지 못한다. 모든 것이 그 사람 때문이라는 생각에 걷잡을 수 없는 분노가 치밀어 오르다가도 자신이 관계를 망쳤다고 자책하면서 자기혐오에 빠지기도 한다.

"나는 왜 이 모양일까? 왜 내게만 이런 일이 생기는 것일까?"

갑자기 자신이 불쌍해지고 불행하다는 피해 의식을 느낀다. 언젠가 이 고통이 사라지더라도 다시는 아무도 믿을 수 없고 또다시 사랑할 수 없을 것만 같다. 그래서 달려가 매달리고 싶어진다. 쓰라린 상처를 바라보면서 삶이 결코 예전으로 돌아갈 수 없을 것 같아 두렵다. 머리로는 관계가 끝났다는 것을 인정하면서도 마음으로 받아들여지지 않는다. 아무것도 할 수 없다는 절망의 나락으로 곤두박질치면서 극심한 정신적인 혼란을 겪고 있는 것이다.

모든 것이 정지된 것처럼 시간은 흐르지 않고 하루하루 공허한 순간을 메우기 위해 혼자 방 안에 처박혀 철저히 혼자만의 세계로 빠져든다. 어느 때는 분노하고 어느 때는 슬퍼하면서 하루를 보낸다. 아프기도 하고 혼란스럽기도 하고 한편으로는 잘된 일이라고 생각하기도 한다. 한꺼번에 너무 많은 감정이 뒤섞이기 때문에 무엇이 진짜 자기감정인지, 지금 어떤 감정부터 처리해야 할지 몰라서 오히려 아무것도 할 수 없다. 그래서 무기력하게 느껴진다. 자신이 할 수 있는 일은 아무것도 없다는 것이 무서운 것이다.

절망의 나락에 떨어지면 사람들은 방향 감각을 상실하고 어디로 가야 할지 분간을 하지 못한다. 마치 거대한 소용돌이 속에 빠져 허우적거리면서 살려달라고 아무한테나 도움을 청하고 싶은 심정이다. 주변에 있는 가족이나 친구들에게 하소연도 해보지만 자신을 이해해주지 못하는 것 같아서 답답하고 화가 나기도 한다. 아무도 자신의 마음을 알아주지 않는 것 같은 외로움에 더욱 비참해지는 것을 느낀다.

사실 지금 할 수 있는 일은 아무것도 없다. 이럴 때는 차라리 가만히 고통을 겪는 것이 자신의 삶에 도움이 된다. 감정이 혼란스럽다는 것은 자신의 생각이 정리되지 않았기 때문이다. 감정 하나하나가 자신의 복잡한 생각인 것이다. 그렇기 때문에 생각을 하나 둘씩 정리하다 보면 감정 역시 하나 둘씩 정리가 된다. 당장은 너무 아픈 것 같지만 그것이 오히려 우리 삶을 돌아보게 하는 기회이다.

시간을 갖고 감정을 되돌아보며 정리하기

왜 이혼하게 되었는지, 자신에게 어떤 문제가 있었는지, 그 사람에게는 또 어떤 문제가 있는지, 왜 그런 사람을 만났는지, 왜 그 사람과의 관계를 발전시키지 못하고 갈등만 반복하다가 헤어지게 되었는지, 과연 헤어지지 않을 수는 없었는지…. 여러 생각을 진지하게 하면서 뭔가 방법을 찾을 수 있는 기회가 된다. 그리고 관계를 성장시키는 방법을 배우고 그렇게 되기 위해 나 자신이 성장해야 한다는 것을 깨닫는 순간, 이혼은 삶의 끝이 아니란 것까지 알게 된다.

그렇다고 진지한 고민도 없이 시간이 해결해 줄 것이라고 생각하는 것은 어리석다. 술을 마시고 하루하루 고통을 피하려고 하면 결국 아무것도 얻지 못한다. 또 무턱대고 친구들이나 가족의 위로나 충고에 의존하는 것도 좋지 않다. 그런 말들은 그럴듯해 보여도 역효과를 초래하는 일이 많다. 잠시 위안이 될지 몰라도 자신의 삶을 결정하는 데 도움이 되지 않기 때문이다.

로버트 키요사키가 쓴 〈부자 아빠 가난한 아빠〉에 나오는 이야기처럼 아들이 사업에 실패했을 때 가난한 아버지는 '이제 어떻게 살 것이냐? 무엇을 해서 먹고살 것이냐?'고 묻는다. 한없이 걱정하면서 아들을 위로하는 것 같지만 결국 가난한 아빠는 아들에게 좌절감만 심어준다. 하지만 부자 아빠는 '하늘을 날 때 수직으로 똑바로 상승하는 새는 없다. 반드시 아래로 내려갔다가 하늘로 날아오른다.'고 말해준다. 지금의 실패가 끝이 아니라 상승하기 위한 단계라고 하면서 용기를 심어주는 것이다. 이처럼 위로보다는 용기를 줄 수 있고 올바른 방법을 알려주는 것이 이혼 후의 삶을 성공으로 만들어준다.

지금 수많은 감정에 휩싸여 혼란에 빠져 있는 것은 아직 최선의 답을 찾지 못했기 때문이다. 그것을 정리하는 데는 시간이 필요하다. 비록 그 시간이 비참하다고 해도 올바른 답을 찾을 때까지 겪어내야 한다. 아프면 아픈 대로, 슬프면 슬픈 대로, 화가 나면 화가 나는 대로 그 감정을 받아들이는 것이 성장의 과정이기 때문이다. 혼란스러운 감정을 하나하나 적극적으로 돌아보는 시간을 가짐으로써 우리가 잃어버린 것을 인정하게 되고 붙잡고 있던 손을 놓음으로써 또다시 사랑할 수 있는 힘을 얻는다. 전 배우자가 아니라 해도 우리 스스로 사랑을 할 수 있고, 지금 상실의 아픔을 겪고 있다 해도 가슴속의 사랑은 없어지는 것이 아니라는 사실을 깨닫게 되면 계속 사랑할 수 있다는 믿음이 생긴다. 이별이 또 다른 기회가 된다는 것을 알게 되는 것이다. 그러니 현재의 무기력함은 새벽 직전의 어둠일 뿐이다. 곧 새벽이 밝아온다.

왜 이혼 사실을
숨기려고 하는 것일까?

사회적 편견에 위축되지 말고
이혼 사실을 당당히 받아들여라

이혼하고 나서 바로는 자기 자신도 이혼 사실을 인정하지 않으려 하고 외부에 이혼 사실을 숨기려고 한다. 이혼했다는 충격이 너무 크기 때문에 처음에는 감당이 되지 않는다. 기계적으로 일을 하고 있지만 현실인지 아닌지도 구분이 되지 않을 정도다. '그래, 이건 꿈이야. 내가 왜 이런 악몽을 꾸고 있을까?' 이렇게 되뇌며 이혼 사실을 부인하려고 한다.

사람은 아무리 큰 충격을 받더라도 시간이 지나면 하나씩 인정하면서 문제를 해결해가는 능력을 가지고 있다. 물론 도저히 감당하기 힘든 경우라면 그 일 자체를 까맣게 잊어버리기도 하지만 말이다.

이혼을 하면 여러 가지 문제가 한꺼번에 몰려온다. 경제적인 문제나 아이들 문제, 혼자라는 문제, 사회적 시선 등과 같이 당장 부딪히는 문제도 있지만 전혀 몰랐던 문제가 하나씩 불쑥 튀어나온다. 예측하지 못한 문제 때문에 모든 것이 복잡하게 느껴져서 갈팡질팡한다. '현명하고 계획적으로 하나씩 해결하라고?' 말이 쉽지 그것이 가능할 것 같지도 않다.

간단하게 이혼한 사실만 인정하라고 하면 그것은 어렵지 않다. 인정한다고 해서 문제가 해결되는 것이라면 말이다. 하지만 현실적으로는 너무 복잡하게 얽혀서 실마리를 찾을 수 없어 아무 생각도 나지 않는다. 그러면서도 무의식적으로 '어떡하지? 뭘 하지? 어떻게 될까?'와 같은 질문을 끊임없이 하고 있다. 그렇다고 확실하게 대답을 찾는 것도 아니다. 어차피 시간이 지나야만 해결될 문제들이다.

결국 자신이 당장 견디지 못하기 때문에 모든 것을 부정하려고 한다. 내면에서는 이혼과 관련한 어떤 고통도 받아들이지 않는다. 그것을 거부하기 위해 스스로에게 거짓말을 하기도 한다.

"지금 별거 중이야."

그러면서 아무 일도 없었던 것처럼 전 배우자가 돌아올지 모른다는 생각도 한다. 그래서 스스로에게 지금 별거 중이라고 위로하는 것이다. 하지만 그것이 현실적으로 불가능하다는 것도 알고 있다. 현실을 부정함으로써 새로운 환경에 적응할 시간을 가지려는 노력이다.

주변 사람들에게도 이혼 사실을 감추려고 한다. 아직 이혼에 대한 확신이 없기 때문에 나중에 알리겠다는 유보적인 생각도 있지만 그보다는 이혼에 대한 불합리한 사회적인 편견을 스스로 감당할 자신이 없기 때문이다.

우리 사회는 일부일처제를 지탱하기 위해 이혼을 탐탁지 않게 생각하는 사람이 많다. 일부종사—夫從事라는 말이 있어서 한 여자가 한 남편만을 섬기지 못하면 마치 커다란 도덕적 결함이 있는 것처럼 말한다. 또 조강지처糟糠之妻를 버리면 벌을 받는다고 하면서 아내와 헤어지면 무슨 큰 잘못이라도 저지른 것처럼 비난의 눈길을 보낸다. 요즘은 이런 인식이 많이 개선됐다고는 하지만 이혼한 사람들을 비아냥대는 것은 여전하다.

예를 들어 '성격 차이'로 이혼했다고 하면 '성적 차이'로 이혼을 했다고 받아들인다. 그래서 이혼한 여자는 섹스를 너무 밝히거나 아니면 불감증일 것이라고 지레 짐작하는 경향이 있고, 남자는 외도를 했거나 성적으로 무능할 것이라고 의심하는 경향이 있다. 이처럼 이혼을 했다는 이유로 감추고 싶은 사생활이 사람들의 입에 오르내리면서 왜곡되고 각색되는 것이 두렵다.

가뜩이나 머릿속이 복잡한데 주위 사람들에게 이런 말까지 들을 것을 생각하면 도저히 견딜 수가 없다. 그래서 이혼했다는 사실을 웬만하면 숨기려고 한다. 사람을 만나는 것이 두렵고, 설령 사람을 만난다 해도 자신의 속내를 드러내지 않다 보니 즐겁지 않고 겉도는 느낌이 들어서 사람들과 어울려도 외로움을 느낀다. 물론 시간이 지나면서 자연스럽게 사람들이 이혼한 사실을 알게 된다. 그러나 그때까지는 이혼했다는 말을 굳이 먼저 꺼내지는 않는다. 이혼 사실이 뭐가 자랑스럽다고 내 입으로 먼저 이야기하느냐는 식이다. 바로 본인 자신도 사회적인 편견에서 벗어나지 못하고 있는 것이다.

 하지만 이런 것도 핑계일지 모른다. 이혼을 하게 되면 자존감이 바닥으로 떨어진다. 모든 것에 자신이 없고 뭔가 잘못을 저지른 것처럼 느껴져서 열등감마저 갖는다. 왠지 패배자가 된 느낌이고 남보다 못하다는 생각이 들어서 견딜 수가 없다. 스스로 부끄럽게 생각하는 것이다. 이혼한 사실을 당당하게 생각하지 못하기 때문에 숨기고 싶은 것이다. 물론 우리 사회가 이혼한 사람에 대해 곱지 않은 시선을 갖고 있는 것도 사실이다. 하지만 예전과 다르게 요즘은 이혼에 대한 생각이 많이 달라져 있다. 오히려 자기 자신이 그 편견을 버리지 못하고 있는 것이 더 문제일 뿐이다.

 이혼 사실을 감추다 보면 자신도 모르게 위축이 되어서 사람과의 관계만 불편해진다. 그렇다고 계속 이혼 사실을 감출 수는 없다. 그것을 인정하기까지 시간이 필요하다. 사람에 따라서 빨리 인정하는 사람도 있지만 생각보다 많은 시간을 필요로 하는 사람도 있다. 어느 정도 힘을 얻으면 복잡하고 어수선했던 머릿속이 맑아지면서 무엇부터 해결해야 하는지 서서히 가닥을 잡을 수 있다. 그러면서 이혼 사실을 인정하고 주변 사람에게도 도움을 요청할 수 있는 힘을 가지게 된다. 이제 곧 그때가 올 것이다.

도움을 받을 수 있는
응원군을 만들어라

문제를 혼자만의 힘으로 해결하려 하지 말라

이혼을 하고 나면 갑작스럽게 세상으로부터 동떨어진 느낌, 쓸모 없는 사람이 된 느낌이 든다. 스스로도 세상과 담쌓고 집 밖을 나서는 것을 두려워하다 보니 인간관계에 문제가 생기기 시작한다. 혼자 지내는 시간이 길어지면 대단히 위험해질 수 있다. 슬픔이 더 크게 느껴져서 자칫 심각한 우울증에 빠지기 때문이다. 내리 생각에만 빠져 있으면 이혼에 대한 집착이나 과도한 자책으로 연결될 수도 있다.

이혼이란 둘만이 공유하는 일상이나 습관, 둘만의 사랑과 친밀감이 사라졌다는 것을 의미한다. 두 사람이 상당 기간 함께하면서 익숙해진 시간은 사라지고 혼자라는 전혀 낯선 시간이 된 것이다. 철저하게 혼자일 수밖에 없는 밤 시간이나 주말은 더 괴롭다. 그런 시간이 많아질수록 자신도 모르게 위축되고 외로움에 빠져든다.

그렇기 때문에 자신을 응원해줄 사람들이 필요하다. 이혼하게 되면 제일 먼저 옛 가족을 찾아 도움을 요청하곤 한다. 본가나 친정 식구들만큼 사심 없이 내 편이 되어줄 사람은 없기 때문이다. 그래서 많은 이혼자는 가까운 부모, 형제자매를 찾는다. 그들을 통해서 아직도 자신이 '사랑받을 가치가 있는 사람'이라는 것을 확인받는다. 분명 이런 것들은 사랑의 상실로 더 이상 사랑받지 못할지도 모른다는 패배감을 극복하는 데 도움이 된다.

부모 형제는 똑같은 아픔을 공유하면서 항상 자신의 편에 서서 말을 해준다. 그러나 진정한 도움은 같이 아파하는 것만으로는 부족하다. 가끔은 냉정하게 나 자신이 성장할 수 있도록 자극을 주어야 하고 조금 불편하더라도 나 자신을 바꾸어서 인생을 변화시킬 수 있는 계기를 만들어야 한다. 그것을 부모 형제에게 기대하기란 어렵다. 그래서 가족이 아닌 누군가의 도움이 필요하다.

누군가에게 도움을 받으라고 하면 자존심 상하는 일이라고 생각하는 사람도 있다. 약점이라고 생각되는 것까지 말해야 하고, 자신이 약자가 된 기분이 들기 때문이다. 자신의 문제는 타인의 도움 없이 스스로 해결해야만 '어른스럽다'고 착각하고 있는 것이다. 그래서 누군가에게 도움을 요청한다는 것에 심한 거부감을 가진다. 그런데 도움을 요청할 줄 아는 사람이야말로 자존감이 높은 사람이라고 할 수 있다.

이혼 초기에는 여러 가지 감정 곡선이 극에 달하는 경우가 많다.

이런 상실의 감정 곡선을 경험하지 못한 사람은 이혼한 사람의 감정 곡선을 받아들일 수 없다. 도움을 주려고 왔다가, 웃었다가 울었다가 하는 종잡을 수 없는 말을 듣게 되면 머리만 아파하며 돌아간다. 아무리 친한 사람이라고 해도 그런 감정 곡선을 혼자 감당하기에는 힘이 든다. 그렇기 때문에 이혼을 하고 나면 도움을 주려는 사람조차 멀어지게 된다. 이런 감정 곡선은 오직 본인이나 같은 상처를 겪어 본 사람만이 이해할 수 있다. 그래서 외국에서는 '이혼자들의 상처 치료 모임'이 활발하다. 그렇다고 해서 꼭 이혼자만이 이혼자를 이해할 수 있다는 말은 아니다. 남의 말을 편안하게 들어줄 줄 알고 진심으로 아픔을 나눌 수 있는 친구나 선배면 충분하다. 더군다나 긍정적이고 낙관적인 사람이라면 더욱 좋다. 사람의 뇌는 긍정적이고 낙관적인 사람과 함께 있으면 마치 자신이 긍정적이고 낙관적인 사람이 된 것처럼 기분이 좋아지기 때문이다.

사실 자신의 이야기를 지칠 때까지 수없이 되풀이하는 사람을 선선히 받아줄 사람도 흔치 않다. 그런데 조건까지 맞는 사람을 만난다는 것은 욕심일 수도 있다. 그래서 대부분의 사람들은 자신이 다루기 편하고 만만한 사람에게 도움을 요청한다. 그런 사람과는 푸념을 늘어놓음으로써 당장의 고통을 더는 데는 도움이 되겠지만 이혼의 상처를 극복하는 데는 한계가 있다. 오히려 결혼 생활을 잘 하고 있고 건강한 관계를 잘 이끌어가고 있는 사람이 자극제가 되어서 새롭게 인생을 출발하는 데 도움이 된다. 그렇기 때문에 적절한 시기에 조금 불편해도 자신의 부족한 면을 잘 이끌어 줄 사람이 필요하다. 그래서 다양한 응원군이 있어야 한다.

응원군을 만들 때는 먼저 그 사람의 성향을 파악해야 한다. 입이 가벼워서 자신의 말을 다른 사람에게 옮기는 사람은 아닌지, 잘난 척 하면서 무책임하게 아무 말이나 하는 사람이 아닌지, 은연중에 가시가 있는 말을 해서 상처를 주는 사람이 아닌지 등을 먼저 파악할 필요가 있다. 그렇다고 냉정하고 분석적인 사람까지 배제시키라는 말은 아니다. 무조건 내 편인 사람보다는 냉정하게 자신의 문제점을 지적해줄 사람이 이혼의 함정에 빠졌을 때 진정한 도움을 줄 수 있다. 그 사람 역시 이혼의 상처를 극복한 사람이라면 더욱 좋다.

• 어떤 응원군을 만들어야 할까?

1. 우선 자신이 혼자가 아니란 것을 느낄 수 있도록 부모나 친한 친구를 응원군으로 두어라. 자주 만나서 자신의 이야기를 들어주고 함께 웃을 수 있으면 된다. 이런 응원군은 많을수록 좋다.

2. 친구 중에도 자신의 말을 진지하게 들어주고 책임감 있게 조언을 해줄 사람이 있어야 한다. 꼭 친구가 아니라 해도 자신이 소속한 종교 단체나 동호회의 선배와 같이 자신의 말을 진심으로 들어주고 영향력 있게 조언해줄 수 있는 사람이면 된다. 비록 전문적이지는 않다 해도 인생의 선배로서 자신이 처한 입장을 이해하면서 자신이라면 어떻게 했을 것이라고 하는 정도의 충고면 충분하다.

3. 감정이 어느 정도 안정이 되면 서서히 변화를 생각하게 된다. 이때 자신의 변화를 이해하고 지지해줄 수 있는 친구가 있어야 한다. 이혼한 사람 중에 그것을 잘 극복한 사람이라면 더욱 좋다. 자신을 성숙시키는 훈련 과정을 이해하고 응원해줄 사람이어야 한다. '이혼

자들의 상처 치료 모임'에 참여해서 이혼자들의 이야기를 듣는 것도 도움이 된다. 그러면서 자신의 억제된 감정을 살려낼 수 있고 심리치료사의 도움을 받을 수 있기 때문이다. 또 종교를 가지는 것도 도움이 된다. 종교 공동체에 들어가면 성직자들의 도움을 받을 수 있고 종교 내의 여러 시설을 이용하면서 친분을 쌓을 수도 있다.

4. 멘토로서의 응원군이 필요하다. '이혼자들의 상처 치료 모임'에 참여해보면 전문적인 상담사와 친분을 쌓을 수 있고 도움도 받을 수 있다. 또 종교 시설의 상담 센터를 찾는 것도 도움이 된다. 멘토는 꼭 자신의 상처를 치료하는 데만 도움이 되는 것은 아니다. 자신이 목표로 하는 일에서 성공한 사람을 멘토로 삼고 직접 만나서 도움을 요청하고 친분을 쌓는 것도 필요하다. 자신의 삶을 성공적으로 이끄는 데 도움이 되기 때문이다. 그래서 다양한 멘토를 두는 것이 필요하다. 이런 사람들은 인터넷이나 SNS를 통해서도 친분을 쌓을 수 있다. 필요하다면 직접 만나보는 것도 도움이 된다.

이상의 네 가지로 나누어서 명단을 작성해보라. 당장 생각이 나지 않아도 된다. 시간을 가지고 단계별로 명단을 만들다 보면 뜻밖으로 좋은 사람을 만날 수 있다.

• 도움을 요청하는 요령

어쩌면 지금까지 당신은 전 배우자한테도 도움을 요청해본 적이 없을 수도 있다. 그런 당신이 누군가에게 도움을 요청한다는 것은 쉽지 않을 것이다. 그러나 누군가에게 도움을 요청하다 보면 상대방의 기분을 좋게 하면서도 큰 도움을 받을 수 있다는 것을 알게 된다. 도움을 요청한다는 것이 상대방에 대한 신뢰를 나타내는 것이고 그 도움을 받고 크게 기뻐하는 모습을 보여주면 그 사람 역시 기분이 좋아진다.

우선 응원군 명단을 만들어라. 평소 친하게 지내는 친구들이나 선후배 중에 자신에게 도움을 줄 사람을 찾아보라. 친하지는 않지만 도움을 받을 만한 사람의 명단도 만들어라. 그리고 그 사람의 성향을 파악하여 기록해두라.

처음에는 도움을 받고 싶은 사람에게 전화를 걸어서 단순한 우정부터 쌓는 것이 좋다. 예전에는 친하게 지냈지만 지금은 소원한 관계라면 안부부터 묻고 가볍게 차 한잔하는 것으로 시작하라. 꼭 자신의 이혼 문제가 아니라 해도 누군가와 이런저런 이야기를 나누다 보면 마음을 진정시키는 데 도움이 된다. 대화를 통해 그 사람에 대해 어느 정도 알게 되고 믿을 수 있다는 판단이 선다면 솔직하게 자신의 처지를 말하라. 또 자신이 생각할 때 너무 유명해서 자신을 만나주지 않을지 모르는 사람에게도 전화를 하라. 미리 그 사람이 어떻게 할 것이라고 성급하게 결정을 내리지 마라. 그 사람도 일반적인 사람들과 크게 다르지 않다.

1) 우선 도움을 요청하기 위해서는 자신이 어떤 도움을 필요로 하는지 그 목록을 가지고 있어야 한다. 즉 자신이 원하는 바를 제대로 알고 있어야 한다는 것이다. 그런데 보통은 막연하고 추상적으로 도

움을 받겠다고만 생각한다. 즉 상대방이 자신이 원하는 것을 알아서 도와주기를 바라는데 그 사람이 신이 아닌 다음에야 무엇을 원하는지 알 수 없다. 그러면 잦은 만남을 가져도 별 도움이 되지 않는다. 그렇기 때문에 도움을 요청할 때는 어떤 도움이 필요한지 원하는 바를 직접적으로 정확하게 말하고 '당신의 도움이 필요하다' 고 말해야 한다.

2) 자신이 원하는 모든 것을 요청하라. 내가 너무 많은 도움을 요청하면 저 사람이 부담스러워할지 모른다고 미리 걱정할 필요는 없다. 오히려 많은 기대를 가지고 있다는 것은 결국 그 사람을 믿고 있다는 셈이다. 이렇게 전폭적인 믿음을 가지고 부탁하는 사람에게 거절하기란 쉽지 않다.

3) 거절당하는 것이 확실해 보인다 해도 강요하는 느낌을 주기보다는 어떤 선택을 해도 괜찮다는 자유로운 분위기 속에서 부탁을 하라. 강요당하는 느낌을 받으면 도와주고 싶어도 거절하는 게 인지상정이다. 오히려 자유로운 분위기를 느끼면 한층 기꺼운 마음으로 요청을 받아들일 것이다.

4) 딱 부러지게 요청하라. 딱 부러지게 요청한다는 것은 부탁을 한 다음 잠자코 있는 것이다. 그가 충분히 생각하고 결정할 수 있도록 시간을 주라는 말이다. 이 순간에 머뭇거리고 망설일 수 있다. 그러나 그는 부탁받은 여러 가지를 얼마나 현명하고 빠르게 도와줄 수 있을지 생각하는 것이다. 자신의 능력으로 충분히 도움을 줄 수 있다고 판단을 내리는 데 시간이 걸릴 수도 있다. 이 시간을 기다리지 못하고 계속 도와달라고 보채면 그 사람은 머릿속이 혼란스러워지고 짜

증이 나서 자신도 모르게 거절하게 된다. 그렇기 때문에 자신이 원하는 바를 명확하게 말했다면 그 사람이 방법을 찾을 때까지 기다리는 것이 현명하다.

    도움을 요청하는 이 네 가지 요령을 이용해서 누군가의 도움을 받게 되었다면 그 사람에 대한 신뢰를 가져야 한다. 그저 그 사람의 도움을 참고로 하고 자기 식대로 문제를 해결하려고 하면 결국 수많은 시행착오를 겪게 된다. 신뢰를 한다면 그 사람이 시키는 대로 해보고 잘되지 않으면 물어봐야 한다. 그러면서 하루하루 달라지는 모습을 보여주고 감사를 표현하게 되면 그 사람 역시 보람과 행복감을 느낄 것이다.

    어떻게 보면 위기는 기회다. 오래된 친구와도 어떻게 하면 적절하게 도움을 받을 수 있는지 알게 될 것이다. 그리고 새로운 사람을 알아가는 기쁨을 얻을 수도 있다. 그들로부터 도움을 받으면서 든든한 응원군이 있다는 즐거움도 알게 된다. 그러면서 성숙한 관계를 맺는 방법도 자연스럽게 터득하게 될 것이다. 친구가 되어줄 사람은 많다. 자, 이제 친구를 찾아 떠나자.

제1부 이혼한다는 것

자녀 문제로
이혼을 후회하고 있다면…

이혼 후 자녀 문제로 고민하는 사람이 많다. 자녀가 어떤 문제를 보이지 않는다 해도 혹시 이혼 때문에 자녀들이 잘못되지는 않을까 염려한다. 이혼 과정에서도 '자녀를 위해 참고 살까?' 라는 질문을 스스로에게 해보기도 한다. 그래서 혹시 자녀들이 잘못되지 않을까 하여 이혼 전보다 더욱 엄격하거나 아니면 지나치게 관대해진다.

자녀를 위해 참고 살아야 한다고 생각하는 것은 지금까지 이혼한 가정에 대한 잘못된 통념이 자리 잡고 있기 때문이다. 이혼한 가정을 무엇인가 문제 있거나 비정상적인 가정으로 인식하는 경향이 강하다. 그러다 보니 자녀가 불량해지면 모두 이혼 때문이라고 말한다. 한번 결혼하면 그것이 아무리 불행하다 해도 참고 견디는 것이, 자녀들에게 부모의 이혼을 겪게 하는 것보다 더 교육적이라고 생각하는 낡은 사고방식에 빠져 있다. 또 이혼하면 자녀들의 미래에 악영향을 줄 것이라고 생각하고 있다. 자녀들이 결혼할 때, 취업할 때 사회로부터 불이익을 당하기 때문에 절대로 이혼해서는 안 된다고 말이다. 그리고 재혼을 할 경우 새 아빠나 새 엄마가 부당한 대우를 해서 자녀들이 탈선하게 된다고 염려한다. 우리가 이런 사고를 갖게 된 것은 바로 사회가 이혼을 방지하기 위한 여러 가지 장치를 해놓았기 때문이다. 어쩌면 우리는 그런 장치에 속고 있는지 모른다.

불행한 결혼 생활보다 평온한 이혼이 자녀를 위하는 것이다

사실 자녀들에게 문제가 생기는 것은 이혼 때문이 아니다. 이혼으로 가기까지 부부간에 보여준 불행한 결혼 생활이 자녀들에게 상처를 준 것이다. 그리고 이혼 이후에 부부가 보여주는 갈등이 자녀들에게 오히려 더 큰 혼란과 상처를 준다. 이혼 자체에 문제가 있는 것이 아니라 가정불화와 이혼 후에 대처하는 방식에 문제가 있는 것뿐이다.

워싱턴 대학교 심리학 교수 존 M. 고트만 John M. Gottman은 부부 사이의 분위기가 험악한 가정에서 자란 취학 전 아이들 63명을 조사한 결과, 그 아이들의 스트레스 호르몬이 비정상적으로 높았다고 한다. 이것이 아이들의 장래 건강에 어떠한 영향을 주는지는 알 수 없지만, 생물학적 관점에서 볼 때 비정상적으로 많이 분비되는 스트레스 호르몬은 아이들의 행동에 영향을 준다는 사실이 알려져 있다. 그 아이들이 15세가 될 때까지 추적해본 결과, 그 아이들은 무단결석, 무기력, 폭력과 같은 문제 행동, 성적 불량 등을 보이거나, 다른 아이들로부터 따돌림을 받는다든가, 등교를 거부하는 행동을 보였다고 한다.

이러한 사실을 볼 때 불행한 결혼 생활을 지속하는 것은 자녀를 위해서도 현명한 일이 아니라고 할 수 있다. 끊임없이 불화를 가지면서 결혼 생활을 계속하는 것보다는 '평온한 이혼'이 훨씬 현명한 선택이라고 할 수 있다. 그러나 불행한 결혼 생활을 오랜 기간 해온 사람은 이혼 후에도 내면의 감정싸움이 계속되어서 상대방에 대한 공격을 자녀들에게 대신하는 일이 많다고 한다.

이혼해서 서로 떨어져 살지만 '네 아빠란 사람은…' 혹은 '네 엄마란 사람은…' 이라고 분노를 자녀들에게 퍼붓기 때문에 자녀들의 입장에서는 부부 싸움에 대한 스트레스를 계속 받고 있는 것이다. 당사자들은 직접적으로 부부 싸움을 하고 있지 않기 때문에 평온한 것처럼 보이지만 자녀들의 입장에서는 이혼 후에도 부모의 싸움은 계속되고 있고 자신과 직접적으로 관계없는 일로 인해 고통을 당하고 있기 때문에 혼란스럽기만 하다.

그냥 이혼만 한다고 저절로 '평온한 이혼'이 되는 것은 아니다. 배우자에 대한 자신의 감정을 충분히 발산하여 진정한 평온을 찾을 때까지 시간이 필요하다. 이 기간 동안에 자녀들도 부모와 똑같이 힘든 경험을 한다. 똑같이 힘든데도 부모는 연약한 자녀들에게 자신이 감당해야 할 감정의 짐까지 떠넘기기 때문에 문제가 생기는 것이다.

자녀 문제로 힘든 상황에 부딪히면 이혼 전에 주변에서 '참고 살라'고 한 말이 생각나서 그때 조금만 참았으면 좋았을 것을 하면서 후회하기도 한다. 정말 그때 참았다면 자녀들에게 도움이 되었을까? '참고 살라'는 말 속에는 부부 싸움 하지 말라는 말도 포함되어 있다. 그렇다면 부부 싸움만 하지 않으면 자녀들이 건강하게 성장할 수 있을까? 부부 사이에는 친밀하거나, 무관심하거나, 다투는 세 가지 관계만 존재한다. 그렇기 때문에 근본적인 문제가 해결되지 않고 참고 살면 결국 부부가 서로 말도 하지 않고 무관심해진다. 즉 '냉담한 가정'으로 바뀐다는 말이다. 그런 가정에서 자란 아이들도 문제아가 되는 경우가 많다. 어느 한쪽이 참고 살아도 자녀들에게 도움이 되지 않는다는 말이다.

표면적으로 부부 싸움이 없다 해도 아이들은 냉담한 가정의 분위기를 이미 알고 있다. 그런 어색하고 서먹한 분위기는 자녀들도 견디기 힘이 든다. 한쪽 배우자가 폭력적인데도 참고 사는 가정이라면 아이들은 부모를 '가해자'와 '피해자'로 나누어서 생각한다. 그래서 희생하고 사는 쪽을 동정하거나 바보같이 사는 한쪽 부모에 대해 지나치게 분노하기도 한다. 그리고 어느 한쪽 부모를 동정하면 할수록 다른 한쪽 부모에게 원망이나 분노를 가지고 있을 확률이 높다. 물론 부모 모두에게 분노하면서 문제적 행동을 일으키는 경우도 있다.

그렇기 때문에 정말 자녀들을 위해 부부 관계를 개선하고 싶다면 참고 사는 것이 아니라 부부가 사랑하고 행복하게 사는 모습을 보여주어야 한다. 이혼했다 해도 자녀들에게 부부가 함께 살지 않는 것은 '사랑하지만 서로 맞지 않기 때문'이라는 것을 느낄 수 있도록 해야 한다. 부모의 한쪽이 없어지는 것이 아니라 양쪽 모두가 부모로서 역할을 충실히 하고 있다는 것을 보여주어야 한다. 그리고 '평온한 이혼'을 통해 각자 새로운 사랑과 행복을 찾아가는 모습을 자녀들에게 보여주는 것이 오히려 더 성숙한 자세이다. 그렇기 때문에 이혼 후에 혼자 사는 것보다 다시 좋은 배우자를 만나서 건강한 가정을 꾸리고 행복하게 사는 모습을 자녀에게 보여주는 것이 더 교육적이라고 할 수 있다. 이제 자녀들에게 새로운 가정을 꾸려 행복하게 사는 모습을 본받게 하는 일만 남았다.

시간이 지난다고
상처가 저절로 아물지는 않는다

자신의 감정을 솔직히 받아들이고 표현하라

'세월이 약이지요.', '이 또한 지나가리라.'

사랑의 고통을 겪을 때 제일 많이 듣는 말이다. 시간이 지나면 모든 것을 잊게 되고 그러면 모든 것이 정상으로 돌아간다는 것이다. 하지만 세월이 지난다고 해서 실연의 상처가 완전히 사라지는 것은 아니다. 단지 고통을 느끼는 감정이 무뎌지는 것뿐이다. 그러다 보니 누군가를 만나게 되면 또다시 실연의 상처를 입을까 봐 자신도 모르게 조바심을 내게 되고 행동을 어색하게 만들어서 스스로 또 다른 실연을 초래한다. 거절당하는 것이 두려워서 조금이라도 거절당할 가능성이 있으면 아예 그 상황을 피하려고 한다. 결국 인간관계에 소극적이 될 수밖에 없고 의도하지는 않았지만 스스로 상처를 입게 되는 것이다.

또 자신의 감정을 부인함으로써 지금 느끼는 고통에서 벗어나려고 한다. 그러면서도 속으로는 상황이 얼마나 끔찍스러운지, 남이 자기를 어떻게 속였는지, 노력했는데도 일이 어떻게 잘못되었는지, 왜 자기에게만 항상 이런 일이 닥치는지 계속 생각하지 않을 수 없다. 어떤 감정을 느끼고 있는데도 그 감정이 존재하지 않는 척하면 괴로움만 더 커질 뿐이다. 왜냐하면 감정이 존재하지 않는 척하다 보면 항상 활력을 빼앗는 부정적인 질문만 계속할 뿐 자신의 생각을 바꿀 생각은 전혀 할 수 없기 때문이다. 그러다 보면 "내가 하는 일이 다 그렇지, 뭐."라고 자기비하를 하면서 스스로를 괴롭힌다.

사람의 감정에는 자신에게 전하려고 하는 분명한 메시지가 있다. 이런 메시지를 의도적으로 회피하고 부인하다 보면 어느 순간에 감정마저도 무뎌져서 고통을 느끼지 않게 된다. 그러나 감정이 전하는 메시지를 무시해버리면 그 감정이 우리가 눈을 돌려 관심을 보일 때까지 점점 강도를 높여가며 우리를 괴롭힌다.

설령 당장은 감정이 무뎌져서 아무런 고통을 겪고 있지 않은 것처럼 보일지 몰라도 순간순간 해묵은 감정이 고개를 들고 우리를 괴롭힌다. 문제는 해묵은 감정을 해결하지 못해서 생기는 것을 마치 운명이나 팔자처럼 받아들인다는 것이다. 그래서 삶을 부정적으로 보게 되고, 그러다 보면 진짜 좋지 못한 일이 생긴다. 혹시 끔찍한 일을 당하지 않을까, 저 사람이 나를 속이지 않을까, 어차피 노력해도 안될 텐데 쓸데없이 시간 낭비할 필요가 있나, 내가 하는 일이 항상 그렇지 뭐 하면서 자신도 모르게 부정적인 생각에 빠져서 잘못된 방향으로 자신을 이끌고 가기 때문이다. 감정은 세월이 지나면서 무뎌지는 것이 아니라 오히려 자신의 삶에 끼어들어서 운명을 지배하게 만드는 것이다.

세월이 흘러 감정이 무뎌져서 별 고통을 느끼지 못하면 상처가 아물었다고 생각한다. 하지만 실제로는 상처가 계속 덧나서 곪아가고 있다는 것을 모를 뿐이다. 그렇기 때문에 마음의 상처는 반드시 치료하고 넘어가야만 한다.

나 역시 그렇게 생각했던 시기가 있었다. IMF 이후 어려움을 겪다 보니 과거는 전혀 생각하지 않으려고 했고 어느 순간부터 과거에 대해서는 말도 꺼내지 않게 되었다. 사람들이 옛이야기를 회상하는 것을 보면 어떻게 저렇게 과거의 일들을 잘 기억하고 있을까 의아해할 정도로 나는 까맣게 잊고 살았다. 남자들 중에는 나 같은 사람들이 많을지 모른다.

과거의 잘못된 경험에 빠져서 청승을 떨고 있느니 앞만 보고 열심히 달리는 것이 올곧은 사람의 자세라고 생각했다. 그저 미래의 희망만 보고 달리다 보면 모든 것이 극복되고 행복한 삶이 기다릴 것이라고 기대한 것이다. 그러나 내가 과거를 잊으려고 노력하면 할수록 과거에 나와 관계된 사람들이 하나 둘씩 떨어져 나가고 그들도 내 기억에서 잊혀갔다. 나의 표정은 점점 경직되고 내 감정을 표현하는 것이 어색해져만 갔다. 결국 나는 무표정하고 차갑고 외로운 사람으로 세상을 살고 있었다. 행복과는 전혀 먼 삶을 산 것이다.

우연한 기회에 나의 과거들을 하나씩 떠올릴 기회가 있었다. 지금까지 까마득히 잊고 있던 괴롭고 힘든 기억들이 떠오를 때마다 나는 도망가고 싶었다. 생각하기조차 싫은 수많은 일이 떠오를 때마다 그동안 거부해왔던 분노를 터뜨리고 하염없이 울었다. 진이 다 빠질 정도로 화내고 울고 하다 보니 희미하게 과거의 좋았던 기억들이 조금씩 떠오르기 시작했다.

내가 너무 괴로워서 잊으려고 했던 과거 속에는 아픔만 있었던 것이 아니었다. 과거라는 이유로 묻어버리고 살려 했던 그 기억 속에는 내가 사랑했던 사람들과 행복하고 즐거웠던 추억들이 함께 있었다. 과거 속에 감추어진 분노와 슬픔을 지우고 나니 그동안 잊고 있었던 사랑을 알았고 행복을 느낄 수 있었다. 지금까지 사랑이니 행복이니 하는 것도 사치처럼 생각하면서 얼마나 인색하게 살아왔는지 깨닫게 되었다. 그러면서 서서히 내게 아픔을 준 사람을 용서하게 되었고, 또 한편으로는 나 역시 아픔을 주었다는 반성이 일면서 용서를 빌게 되었다.

우리가 무감각해졌다는 것은 다양한 감정을 표현하는 방식에 인색해져 있다는 것이다. 사람이 자신의 감정을 풍요롭게 표현할 수 있어야만 사랑을 할 수 있고 행복을 느낄 수 있다. 그런데 그렇지 못하면 표정이 굳어지고 감정 표현이 자유롭지 못하다. 그런 사람이 또다시 사랑한다는 것은 기대하기 어렵다. 설령 사랑한다고 해도 무뎌진 감정으로 인해 사랑의 감정보다는 이성적으로 상대방을 분석하려고 하고 해부하려고 하기 때문에 상대방이 쉽게 질려버리는 일이 생길 수 있다.

과거의 아픔은 감춘다고 해서 감추어지는 것이 아니라는 것을 치유를 통해 경험했다. 아무리 고통을 피하려고 해도 하루에도 몇 번씩 고통과 맞닥뜨릴 것이다. 불쑥불쑥 분노, 원망이 치솟고 그것을 엉뚱한 사람에게 분출해서 인간관계만 불편하게 만든다. 그래서 현재를 어렵게 만들고 고통스러운 미래를 만든다. 분노하고 슬퍼하고 아쉬워하고 두려워하는 감정을 억압하고 감출 것이 아니라 오히려 자신의 감정을 확실하게 인식하고 표현할 줄 알아야만 한다. 그럴 때 우리는 고통이 아니라 행복을 볼 수 있는 능력을 가지게 되고 진정한 사랑을 얻을 수 있는 마음을 가질 수 있다. 그래야만 새로운 시작도 가능해지는 것이다.

감정은 우리 삶의 매우 중요한 부분이다. 그리고 우리 인간은 감정을 건강하고 생산적인 방식으로 이해하고 처리하고 사용할 능력이 있다. 감정을 효과적으로 이용하는 방법은 고통에서 오는 모든 감정이 바로 자신에게 도움이 된다는 사실을 아는 것이다. 자신의 감정으로부터 배우고 삶의 질을 높이는 방향으로 감정을 이용할 줄 알아야 한다. 감정은 우리를 보다 나은 삶으로 이끌어주기 위한 신호이기 때문이다.

이혼했으면 성공하라

이혼 후에 제일 먼저 두려움이 찾아온다 / 외로움의 진실 / 혼자된다고 외로운 것은 아니다
이혼은 슬픔과 함께 시작된다 / 우울증 극복하기 / 분노는 힘든 상황을 극복하기 위한 원동력이다
적절한 분노를 표현하는 방법 / 자신의 감정을 정리하라 / 이혼은 죄책감을 느끼게 한다

제2부
이혼의 함정

분노는 누구나 느끼는 자연스럽고 건강한 감정이다.
그래서 감정을 마음속에 쌓아둘 필요는 없다. 부부 관계가 끝날 즈음
화, 원한, 원망, 혹독한 고통 등은 흔히 나타나는 감정이다.
하지만 우리는 분노를 표현하면 마치 큰 죄를 짓는 것처럼 생각하여
어떻게든 분노를 잠재우려고 한다.

이혼 후에 제일 먼저
두려움이 찾아온다

안팎의 두려움을 회피하지 말고 정면으로 대면하라

이혼하고 나면 제일 먼저 찾아오는 것은 두려움이다. 앞으로 무슨 일이 생길지 전혀 모르는 상태에서 커다란 변화를 경험한다. 그동안 익숙해져 있던 것들이 하루아침에 낯설게 바뀌어버린다. 아침에 일어날 때도 혼자라는 사실에 외로움을 느낀다. 어차피 이혼을 했으니 혼자가 된 것이 당연하다고 생각하면서도 똑같은 일을 해도 뭔가 다르다는 것을 느낀다. 전혀 낯선 곳에 혼자 버려진 느낌. 낯선 곳에 혼자 버려져서 갈 곳을 잃어버린 느낌. 무엇보다 둘이 함께하던 가정이 무너진 지금은 혼자서 모든 것을 해야 하고 그것이 불편하게 느껴진다. 이런 소소한 불편함이 자신의 운명이 어떻게 전개될지 모른다는 두려움을 더욱 크게 만든다. 즉 아직 아무 일도 일어나지 않았는데도 혹시 잘못되지 않을까 하는 불안감이 자신을 두렵게 만든다.

그러면서 과연 이혼이 잘한 일인지 아니면 잘못한 일인지 판단이 서지 않아 당혹스럽다. 한동안 배우자의 잘못을 찾아보려고 애를 쓰다가 나중에는 자신이 잘못한 점들이 하나 둘씩 떠오르면서 자신이 그릇된 판단을 한 것 같아 당혹스럽다. 그것을 되돌릴 수 없다는 절망감에 극심한 정신적 혼란을 겪는다. 지금까지 전혀 경험하지 못했던, 아니 이미 익숙해져 있던 것이 하루아침에 사라져서 모든 것이 새롭고 낯설게 변해버린 환경에 어떻게 적응해야 할지 몰라 느끼는 무기력함이 당황스럽다. 당장 아무것도 할 수 없다는 사실에 두려움이 크게 느껴진다.

한편으로는 도망치듯이 누군가에게 의지하고 싶은 마음이 든다. 과연 내가 앞으로 사랑받으며 살 수 있을까 하는 의문이 든다. 이미 예전의 모습이 아니다. 나이가 들고 주름살이 늘고 몸매도 변해서 이제는 아무도 나를 사랑해주지 않을 것 같다. 급격하게 자신감이 사라지면서 누구에게도 사랑받지 못하고 불행한 삶이 계속될지 모른다는 불안감이 엄습한다. 내가 사랑받을 사람이 못 된다면 어떻게 기나긴 여생을 혼자 살아갈 수 있을까?

설령 다시 사랑하는 사람이 생겨서 결혼한다 해도 과연 잘 해낼 수 있을지 자신이 없다. 어느 누구보다도 나를 잘 알았던 전 배우자도 나를 떠났다. 결혼해서 함께한다는 것이 그렇게 괴롭고 힘든 일인지 몰랐다. 그래서 다시 결혼 생활을 한다는 것에 자신이 없다. 나를 사랑한 그 사람이 어느 누구보다 나를 아프게 했다. 더 지독한 상처를 입을까 봐 누군가를 만나는 것이 두렵다. 다시 사랑을 시작하면 처음에는 좋을지 몰라도 결국 똑같은 일을 반복하지는 않을까? 또다시 상처를 입는다면 산산조각이 나서 복구 불능 상태가 될까 봐 두렵다. 그래서 새로운 사람을 만나고 데이트를 하는 것 자체가 두려워서 피하고 싶다. 의지하고 싶어도 차마 엄두가 나지 않는다. 이런 내가 앞으로 어떻게 보내게 될까? 아파도 옆에서 자신을 걱정해줄 사람이 이제는 없다.

이런 자신을 누군가에게 하소연을 하고 싶다. 그런데 과연 누가 내 말을 이해해줄까? 이혼을 경험하지 못한 사람들에게 자신의 이야기를 했다가 놀림감이나 되지 않을까 두렵다. 지금까지 잘 지내왔던 친구들이 이혼한 지금, 아직도 내 친구들일까? 세상에 나 혼자 버려진 느낌이다. 아무도 날 이해하지 못할 것이다. 나도 지금 나를 이해할 수 없으니까.

이혼했다는 사실이 사람들에게 알려지면 그들의 입에 자신들의 이야기가 오르내릴 것이 부끄럽고 수치스럽다. 더군다나 왜곡되고 과장된 말들이 떠돌게 뻔하다. 아무리 감추려 해도 결국 이미 모든 사람이 나의 이혼 사실을 알고 있을 것이다. 변명하면 할수록 둘 사이의 문제가 더 커지는 것 같고, 아무 말도 하지 않으면 오히려 인정하는 꼴이 된다. 이러지도 못하고 저러지도 못하면서 둘만의 문제가 시시콜콜하게 사람들의 입에 오르내리는 것 같아 밖을 나서면 알몸으로 걷는 기분이다.

세상은 이혼한 사람에 대한 많은 편견을 만들어왔다. 결혼에 실패한 사람을 인생의 낙오자나 실패자로 인식하는 것이 사회의 시선이다. 그리고 성격에 문제가 있거나 인내심이 부족한 사람으로 인식하거나 성적인 문제로 헤어졌다는 편견이 숨어 있다. 그래서 이혼이 자신의 잘못이 아니라고 외치고 싶어서 수많은 변명거리를 찾아낸다. 그러나 이런 것들이 아무 의미가 없다는 사실을 깨닫기까지 두렵다. 어떻게 보면 사회적 편견과의 싸움이다. 그것도 나 자신이 아닌 남들이 가지고 있는 편견이 두렵기만 하다. '저 사람은 이혼했대.'라고 하는 뒷담화를 두려워하는 것이다.

그런데 그 역시 자신의 내부에 있는 또 다른 편견일 수도 있다. 물론 사회적으로 그런 편견이 존재하는 것은 사실이지만 자신조차도 그 편견에 동조하고 있다는 것이다. 그런 편견은 새로운 사람을 만난다 해도 그 사람이 이혼한 사람에 대한 편견을 가지고 자신을 우습게 보지 않을까, 가볍게 성적 대상으로만 여기지 않을까 하는 추측을 하게 하여 자신이 몹시 초라하게 느껴진다. 자신도 지금까지 그렇게 생각해왔기 때문에 더욱 힘든 것이다. 이혼한 사람을 만나면 자신도 모르게 편견을 가지고 행동해왔기에 그런 시선을 받을 것이 너무나 두렵기만 하다.

이런 생각이 들수록 전 배우자에 대한 분노가 치밀어 올라 이혼의 이유를 그의 탓으로 돌린다. 그러다가도 한편으로는 모든 것이 자기 탓인 것 같아서 괴롭다. 솔직히 누구의 잘못인지도 잘 모른다. 그래도 화가 치미는 것을 어쩔 수 없다. 누구 탓을 하기 전에 도대체 내가 왜 이런 현실을 맞아야 하는지 몹시 화가 난다. 그래서 화를 내는 것도, 참고 있는 것도 도저히 견딜 수 없다. 이런 나를 통제할 수 없을까 봐 두렵다. 분노가 거세게 일어나서 이성을 잃게 되면 어떡할까? 이혼 후 사람이 이상하게 변하고 괴팍해진다고 하는데 내가 그렇게 되면 어떡하지? 분노를 참지 못해서 무엇인가 마구 부수고 미친 것처럼 소리치며 돌아다니는 것은 아닐까? 주변에서 이런 나를 보면 뭐라고 할까? 이미 끝나버린 관계인데 전 배우자를 향해 쓸데없이 화를 내고 폭력을 행사하지나 않을까? 지금 벌어진 일에 대해 뭔가 생각하지 않으면 안 될 것 같으면서도 생각하면 터져버릴 것 같으니 '이러다가 내가 미쳐버리는 것이 아닐까?' 하는 두려움 때문에 아무 일도 할 수 없는 것이다. 그렇다고 가만히 있을 수도 없다. 아이들도 힘들어하니 연약한 모습을 보일 수도 없다. 당장 경제적인 문제가 있으니 방구석에 숨어 있을 수만도 없다. 그래서 움직이고는 있지만 나는 내가 아니다.

둘이 함께해온 일을 이제는 모두 혼자 해야 한다. 아주 사소한 것까지 제대로 하지 못하는 자신을 발견하면서 자신이 얼마나 무능력한 존재인지 깨닫는다. 그래서 하나하나 모든 소소한 것까지 두렵기만 하다. 도저히 알 수 없는 미래에 대한 불안과 함께 수십 가지 아니 수백 가지의 문제가 한꺼번에 밀려온다. 너무 많다 보니 무엇부터 해결해야 할지 모른다.

하지만 두려움은 원치 않았음에도 이미 일어나버린 일을 자세히 들여다볼 기회를 준다. 이를 통해 앞으로의 운명에 대한 예견이 아니라 자신이 원하지 않았던 일이 일어났음을 마음으로부터 인정하게 된다. 앞으로 또 일어날 수 있는 일에 대해 걱정스러움과 저항을 느끼는 것은 상처받기 쉬운 마음을 되살려준다. 그러나 두려움은 우리에게 무엇이 필요한지를 분간하는 능력을 주고 현재에 의지할 수 있게 해준다. 그리고 우리가 필요로 하는 도움을 받아들이고 용기와 감사로 마음을 채울 수 있도록 도와준다. 그렇기 때문에 오히려 두려움과 친해질 필요가 있다.

외로움의 진실

이혼하면 너무 외롭다. 혼자된 지금 몹시 외롭다는 생각에 누군가와 함께 있기를 바랄 것이다. 외롭다는 것은 사랑받고 싶다는 욕구의 표현이다. 그것이 채워지지 않으면 외롭다. 이혼한다는 것은 믿고 의지했던 각별한 사람과 헤어지는 것이기 때문에 이전에는 한 번도 겪어보지 못한 혹독한 외로움일 수 있다.

사랑하는 사람과 헤어지고 나면 텅 빈 공간이 느껴진다. 그래서 그 빈 공간을 무엇인가로 채우려고 한다. 마구 먹어대거나 술을 퍼마시거나 빈틈없이 계획을 짜서 바쁘게 움직인다. 그렇게 가득 채우고 정신없이 바쁘게 움직이면 외로움이 사라질 것 같다. 그런데 외로움이란 이상하게 채워도 채워도 채워지지 않고 여전히 그 자리에 있을 뿐이다. 오히려 다른 사람들과 어울릴수록 외로움만 커진다. 어느 때는 함께 있는 순간에도 외로움이 밀려와서 낯선 세상에 혼자 있는 것 같다.

그런데 그 내면을 들여다보면 고통이 너무 두려워서 피하고 있는 것이지 단순히 외롭기 때문만도 아니다. 그 고통과 직면할 용기가 없을 뿐이다. 어쩌면 이렇게 말할지도 모른다. 같이 밥 먹고 잠자던 사람이 어느 날 갑자기 사라졌다. 아이들이 성장하는 것을 함께 지켜보던 사람이 어느 날 갑자기 떠났다. 그의 체취와 목소리와 손길이 머문 집이 이제는 아무 냄새도 소리도 나지 않고 그의 손길을 느낄 수 없다. 아이들이 북적거려도 집 안이 텅 빈 느낌이다. 몸의 일부가 잘려나간 것처럼 공허하고 세상을 사는 것이 무의미하게 느껴져서 허무하다. 이런 집에 당신이라면 들어오고 싶겠는가. 그러니 사람들과 만나서 술을 마시고 늦어서야 잠을 자기 위해 집에 들어오는 것이다. 이런 변명이 그럴듯하게 들린다. 그리고 참으로 동정도 간다.

그러나 이 말은 핑계에 불과하다. 술자리에서 유난히 큰 목소리로 떠드는 사람이 바로 본인 자신이라는 사실이다. 자신의 초라함을 감추기 위해 자신감 넘치는 것처럼 행동하고 있다. 솔직히 사람들과 만나는 시간에도 여전히 불편하다. 왠지 그들과 다른 것 같고 속내를 털어놓을 때마다 자존심이 상하고 그들이 하는 충고도 받아들일 수 없다. 자신은 절박한데 그들은 뭐가 좋은지 낄낄거린다. 기분이 상하고 왜 이 자리에 앉아 있는지 마치 낯선 세상에 와 있는 기분이 든다.

그들과 헤어져서 집으로 향할 때는 더욱더 초라하게 느껴진다. 행복한 듯 웃고 있지만 마음속은 여전히 불편하고 왜소해지는 것을 막을 수 없다. 또다시 세상에 혼자 버려진 것 같아 쓸쓸하다. 텅 빈 집안에 들어가는 순간 외로움은 고통이 되어 달려든다. 그래서 엉엉 울고 싶은 기분이다. 그리고 아침에 일어났는데 옆에 아무도 없고 머리가 아프지만 누구 한 사람 돌봐주는 사람이 없다. 그런데도 이 일을 반복하고 있다. 왜 그럴까? 혼자 있을 용기가 없고 나 자신을 돌아볼 자신이 없기 때문이다. 어쩌면 결혼 생활 중에도 부부간의 갈등이 생기면 문제를 똑바로 쳐다볼 용기가 없어서 혼자 술을 마시고 밤늦게 집에 들어갔을지도 모른다. 갈등을 직시하는 것이 두려워서 피하려고만 해왔다. 그렇게 해서 얻은 것이 바로 이혼이다.

외롭다고 말하지만 솔직히 무엇이 외로움인지 모른다. 그저 혼자 있는 것이 두려워서 혼자 있는 것을 피하는 것뿐이다. 그리고 계속 누군가에게 의지해서 뭔가 도움을 받으려고만 했다. 그렇다고 새로운 사랑을 찾을 용기도 없다. 이혼하게 되면 인간관계에 문제가 발생한 것이기 때문에 새롭게 사랑을 시작하는 것조차 두렵다. 그래서 데이트를 하는 것조차 거부하게 된다. 그보다는 다른 곳에서 기쁨을 찾으려고 한다. 그래서 술을 마시거나 아니면 애완동물을 찾거나 종교에 빠져든다. 그렇기에 심리학에서는 외로움을 의존적인 관계로 설명하는 것이다.

하지만 누군가에 의존하지 않고 혼자서도 즐길 줄 알고 행복할 줄 안다면 혼자 있어도 외롭지 않다. 그러기 위해서는 성숙해지지 않으면 안 된다. 그런데 성숙해지기 위해서는 고통이 따른다. 이 역시 고통이기 때문에 외로움을 핑계로 사람들 속으로 숨으려고 한다. 외로움으로부터 도망치면 도망칠수록 외로움의 고통은 더 커진다. 그런데도 사람들은 어리석게 '외롭다, 죽고 싶다'고 하면서도 계속 외로움으로부터 도망친다. 당장의 고통이 힘들다는 것이다.

고통에서 도망치면 도망칠수록 성장과는 거리가 멀어진다. 우리가 사랑하며 사는 것과 성장하며 사는 것은 상당한 위험이 따른다. 성장은 유아기로부터 나와 성인기로 들어가는 행위이다. 한 발짝씩 성숙을 향해 나아가는 것이다. 아니 한 발짝씩 나아가는 것이 아니라 겁이 날 정도로 도약하는 것이다. 그래서 평생을 살면서 한 번도 그런 도약을 해보지 못한 사람도 많다. 그들은 외형적으로는 성인처럼 보일 때가 많다. 심지어는 성숙한 인간처럼 보이지만 죽을 때까지 어린아이 때의 심리 단계에서 벗어나지 못한 채 삶을 마감하는 경우도 적지 않다. 그래서 평생 부모로부터 독립을 꿈꿔봤다거나 또는 부모로부터 받은 가치관에서 벗어나 본 적이 없는 것이다.

외로움을 정면으로 대하라.
성숙해지기 위한 좋은 기회다

외로움의 본질을 들여다보면 타인이 없기 때문이 아니라 나 자신이 성숙한 인간이 되지 못했기 때문에 혼자 있는 것을 견디지 못하는 것뿐이다. 성숙한 사람은 혼자이기에 여유롭고 편안하고 안정되고 행복하다. 스스로를 채워서 풍요로워지기 때문에 외롭지 않다. 그렇기 때문에 스스로 성장하여 성숙한 심리 단계에 들어서지 못하면 아무리 채우려 해도 외로움은 계속될 수밖에 없다. 그런데도 사람들은 외로움을 자신의 덜 성숙된 것에서 찾지 못하고 누군가가 떠났기 때문에 그렇다고 한숨을 지으며 계속 외로움으로부터 도망치고 있다.

계속 도망치게 되면 결국 외로움을 제대로 경험하지 못한다. 그러면 계속 외로움이 따라다녀서 고통은 계속된다. 혼자인 것을 편안하게 느끼는 '혼자됨'을 경험하지 못하는 것이다. '혼자됨'을 경험해야만 자신이 앞으로 무엇을 할 것인지 차분히 선택할 기회를 만들 수 있다. 그러니 외로움과 직면하면서 혼자 즐기는 법을 배워라.

혼자된다고
외로운 것은 아니다

외로움으로부터 도망치지 말고 혼자됨을 즐겨라

이혼하게 되면 외로움을 느낀다. 그러나 혼자되었기 때문에 반드시 외롭다고 말하는 것은 잘못이다. 어쩌면 결혼 생활에서도 외롭다고 느꼈을 것이다. 꼭 이혼해서 외로운 것이 아니라 예전부터 외로웠다는 말이다.

'사람은 사회적인 동물이라서 혼자서는 살 수 없다'고 말한다. 한편으로는 '인간은 어차피 혼자'라는 말도 있다. 이처럼 인간관계에는 두 가지 의미가 공존하고 두 가지 모두 진리처럼 여겨진다. 그렇다고 혼자인 사람들이 모두 외로운 것은 아니다. 혼자라는 것을 즐길 줄 알면 혼자인 것만큼 자유로운 것도 없다. 그런데 한 번도 누군가에게 의지하지 않고는 살 수 없었던 사람들은 오히려 혼자라는 자유를 끔찍하게 생각한다. 성숙한 삶이 무엇인지도 모르는 사람인 것이다.

이혼 후 외로움을 겪는 단계를 세 가지로 구분해서 생각할 수 있다. 이 세 가지가 서로 연결되어 한 단계씩 순서를 밟아가는 것이 아니라 건너뛰기도 하고 어느 단계 하나에만 고착되기도 한다. 사람마다 외로움을 대하는 태도가 다르기 때문이다.

제일 먼저 찾아오는 것이 '위축의 단계'이다. 이혼 후 두문불출하거나 가족들에게 둘러싸여서 아무도 자신의 이혼 사실을 눈치채지 못하게 하는 단계이다. 아니면 거꾸로 자신이 불쌍하다는 것을 광고하고 다닌다. 자신이 이혼의 상처로 얼마나 고통받고 있는지 전 배우자의 귀에 들어가게 만들려는 의도이다. 자신이 고통을 당하고 있다고 하면 전 배우자 역시 고통스러워할 것이라고 기대하기 때문이다.

이 기간 동안에는 주변 사람들을 멀리하면서 전 배우자와 헤어졌다는 사실을 끊임없이 자기 자신에게 상기시킨다. 말도 하지 않고 혼자 외로움에 빠져든다. 집중이 안 되어 책도 읽을 수 없고 텔레비전도 눈에 들어오지 않는다. 재미있는 것이라고는 아무것도 없다. 무언가 하고 싶은 욕망은 스멀스멀 기어 나오는데 정작 무엇을 하고 싶은지 구체적으로 잡히지 않는다.

이럴 때 친구들을 찾아가서 하소연을 하거나 술에 취해 있기 십상이다. 하지만 아무리 친한 친구라고 해도 외로운 사람과 함께 있다는 것은 썩 즐거운 일이 아니다. 자신의 외로움을 메우려고 많은 시간을 빼앗고 자신의 아픔을 이해하라고 끊임없이 강요하기 때문에 친구는 질식할 정도이다.

한동안 이런 단계에 머물러 있다가 외로움에서 탈출하기 위해 두 번째 단계인 '회피의 단계'로 들어간다. 외로움을 피하려고 밤낮으로 일하는 '앞만 보고 달리기'가 되는 것이다. 주중이나 주말 할 것 없이 약속이나 일로 가득 채우는 데 혈안이 된다. 아무도 없는 빈 집에 들어가지 않으려고 야근할 이유를 악착같이 찾아낸다. 그리고 오래도록 일에 몰두한다. 어쩌면 이들은 결혼 생활을 할 때도 일중독 증세를 보였을지도 모른다. 쓸쓸한 결혼 생활이 기다리는 집에 들어가지 않으려고 말이다. 혼자 있는 게 싫어서 친구들과 어울려 술을 마시거나 좋아하지도 않는 사람과 데이트를 하기도 한다. 그래서 독신자 모임에서는 뒤풀이가 밤늦게까지 이어지는 것이다.

그들은 자기 내부에 도사리고 있는 외로움으로부터 달아나려고 한다. 그래서 자기 자신을 들여다볼 용기를 내지 못하는 것이다. 그들은 바쁘게 사는 데만 골몰한 나머지 자신이 무엇을 하는지, 어디로 가고 있는지 돌아볼 겨를이 없다. 가끔 종교 속으로 들어가서 거의 광적으로 그것에 헌신한다. 거의 모든 시간을 종교에 몰입해 있고 마음에 드는 교리 하나에 고집스럽게 매달리거나 성직자에게 집착하기 때문에 오히려 다른 종교인들에게 피해를 주기도 한다.

외로움을 잊으려고 바쁘게 사는 방식은 사람에 따라서 다르다. 무조건 바쁘면 좋겠다고 생각하고 일을 산더미처럼 쌓아놓는 사람들도 있겠지만 모든 일을 급하게 서두느라 종종걸음 치는 사람들도 있을 것이다. 결국 이 모든 것이 시들해지면 삶에는 외로움으로부터 도망치는 것 이상의 무언가가 있어야 한다고 깨닫기 시작한다. 그 단계가 되면 이제 '혼자됨aloneness의 단계'에 서서히 들어간다.

외로움을 극복한다는 것은 혼자됨을 통한 홀로서기

이혼 후 혼자인 것이 편해지는 것이다. 집에 일찍 들어가기 겁이 나서 술집에서 시간을 보내지 않아도 되고 좋아하지도 않는 사람과 어울려 다니지 않아도 된다. 집에 들어가도 텅 빈 것 같아 썰렁하다거나 침묵이 무섭다거나 혼자 있는 것이 두렵게 느껴지지 않는다. 집에 혼자 있어도 할 일이 있고 혼자 있는 시간을 즐길 줄 안다. 책을 보기도 하고 인생의 목표를 세우는 일에 몰두한다.

그렇다고 사람을 안 만나는 것도 아니다. 그냥 시간을 보내기 위해, 외로움으로부터 도망치기 위해 사람을 만나는 것이 아니라 우정을 다지기 위해, 필요에 의해 사람을 만나는 것이다. 물론 성적인 충족을 위해 누군가와 데이트를 하기도 한다. 섹스를 했다고 해서 누군가에게 매달리지 않는다. 성욕을 해결하는 것과 미래의 배우자를 선택하는 것은 다르다고 분명히 인식하고 있다. 그만큼 자유롭게 자신이 원하는 일을 즐길 수 있는 것이다.

혼자 있는 시간을 이용해서 내면의 자원을 찾는다. 여러 가지 관심 있는 분야의 책을 보거나 인터넷을 통해서 자료를 찾는다. 그러면서 자신이 좋아하고 잘할 수 있는 일을 찾아서 새로운 인생의 변화를 꿈꾼다. 모든 것에 적극적이고 활발하게 활동하면서 자신의 삶을 즐기기 시작한다. 그래서 이제는 혼자라는 것이 편안하다.

지금까지는 외로움을 피해서 도망쳤고 혼자라는 것이 두려워서 자신도 모르게 피해왔다. 혼자가 되는 것을 피하면 피할수록 더욱더 비참해지는 자신을 발견했다. 그동안 누군가와 함께해야만 외롭지 않을 것이라는 관념에 사로잡혀서 자신도 모르게 혼자인 것을 피해왔다. 그것은 혼자서는 아무것도 할 수 없다는 연약하고 의존적인 태도에서 기인한다. 외로움을 피해왔지만 사실은 외로움의 표적이 되어 끊임없이 외로움을 끌고 다니면서 자유롭지 못한 시간만 보냈다.

그러나 이제는 그럴 필요가 없다. 외로움을 똑바로 쳐다볼 수 있다. '나는 이제 혼자서도 잘할 수 있어. 혼자서도 즐길 줄 아는 사람이야'라고 스스로 대견하게 생각한다. 외로움은 우리가 겪어야 하는 하나의 감정이라는 사실을 받아들이면 혼자인 것이 훨씬 편안해진다. 외로움으로부터 진정한 자유를 얻는 것이다.

외로운 시기를 자기 자신을 발견하는 시기로 인식한다면 자신에게 필요한 치료의 일부이자 삶에서 중요한 성장을 이루는 과정이 된다. 이런 과정을 겪고 나서 적당한 때가 되면 외로움을 떨쳐버리고 관계를 갈망하기보다 관계를 선택할 수 있다. 외로움 때문에 어쩔 수 없어서 관계를 만드는 것이 아니라 외로움과 관계없이 자신의 필요에 의해서 관계를 만들어갈 수 있다.

혼자서도 즐길 수 있다는 것은 바로 정신적으로 건강하다는 것이다. 그런 사람은 외롭기 때문에 다른 사람에게 의존하려고 하는 것이 아니라 혼자 있을 때처럼 대등한 관계를 만들어낼 수 있다. 바로 자신에게 어울리는 사람을 찾을 수 있는 균형 감각을 가지게 된다는 말이다.

외로운 시기를 자기 자신을 발견하는 시기로 인식한다면
자신에게 필요한 치료의 일부이자 삶에서
중요한 성장을 이루는 과정이 된다.
외로움 때문에 어쩔 수 없어서
관계를 만드는 것이 아니라 외로움과 관계없이
자신의 필요에 의해서 관계를 만들어갈 수 있다.

이혼은
슬픔과 함께 시작된다

　이혼은 '슬픔'으로 시작한다고 해도 틀리지 않는다. 사랑하는 관계가 끝났다는 고통에 눈물을 흘린다. 아무리 참으려고 해도 순간순간 밀려오는 서러움에 자신도 모르게 눈물이 나온다. 그래서 어떤 사람은 이혼 과정을 슬픔의 과정이라고 표현한다. 슬픔은 절망과 함께 질식할 듯한 아픔을 동반한다. 슬픔은 이혼한 사람에게는 숙명처럼 거쳐야 할 과정인 셈이다.

　사람은 슬픔에 빠져서 계속 울게 되면 지쳐서 쓰러져 잠들기도 하지만 오히려 뜬눈으로 밤을 꼬박 새기도 한다. 아니면 이른 새벽에 잠이 들어 피로 때문에 눈을 뜨기 힘들 수도 있다. 잠이 가장 필요할 때 잠을 자지 못하고 감정적으로 시달리게 되면 하루 종일 피곤하다. 슬퍼하는 것은 힘든 노동이다. 어쩌면 슬픔의 과정을 끝마칠 때까지 계속 피곤할 것이다. 이런 때는 섹스에 대해 무관심하거나 성 불능 상태에 빠지기도 한다. 끝없는 원망과 분노가 치솟기도 하지만 자기 잘못 때문에 이런 일이 생겼다고 후회하고 반성하면서 자기 비난 역시 끈질기게 따라붙는다.

슬픔은 사랑을 땅에 묻는 장례 과정이다

이 역시 이혼 과정의 일부에 지나지 않는다. 배우자에 대한 집착을 놓아버리기 위해서는 슬픔 이외에 수많은 다른 감정도 충분히 경험할 필요가 있다. 다양한 고통스러운 감정들을 느껴보는 것이 실제로 집착을 끊는 방법이다. 그리고 그 고통은 일시적인 것이다. 슬픔은 사랑을 땅에 묻는 장례 과정이다. 옛날에는 장례식장에 손님이 찾아오면 일부러 목청을 높여 우는 시늉을 했다. 언뜻 형식적인 것처럼 보이지만 우는 소리를 크게 내면서 죽은 사람에게는 이별을 고하고 남아 있는 사람은 회복을 할 수 있었다.

이혼은 법정 판결문만 받으면 끝이 난다. 물론 주민 센터에 가서 이혼 서류를 제출하는 과정이 있지만 그런 과정만 정리하면 아무런 의례 없이 쉽게 끝난다. 의례가 없다 보니 장례식처럼 울 수 있는 기회가 없다. 그런 면에서 보면 슬퍼하는 과정을 겪는다는 것은 오히려 다행이다. 그리고 이 과정이 죽음의 과정보다 더 슬프고 고통스러울 수 있다.

이혼이란 남편이나 아내라는 역할 그리고 부부일 때 주어진 모든 지위를 잃는 일이다. 기혼이었다가 독신이 되면 많은 변화가 생긴다. 더 이상 함께할 수 없기 때문에 미래를 잃게 된다. '죽음이 우리를 갈라놓을 때까지' 지속될 줄 알았던 결혼 생활이 끝난 것이다. 결혼 생활을 하는 동안에는 함께 세운 계획과 목표, 공동의 일, 가족과 함께 사는 집이 있었다. 이제 미래의 삶을 구성한 모든 것을 더는 지속할 수 없다. 이러한 미래의 상실은 받아들이기 힘들다. 그래서 고통스럽고 죽고 싶을 만큼 슬프다. 많은 사람이 이 상실을 오래도록 슬퍼한다.

더군다나 누구보다 사랑했던 사람과 헤어져야 한다. 비록 많은 시간 동안 서로 다투고 갈등했다 해도 그것은 어디까지나 사랑을 얻기 위해서였다. 하지만 이제 배우자와 헤어져서 더 이상 그 사람의 사랑을 기대할 수 없다. 비록 갈등의 상처로 인해 사랑이 가려져 있다 해도 내면 한구석에는 아련하게 그리움이 남아 있다. 이제는 모든 것이 끝났다. 다 하지 못한 아쉬움이 자신을 서글프게 만든다.

이혼 과정에서는 많은 슬픔이 기다리고 있다. 배우자와 함께 살던 집을 정리하고 이사를 한다면 그때도 눈물을 흘릴 것이고, 아이를 배우자가 맡기로 했다면 아이를 잃은 슬픔에 잠길 수도 있다. 그리고 주변 사람들의 시선 때문에 자존심이 상해서 울 수도 있다. 이런 것을 청승스럽다고 비판하는 사람도 있겠지만 잃어버린 사랑을 슬퍼하는 시간을 갖는 것은 절대적으로 필요하다. 솟구치는 고통의 감정을 충분히 느끼고 깊이 생각할 시간을 가짐으로써 모든 고통을 놓아 보낼 수 있기 때문이다. 이런 감정들은 가만히 두어도 저절로 일어나는 것이지만, 우리는 다양한 방법으로 그 과정을 방해하고 있다.

흔히 저지르는 실수는 슬픔의 시간을 충분히 갖지 않고 너무 빨리 앞으로 나아가려 하는 것이다. 마치 슬픔을 훌훌 털어버리는 것이 강한 사람이라고 착각을 한다. 그러면서 시간이 지나면 상처가 저절로 아물 것이라는 생각에 그저 앞만 보고 달려가려 한다. 그러다 보니 자신이 느끼는 감정들을 모두 경험할 시간을 자신에게 허용하지 않는다. 자신의 감정을 정리할 여유가 없는 것이다. 그렇기 때문에 의도적으로라도 슬픔을 충분히 느낄 필요가 있다.

슬픔은 원치 않았는데도 이미 일어나버린 일을 감정적으로 되짚어 볼 수 있게 한다. 그리고 원했던 일이 일어나지 않았음을 마음으로부터 인정하는 것이다. 이별을 경험한 후 슬픔의 감정을 드러내는 것을 허락하지 않는다면 우리는 우리가 꿈꾸는 것을 이룰 수 없다. 슬픔을 느낌으로써 실제로 우리에게 주어진 것들을 사랑하고 그 가치를 소중히 여기며 그것을 향유할 수 있는 능력을 되찾게 된다. 분노가 삶에 대한 열정을 새롭게 해준다면, 슬픔은 사랑의 감미로움을 다시금 느낄 수 있도록 마음을 열어준다.

슬픔이라는 감정을 충분히 느끼면 이미 일어난 일에 대한 심리적 저항감을 버리고 자신이 잃어버린 것을 점차 마음으로부터 받아들일 수 있다. 이러한 포기는 오히려 미래를 설계할 수 있는 계기가 된다. 예전에 자신이 무엇을 원했는지 되돌아보는 시간을 가지는 것은 미래를 설계하는 데 없어서는 안 될 과정이다. 바로 '그가 날 사랑해주었으면 좋겠어'에서 '나는 사랑받기를 원해'로 새롭게 미래를 설계하는 것이다. 이렇듯 특정 상대에 대한 집착을 버림으로써 원하는 것을 다시 가질 수 있으리라는 자신감과 확신을 얻을 수 있다. 즉 충분히 슬퍼하고 나면 꼭 그 사람이 아니라 해도 누군가와 사랑을 시작할 수 있다는 희망을 발견한다는 말이다.

그렇기 때문에 상실의 아픔을 슬퍼하는 것은 다시 사랑을 느낄 수 있게 방향을 바꾸는 과정이고 갈망과 기대, 욕구와 희망을 현재로 불러들이기 위해 과거를 떠나보내는 과정이다. 그래야 불가능해진 배우자와의 사랑에 더 이상 매달리거나 의지하지 않게 됨으로써 자신이 가질 수 있는 풍요로운 사랑에 자유롭게 가슴을 열 수 있다.

먼저 그 사실을 자각하지 않고는 집착을 버리지도, 앞으로 나아가지도 못한다. 마음이 아프다는 것은 이제 더 이상 자기 것이 아닌 것을 아직도 놓지 못하고 있음을 의미한다. 그렇기 때문에 충분히 슬퍼하라. 충분히 슬퍼함으로써 결국 상실의 아픔에서 벗어날 수 있다. 그리고 놓아버려라.

우울증 극복하기

이혼 후 우울증이란

이혼한 사람 중에는 자기 방식대로 타협을 하려다가 뜻대로 되지 않을 때 우울증에 빠지는 경우가 있다. 사람이 우울하다고 해서 모두 우울증은 아니다. 사람은 누구나 감정의 기복이 있다. 슬픔은 치열한 삶이나 실망에 대한 반응으로 나타나는 극히 일반적인 감정이다. 보통은 '우울하다' 라는 단어로 이런 기분을 표현하지만 우울증은 단순한 슬픔보다 더한 것이다. 그러나 우울증에 걸린 사람 중에는 슬픔을 느끼지 못하는 경우도 있다.

그렇게 감정을 억제하다 보니 자신의 진짜 감정이 어떤지도 모른다. 그냥 무감각하게 모든 것을 받아들인다. 슬퍼도 슬픈 줄 모르고 화가 나도 화가 난 줄 모른다. 차마 감당할 수 없어서 그 감정을 표현하기가 두려운 것이다. 심적 고통이 엄청나게 크다 보니 자신을 보호하려면 감정을 억눌러야 한다. 그래서 감정이 마비된 상태를 경험한다. 이런 경우 무뎌진 감정이 마치 슬픔을 극복한 것처럼 착각하게 만들기도 한다.

증세가 어떠하든 우울증은 일반적인 슬픔과는 다르다. 공허감이나 절망감이 사라지지 않아 항상 지치고, 하루하루를 지내는 것이 벅차고 희망적이지 않기 때문에 무력해지고 무능하게 느껴지고 모든 것이 무의미하게 느껴진다. 그래서 잠을 자지 못하거나 반대로 너무 많이 잔다. 이전에는 쉽게 하던 일들이 지금은 힘들고 집중이 되지 않는다. 아무리 노력해도 부정적인 생각을 통제할 수가 없다. 식욕이 없거나 먹는 것을 멈출 수 없다. 평소보다 화를 잘 내고 욱하는 성질을 보인다. 그리고 삶이 의미 없게 생각된다.

우울증은 사람마다 다양하고 다소 복잡하다. 우울증은 단순히 뇌의 화학적 불균형으로 만들어지는 것이 아니라 생물학적, 심리적, 사회적 요인들의 복합적인 작용으로 발생한다. 다시 말해서 생활 방식의 선택, 상호 관계, 문제에 대처하는 능력 등이 유전적인 요인보다 더 크다. 그러나 주된 우울증은 삶을 즐기고 기쁨을 느끼는 데 무기력한 것으로 특징지을 수 있다. 이 증상이 지속되면 우울증을 의심해 보아야 한다.

우울증이 위험한 것은 심할 경우 자살 충동을 느낄 수 있기 때문이다. 이혼 후 찾아오는 우울증은 대체로 사랑하는 사람과 함께 만들어 왔던 미래가 사라지면서 모든 것이 허무하고 혼자 남았다는 외로움이 강하게 엄습하기 때문이다. '행복했던 시절은 끝이 났구나! 내 인생도 이제 끝났어! 죽고 싶다'고 하는 감정으로 기진맥진하는가 하면, '아이들 때문에 죽을 순 없으니 이제부터 나는 죽지 못해 연명하는 목숨이다. 그냥 존재할 뿐이야' 라며 무감각해지기도 한다.

이런 경우 전문가의 상담이 필요하지만 무분별한 약물 치료보다는 부정적인 생각을 어떻게 재구성하고 감정을 조절하고 행동을 고쳐가느냐에 따라서 의외로 쉽게 해결되기도 한다.

생각과 자세를 바꾸어라

데이비드 번스David M. Burns는 "우울한 기분을 한 마디로 정의하자면, '자기 자신에게 사실이 아닌 것을 계속 주입시킴으로써 자신을 조롱하고 불쌍한 존재로 만들어버리는 것'이다."라고 말한다. 우리가 이혼하고 나서 우울한 기분에 빠져 있는 것도 어떻게 보면 우리가 이혼했기 때문에 우울해하고 슬퍼해야 한다고 스스로 생각하기 때문에 우울하고 슬퍼하는 것인지 모른다. 생각하기에 따라서 이혼은 새로운 시작이기 때문에 오히려 즐겁고 행복할 수도 있다. 그러나 우리는 실제로 그렇게 하지 못한다.

심리 치료법 중에 '인지 치료' 라는 것이 있다. 이 인지 치료의 기본 원리는 우리가 어떤 사건 그 자체에 반응하기보다는 사건을 해석하는 우리의 의식에 의해 반응한다는 전제 아래 의식을 바꾸면 치료가 가능하다고 보는 것이다. 즉 같은 사건이라도 사람에 따라 완벽히 다른 의미로 해석될 수 있다는 것이다.

사건은 해석을 불러일으키고(사건의 해석), 생각은 감정을 불러일으킨다. 예를 들어 이혼했다는 사실(사건)에 위협을 느끼면(생각) 자신도 모르게 우울해지고 슬퍼진다(감정).

사건 → 생각 → 감정

인지 치료의 핵심은 왜곡된 생각을 제거하고 현실 감각을 복원하는 것이다. 우리가 어떤 생각을 비이성적으로 규정지을 때(이것을 '인지 왜곡'이라고 한다) 우리는 그 사건에 대한 인식을 바꾸고 그 사건에 대한 감정까지 바꾼다. 예를 들어 이혼한 지금 어떻게 해야 할지 몰라서 온몸이 굳어버리는 것 같은 공포를 느끼고 있다면 어떤 생각이 불안감을 유발하는지 살펴야 한다. 그리고 이성적 판단을 통해 왜곡된 생각에 반론을 제기하고, 올바른 방향으로 상황을 재해석해야 한다. 예를 들면 이런 것이다. '이혼한 지금 누군가에게 영원히 사랑받지 못할 것이다.' 이것이 왜곡된 생각이라면 이렇게 이성적으로 바꾸어 생각할 수 있다. '그 사람과는 맞지 않아서 지금까지 고통을 당해왔어. 이제 그 사람과 헤어졌으니 좀 더 나와 맞는 사람을 만나게 될 거야. 나는 사랑받기에 충분한 매력을 가지고 있으니까.' 이렇게 재해석을 한다면 당신의 기분은 어떻겠는가? 우울하겠는가, 아니면 설레겠는가?

왜곡된 생각은 실패에 대한 극단적이고 건강하지 못한 두려움을 일으킨다. 반대로 이성적인 판단은 상황을 돌이켜 생각해보고 객관적으로 바라보게 하여 건전한 도전을 할 수 있게 해준다.

물론 이런 것 이외에도 우울증을 극복하는 방법은 다양하다. 일반적으로 우울한 사람은 대개 눈길을 아래로 향하고 걷는다. 그들은 어깨를 축 늘어뜨린다. 그리고 힘없이 얕은 숨을 쉰다. 자신의 몸을 우울한 생리 체계로 만들어버리는 일은 뭐든지 한다. 우울하다는 것은 하나의 결과이므로 우울하려면 우울함을 만드는 구체적인 몸의 이미지가 있어야 한다.

그렇기 때문에 이것을 바꾸는 것은 어렵지 않다. 똑바로 서서 어깨를 뒤로 젖히고 가슴으로 깊이 숨을 쉬면서 하늘을 보면 자신감이 넘치는 생리 체계로 바뀌기 때문에 우울할 수가 없다. 이런 자세를 취하면 뇌가 몸으로부터 받는 메시지는 깨어서 활력이 넘치고 자신감이 넘치는 상태로 있으라는 것이다. 그러면 우울하고 싶어도 우울할 수가 없다.

슬픈 감정을 발산하라

이처럼 생각을 바꾸거나 자세를 바꾸는 것만으로도 우울증에서 벗어날 수 있다. 그러나 무엇보다 중요한 것은 감정을 자연스럽게 발산하는 것이다. 바로 슬플 때 충분히 슬퍼해야 한다는 것이다. 슬픔을 억제하다 보면 슬픈 감정이 해소되는 것이 아니라 오히려 슬픔을 증폭시켜서 사람을 계속 우울하게 만든다. 그러나 충분히 울고 나면 오히려 슬프다는 감정이 사라진다. 슬픈 영화를 보면서 손수건을 적실 정도로 충분히 울어버리고 나면 가슴이 뻥 뚫린 것처럼 시원함이 느껴지는 것과 마찬가지다. 그런데 슬픔을 제대로 표현하지 않고 간직하게 되면 겉으로는 슬픔이 나타나지 않는 것처럼 보이지만 항상 슬프고 우울한 기분이 따라다닌다. 그것이 결국 우울증을 만드는 것이다. 그렇기 때문에 이제 충분히 울어야 한다. 충분히 울고 나서 슬픔을 모두 놓아버리면 당연히 기분이 좋아질 수밖에 없다.

분노는 힘든 상황을
극복하기 위한 원동력이다

분노의 감정을 표출하라

이혼 과정에서 배우자에 대한 분노가 불현듯 치솟아 어디에다 분풀이를 해야 할지 몰라서 당황한 적이 있을 것이다. 학자들은 이혼하고 나면 슬픔의 감정보다 분노의 감정이 먼저 온다고 말하기도 한다. 하지만 슬픔 속에 분노가 있고 분노 속에 슬픔이 내재되어 있다. 과거에 해결하지 못한 분노는 현재의 분노를 증폭시키지만 슬픔이나 두려움처럼 현재 해결하지 못한 감정이 분노로 표현되기도 한다. 분노 역시 상실의 고통이 만들어낸 감정 중 하나일 뿐이다.

이혼한 지금, 분노를 얼마나 크게 느끼는지 알 수 있는 방법은 간단하다. '이혼한 이유가 전 배우자 때문이라고 생각하는가?' 라는 질문이다. 이 질문에 대해 아직 분노를 처리하지 못한 사람은 '그렇다'라고 대답한다. 물론 분노는 상대방에 대한 분노만이 아니라 자기 자신에 대한 분노도 있다. 하지만 사람은 자기 자신에게 화를 낼 때보다 상대방에게 화를 낼 때 분노는 더욱 커지고 참을 수 없어진다. 사실 분노의 감정을 충분히 다루고 나면 실패, 비난, 책임이 쌍방 모두에게 있음을 알게 된다. 그렇기 때문에 상대방을 원망할 필요도 없고, 또 자기 자신을 학대할 필요도 없다. 아무리 그렇다고 해도 그것은 나중의 문제이고 지금은 분노를 표현할 줄 알아야 한다.

어쩌면 이혼을 좋게 마무리했기 때문에 화를 낼 필요가 없다고 말할지 모른다. 대체로 떠나는 쪽은 죄책감 때문에 화를 내지 못하는 경향이 있다. 남겨진 쪽은 혹시 배우자가 다시 돌아올지 모른다는 기대감 때문에 제대로 화를 내지 못한다. 그래서 관계가 깨졌을 때 한동안은 살얼음판처럼 사이좋게 지내지만, 한편으로는 둘 다 엄청난 우울감을 맛본다. 속에서는 부글부글 끓어오르고 있는데 그것을 억제하면서 나타나는 증상이다.

분노는 누구나 느끼는 자연스럽고 건강한 감정이다. 그래서 감정을 마음속에 쌓아둘 필요는 없다. 부부 관계가 끝날 즈음 화, 원한, 원망, 혹독한 고통 등은 흔히 나타나는 감정이다. 하지만 우리는 분노를 표현하면 마치 큰 죄를 짓는 것처럼 생각하여 어떻게든 분노를 잠재우려고 한다. 분노를 억제하는 것이 더 정당하다고 생각하기 때문이다. 그러면 점점 더 우울해질 뿐이다.

그렇기 때문에 분노를 표현할 필요가 있다. 남겨진 쪽이 떠나는 쪽보다 더 분노할 가능성이 높다. 남겨진 쪽이 더 분노하는 이유는 분노의 뒤에 숨은 감정을 들여다보면 훨씬 이해하기 쉽다. 언제나 주도권은 떠나는 쪽이 쥐고 있다. 그러다 보니 남겨진 사람은 상황을 스스로 조절할 수가 없다. 주도권을 쥔 쪽의 행동에 따라서 자신의 감정이 달라지기 때문에 어떻게 할 수 없다는 무력감이 좌절감을 불러일으키고 이 좌절감이 분노로 이어진다.

거절도 마찬가지다. 대개 남겨진 쪽은 아직도 상대방에 대해 헤어질 준비도 되지 않았는데 '나는 더 이상 당신을 사랑하지 않아.' 라고 말한다. 경우에 따라 전혀 생각지도 못했는데 갑작스럽게 자신과 헤어질 것을 요구받는다면 황당하고 비참해질 수밖에 없다. 그러니 화가 날 수밖에 없는 것이다.

결혼 생활 동안 아무리 다투고 지지고 볶았다 해도 그것은 미래를 함께 만들어가기 위한 노력이었다. 그것이 하루아침에 무너지면 모든 것이 뒤죽박죽이 될 수밖에 없다. 만약 상대방의 외도로 미래가 무너졌다면 분노는 극에 달할 것이다. 여기에 재정 문제까지 책임져야 한다면 매우 힘들고 난처할 수밖에 없다. 남겨진 사람은 두려움을 느낀다. 참을 수 없을 만큼 두려울 때도 있다. 분노는 두려움에 맞설 멋진 방법일 수도 있고 두려움을 극복할 아드레날린을 얻는 방법일 수도 있다. 그렇기에 남겨진 사람이 분노를 더 많이 느끼기 쉽다. 그래서 분노를 충분히 경험하고 나면 오히려 매달리던 사람이 더 냉정해지기도 한다. 물론 사람마다 개성이 다르고 상황에 따라서는 떠나는 사람이 훨씬 더 많이 분노할 수도 있다. 도저히 견딜 수 없어서 떠나는 쪽이라면 분노를 더 많이 표출할 수 있기 때문이다.

분노의 표출은 활력과 열정을 되찾게 한다

어쨌든 화를 낸다는 것은 힘든 상황을 극복하게 하는 원동력이 될 수 있다. 분노는 그런 상황에 빠뜨린 사람에 대한 원망이기는 하지만 사실 두려움을 떨쳐내기 위한 방법이기도 하다. 그리고 분노는 다시 사랑의 가능성을 믿는 데 필수적이다. 분노에서 우러나오는 힘과 명쾌함이 없다면 두려움과 슬픔은 끝이 없는 것처럼 보일 수 있다. 특히 여자들은 한번 마음의 상처를 받으면 대개 어두운 감정 속에 빠져드는 것을 피해 다시는 친밀한 관계를 맺으려고 하지 않는 경향을 보인다.

만일 상처받기 쉬운 약한 마음이 분노의 감정과 균형을 이루지 못한다면, 누군가와 다시 관계를 맺는다는 생각만 해도 아직 해결되지 않은 감정들이 쏟아져 나올 수 있다. 이런 불편함이 싫어서 여자들은 아예 관계 자체를 기피한다. 분노의 감정을 느끼고 그것을 놓아버리지 못한다면 고통에서도 벗어날 수 없다. 여자는 점점 더 우울해지고 남을 믿지 못하는 엄격한 사람이 될 수 있다. 다시 사랑을 시작하는 데 자기 자신이 가장 큰 장애가 되는 것이다.

그렇기 때문에 분노의 감정을 표현할 필요가 있다. 그렇다고 분노를 폭력적으로 표현할 필요는 없다. 이혼하게 되면 자신의 분노를 전 배우자에게 직접적으로 쏟아붓고 싶어 한다. 그러나 그런 행동은 어느 누구에게도 도움이 되지 않는다. 자신의 분노를 전 배우자에게 직접 쏟게 되면 잘 참아왔던 사람이라도 그것을 참을 수 없다. 결국 전 배우자도 직접적으로 분노를 터뜨린다. 끝난 줄 알았던 부부 싸움이 다시 계속되는 것이다. 그렇기 때문에 전 배우자에게 직접 화풀이하기보다는 다른 방식으로 분노를 표현하는 것이 좋다.

만약 전 배우자에 대한 이런 분노를 적절하게만 다룬다면 오히려 상처 회복에 큰 도움이 된다. 분노가 전 배우자와의 감정적인 거리를 확실하게 벌려놓는 역할을 하기 때문이다. 감정적 거리를 확실하게 벌려놓아야만 전 배우자와의 관계를 빨리 청산할 수 있다. 그리고 분노의 감정을 확실하게 표현함으로써 자신의 감정이 활기와 열정을 되찾을 수도 있다.

이혼 후 경험하게 되는 이런 분노는 빨리 해소할수록 좋다. 분노를 억제하고 계속 마음에 담고 있으면 그것이 타인에게 피해를 주기도 하지만 자기 자신에게 더 많은 피해를 주기 때문이다. 속으로 분노를 삭이고 있으면 우울증, 두통, 몸의 긴장, 궤양 등으로 몸을 해치기 때문에 분노를 건설적으로 표현하는 방법을 빨리 배울 필요가 있다. 그렇게 해서 적절하게 분노를 표출하라.

적절한 분노를
표현하는 방법

적절한 분노와 공격적인 분노

모든 분노가 건강한 감정이라고 말할 수는 없다. 왜냐하면 분노에는 '적절한 분노'와 '공격적인 분노'가 있기 때문이다. 어쩌면 '적절한 분노가 뭐지?'라고 반문할지도 모른다. 적절한 분노란 현재 상황에 어울리는 정도의 분노를 말한다. 누군가가 자신을 모욕하면 화가 난다. 누군가가 자신의 새로 산 구두를 밟으면 화가 치민다. 이런 일이 아니라 해도 아주 작은 일, 어둠 속에서 물건을 찾다가 물건에 걸려 넘어졌을 때도 화가 난다. 적절한 분노는 그 상황에 딱 맞아떨어지는 크기의 감정 표현이다. 작으면 작은 대로, 크면 큰 대로 그 상황에 맞게 분노를 표현하는 것이다.

이에 비해 공격적 분노는 사건에 비해 과잉 반응을 하는 것이다. 평소에는 얌전하던 사람들이 별것 아닌 일로 화가 나면 마치 엄청난 잘못을 저지른 것처럼 불같이 화를 낸다. 주변 사람들이 황당해할 정도다. 그것은 평소 자신의 분노를 억제하다가 화를 내게 되면 그동안 내지 못한 모든 분노가 한꺼번에 폭발하기 때문이다. 또 결혼 생활을 할 때도 집 안이 조금만 지저분해도 큰소리로 화를 내거나 청소기를 돌리면서 집에 있는 모든 사람에게 짜증을 낸다. 주변에 있는 사람들이 모두 공포 분위기에 젖어서 어찌지 못하고 있다면 그것이 바로 공격적인 분노인 것이다. 꼭 주먹을 휘둘러야만 공격적인 분노는 아니다. 이런 분노를 시도 때도 없이 드러낸다면 단지 지금의 상황에 대한 분노가 아니라 옛날에 묻어두었던 오랜 분노를 끄집어내고 있는 것이다.

사람들은 이런 경우 성격 탓을 하지만 사실은 그렇지가 않다. 만약 우리가 어렸을 때 화를 내도 괜찮은 분위기였고, 자유롭고 건설적으로 화내는 법을 배웠더라면 분노를 그때그때 상황에 맞게 잘 풀어왔을 것이다. 그러나 화를 낸다고 혼이 나거나 억압을 받아왔다면 어린 날의 분노를 건설적으로 표현하지 못하고 켜켜이 쌓아왔을 가능성이 높다. 이런 경우라면 작은 일에 작은 분노를 표현하는 것이 아니라 작은 일을 지나치리만치 부풀려서 화를 낸다. 바로 화를 그때그때 적절하게 풀지 못하면 그것이 내부에 쌓여서 작은 일에도 지나치게 반응하게 된다는 말이다.

우리는 분노를 표현할 줄 모른다. 그래서 분노를 아무렇게나 쏟아내다 보니 화를 내는 것 자체가 마치 큰 잘못을 저지르는 것처럼 인식하고 있다. 우리는 어려서부터 분노를 표현하기보다는 억제하는 것이 교양 있는 사람인 것처럼 말해왔다. 그래서 사람들은 화가 나도 그것을 무조건 참으려고 한다. 결국 평소에도 불만이 가득한 표정을 짓거나 무표정하게 지낸다. 그렇게 참고 참았다가 순간 참지 못하는 지점에 도달하면 갑작스럽게 언성이 높아지고 폭력적이 된다. 거의 제정신이 아니다. 그래서 사람들은 이런 폭력적인 분노를 참으라고 말하는 것이다.

사실 분노는 감정이고, 주장과 공격은 행동이다. 예를 들어서 전 배우자를 만나서 "나, 당신한테 화났어. 당신 차바퀴를 모조리 펑크 내고 싶을 만큼. 이 교활하고 무책임한 자식아!"라고 말하는 것은 주장이다. 그런데 실제로 전 배우자의 자동차 바퀴를 모조리 펑크를 내버리는 것은 공격이다. 자신의 분노를 공격적으로 표현하는 것이다.

물론 심리학자에 따라서는 분노가 또 다른 분노를 부르기 때문에 분노를 억제하라고 말하기도 한다. 화를 내다 보면 자신도 모르게 더욱 화가 나고, 결국에는 자신이 제어할 수 없을 정도로 화나게 만든다는 것이다. 하지만 이것은 적절한 분노를 모르기 때문에 하는 말이다. 예전에 쌓였던 감정을 한꺼번에 풀려고 하기 때문에 생기는 현상이다. 어쨌든 분노를 적절하게 표현할 필요가 있다고 인정한다면 다음에 설명하는 분노의 세 가지 단계를 거치면서 적절하게 분노를 표현하는 방법을 배우는 것이 좋다.

적절한 분노를 긍정적인 방식으로 표현하기

첫 단계는 화를 내도 괜찮다는 사실을 받아들이는 단계이다. 우리 사회는 화내는 일을 유아적이고 어리석고 파괴적이고 벌 받을 짓으로 보는 경향이 있다. 그러나 그것은 화를 내기 때문에 생기는 문제라기보다는 오히려 화를 억제하면서 생기는 부작용에 불과하다. 이것을 인식하지 못하고 무조건 화를 참게 되면 결과적으로 참다 참다 참지 못하고 언성을 높이거나 폭력적으로 나타날 수밖에 없다.

이제, 화를 내도 괜찮다는 것을 다시 배워야 한다. 그러나 화를 낸다는 것에 익숙하지 못하기 때문에 자신도 모르게 화를 억제하려고 할 것이다. 머리로는 지금 한 말을 받아들인다 해도 가슴으로 받아들이고 실천한다는 것은 매우 어렵다. 자신이 화를 냈을 때 누군가가 마치 잘못을 저지른 것처럼 왜 화를 내느냐고 한다면 자신도 모르게 화를 억제한다. 하지만 분노를 느끼는 것과 분노를 표현하는 것은 다르다는 사실을 기억해야 한다.

두 번째 단계는 사람이라면 당연히 화가 날 수 있다는 점을 인정하고, 자신과 주변 사람들에게 해가 되지 않도록 분노하는 방법을 되도록 많이 배우는 것이다. 이런 방법으로는 유머와 운동, 편지를 쓰거나 단호하게 화가 났다고 말하는 것, 그리고 조용한 곳에 가서 엉엉 울거나 소리를 지르는 것 등 여러 가지가 있다.

그중 하나를 예로 든다면, 단호하게 분노를 표현하는 방법이 있다. 로버트 앨버티Robert Alberti와 마이클 에먼스Michael Emmons가 공동 집

필한 〈당신의 온전한 권리Your Perfect Right〉에서 분노를 솔직하고 건설적으로 표현하는 방법을 다음과 같이 설명하고 있다. 화내기 전에 ①나 자신에 대해 그리고 나를 화나게 하는 환경이나 상황, 상대방의 태도와 행동이 무엇인지 인식하라. ②언제든 화낼 태세를 갖추고 있지 말라. ③자신에게 논리적으로 설명하라. ④긴장 푸는 법을 배워라. ⑤중요한 때를 위해 화를 아껴라. 그리고 화가 날 때는 ①치밀어 오르는 화를 처리하는 몇 가지 전략(긴장 풀기, 격렬한 운동, 열까지 세기, 마음 가라앉히기)을 개발하라. ②이 상황이 시간과 에너지를 쏟을 만한 가치가 있는지, 뒤에 일어날 결과를 감수할 수 있는지 잠시 생각하라. ③다른 사람과 함께 풀어나갈지, 혼자 해결할지 정하라. ④분노를 단호하게 표현하라. 자연스럽게 표현하고 적의를 쌓지 말라. 솔직하고 구체적인 말로 분노를 직접 표현하라. 태도나 표정, 몸짓, 음색으로 감정을 전달하라. 비꼬거나 되받아치는 말, 욕설은 삼가라. ⑤말로 표현하라. ⑥상황 해결을 위해 따로 시간을 내라. ⑦감정을 직접적으로 언급하고 그 감정에 책임을 져라. ⑧직면한 상황과 특정한 문제만 다루어라. 과거의 케케묵은 것까지 모두 말하려고 하지 말라. ⑨문제를 해결하는 쪽으로 힘써라.

어떻게 보면 화도 이성적이고 현명하게 낼 줄 알아야 한다는 말이다.

세 번째 단계는 용서하는 법과 분노를 최소화하는 법을 배우는 것이다. 지금까지 감정이 폭발하면 자신도 모르게 화가 증폭되어서 '절대로 용서할 수 없어!' 하는 식으로 반응해왔다. 하지만 앞의 두 단계를 거치면서 조금씩 적절하게 분노하는 방법을 터득했을 것이다. 이 단계에 이르면 다른 사람뿐 아니라 자기 자신을 용서하는 법을 배운다. 분노를 다 표현하고 나면 마음이 편안해지고 이혼의 모든 책임이 전 배우자에게만 있지 않다는 사실을 깨달으면서 용서를 하게 된다. 그것은 단순히 전 배우자에 대한 용서만이 아니라 나 자신에 대한 용서까지도 포함된다. 그렇기 때문에 분노는 지극히 인간적인 것이고 긍정적인 방식으로 분노를 표현하는 것은 좋은 것이다.

자신의 감정을
정리하라

감정을 억제하지 말고 솔직히 표현하라

이혼을 하고 나면 자신의 감정이 어떤 것인지 이해할 수 없을 정도다. 어느 때는 기분이 좋았다가, 어느 때는 미워하는 감정에 분노가 치밀다가도 잘해주지 못했다는 아쉬움이 밀려온다. 모든 것이 자기 탓이라고 자기 비하를 하면서 슬픔에 빠져들어 우울해진다. 그러면서 그 사람이 없는 삶을 어떻게 살까 하는 두려움이 엄습해 오면 절망과도 같은 시간을 맞이한다. 마치 미친 사람처럼 감정이 죽 끓듯 하지만 사실은 이런 것이 정상적이라고 할 수 있다.

사람의 마음은 단번에 이혼의 아픔을 떨쳐버리지 못한다. 오랜 시간에 걸쳐서 해결되지 않은 감정들이 파도처럼 밀려왔다가 밀려가면서 점차적으로 치유가 되는 것이다. 파도가 밀려갈 때는 사람이 이성적으로 바뀌면서 마치 이혼의 상처를 훌훌 털어버린 기분이 든다. 그래서 기분이 좋아지고 이혼한 것을 잘했다고 생각하고 자신감이 넘치기도 한다. 하지만 파도가 밀려올 때는 분노와 슬픔, 두려움 그리고 아쉬움이 한꺼번에 밀려오면서 미처 해결되지 않은 감정들이 마구 떠올라서 살아가기도 겁이 날 정도다.

그래서 사람들은 그 감정을 빨리 벗어나기 위해 자신도 모르게 감정을 외면하려고 한다. 하지만 그것이 오히려 상처를 치유하는 것을 방해한다. 그렇게 자신의 감정을 억압하면 당장은 효과를 보는 것 같지만 실제로는 평생 마음의 상처를 가슴에 안고 사는 결과를 초래한다. 슬픔과 분노, 두려움 그리고 아쉬움을 이성적으로 억압한다고 해서 억압되는 것이 아니다. 오히려 부정적인 생각이 떠올라서 자신도 모르게 부정적인 방향으로 자신을 끌고 가서 결국 절망 속에 빠져버린다.

동양과 서양의 심리학을 하나로 통합한 심리 치료사인 타라 베넷 골먼Tara Bennet Goleman은 이렇게 말한다.

"마음의 힘을 빌려서 사물을 변화시키려 하지 말고 있는 그대로 바라보자. 여기서 가장 중요한 것은 감정 자체를 거부하는 것이 아니라 감정을 방해하는 행동을 없애는 것이다. 특히 고통스러운 감정을 느낄 때 그 감정을 열린 마음으로 받아들여 자연스럽게 흘러가게 하면 고통은 저절로 사라진다."

하지만 우리는 어려서부터 슬픔이든 기쁨이든 분노든 상관없이 모든 감정을 숨기고 억누르는 방법만 배워왔다. 예를 들어서 '남자는 쉽게 눈물을 보이는 것이 아니다', '성공했다고 기쁨을 겉으로 표현하는 것은 거만한 사람이나 하는 짓이다', '여자는 화를 내면 안 된다', '감정을 쉽게 드러내는 것은 교양 없는 자의 행동이다' 등은 감정을 억누르게 하는 대표적인 말이다.

그래서 우리는 자신의 감정을 어떤 방식으로든 솔직하게 표현하는 것을 부끄럽게 생각한다. '남자는 쉽게 눈물을 보이는 것이 아니다'라고 교육을 받은 남자들은 화를 낼지언정 눈물을 보이려 하지 않는다. 설령 분노의 감정을 드러낸다 해도 슬픔이라는 감정을 표현하지 못하면 결국 과거의 상처에서 벗어날 수 없다.

감정을 경험하고 정리하는 방법

〈화성에서 온 남자 금성에서 온 여자Men are from Mars, Women are from Venus〉의 저자 존 그레이John Gray는 이혼의 상처를 극복하기 위해서는 슬픔과 분노, 아쉬움 그리고 두려움이라는 치유의 감정 네 가지를 충분히 경험해야 한다고 말한다. 그러면서 "분노와 슬픔, 두려움과 아쉬움을 느끼지 못하면 사랑과 기쁨, 감사와 평화를 느끼는 능력도 점차 사라진다"고 말한다. 결국 우리가 사랑과 기쁨, 감사와 평화를 느끼기 위해서라도 부정적인 감정을 느껴야만 한다는 말이다.

사실 부정적인 감정에는 우리에게 전하려는 메시지가 있다. 그것을 존 그레이는 '분노는 원하는 것을 얻지 못하고 있음을 마음으로 인정하는 것이다. … 분노를 느낌으로써 무관심의 상태에서 깨어나 사랑과 인생에 대한 열정을 다시 찾을 수 있다.', '슬픔은 원했던 일이 일어나지 않았음을 마음으로부터 인정하는 것이다. … 슬픔을 느낌으로써 실제로 우리에게 주어진 것들을 사랑하고 그 가치를 소중히 여기며 그것을 향유할 수 있는 능력을 되찾는다.', '두려움은 자신이 원하지 않았던 일이 일어났음을 마음으로부터 인정하는 것이다. … 두려움은 우리에게 무엇이 필요한지를 분간하는 능력을 주고 현재에 의지할 수 있게 해준다. 그리고 우리가 필요로 하는 도움을 받아들이고 용기와 감사로 마음을 채울 수 있도록 도와준다.', '아쉬움은 이미 일어난 일을 되돌릴 수 없는 자신의 무력감을 인정하는 것이다. … 아쉬움을 충분히 느끼고 나면 과거의 희망을 놓아 보내고 마침내 새로운 희망을 찾을 수 있다. … 희망 속에는 새 출발을 하는 데 필요한 의지와 의욕이 담겨 있다.'고 말한다.

이들 부정적인 감정 중 한 가지라도 해결이 되지 않으면 부정적인 감정에서 벗어날 수 없다. 우리 자신이 가지고 있는 부정적인 심리 상태는 바로 부정적인 감정들의 부조화에서 오기 때문이다. 예를 들어서 소리 내서 울지 못하는 사람은 자신도 모르게 분노라는 감정에 붙잡혀 있다. 남자들은 대체로 슬픈 감정을 분노로 표현한다. 또 어떤 사람은 쉽게 눈물을 보이지만 좀처럼 화를 내지 못하는 경우도 있다. 여자들이 이런 경우가 많다. 사람이 슬픔과 분노를 느끼지 못하면 두려움과 불안감에 붙잡히게 되고 더러는 두려움에 직면하지 못해서, 아쉬움에 사로잡혀서 사랑할 능력을 잃어버리는 경우도 있다. 그렇기 때문에 네 가지 치유 감정을 모두 느껴보고 그 감정들 사이에 균형과 조화가 이루어질 수 있도록 노력해야 한다.

그렇다면 어떻게 자신의 감정을 정리할 수 있을까? 존 그레이는 부정적인 치유 감정을 편지로 써보라고 권한다. '지금 나는 …라서 화가 나요.', '지금 나는 …라는 것이 슬퍼요.', '지금 나는 …할까 걱정이에요.', '지금 나는 …라서 미안해요.' 라는 식으로 말이다. 이 편지를 직접 전하는 것이 아니라 그 사람이 받을 것이라고 상상하면서 쓰면 된다. 예를 들어서 '나는 당신이 떠난 것이 화가 나요.', '내가 누굴 믿고 살아야 할지 몰라 슬퍼요.', '나는 내가 뭘 잘못했는지 모르겠어요. 그래서 걱정이에요', '우리가 함께할 수 없다는 것이 아쉬워요.' 라고 쓰면 된다. 물론 네 가지 감정을 여러 가지 표현으로 반복해서 적어도 좋다. 수십 가지를 적어도 상관이 없다는 말이다.

그리고 그 답장 역시 자신이 받고 싶은 내용을 그 사람이 되어서 적어보는 것이다. '…해줘서 고마워요.', '…를 이해해요.', '…해서 미안해요.', '…한 것을 용서해요.', '…하다는 것을 당신이 알아주었으면 해요.', '…를 받을 자격이 있어요.', '…하기를 원해요.' 라는 형식으로 자신에게 답장을 써본다. 예를 들어서 '당신 마음을 내게 털어놓아주니 매우 고마워요.', '내가 당신의 감정을 얼마나 상하게 했는지 이해해요.', '당신을 버리고 떠난 것을 용서해요.' 처럼 말이다. 그런 답장을 읽었다면 마음이 한결 부드러워졌을 것이다.

그렇다면 이번에는 자신이 그 사람에게 용서의 편지를 써보는 것이 좋다. 물론 이런 편지를 쓰기까지 충분한 시간을 가질 필요는 있다. '…해줘서 고마워요.', '…를 이해해요.', '…라는 것을 깨달았어요.', '…라는 거 나도 알아요.', '…를 용서할게요.', '…에 대해 고맙게 생각해요.', '…를 믿어요.', '지금 내 인생은 …하는 과정에 있어요.'라고 말이다. 예를 들어서 '당신을 마음으로부터 놓아주어야 할 것 같아요.', '당신이 나름대로 나를 사랑했다는 것을 알아요. 당신은 내 소유물이 아니니 얼마든지 원하는 대로 할 권리가 있어요.', '오랜 세월 당신과 함께 살았던 것을 감사하게 생각해요.'라고 써보는 것이다.

어떻게 보면 차마 대놓고 말할 수 없었던 자신의 감정을 자기 자신과 편지로 주고받는 것이다. 그러면서 자신이 무엇에 분노하고 슬퍼하고 있으며 어떤 것을 아쉬워하고 두려워하고 있는지 스스로 정리해보는 것이다. 그 과정을 통해서 그 사람이 자신에게 어떻게 해주길 바라고 있는지도 알게 되고, 그러면서 그 삶에 대해서도 이해하고 용서하게 된다.

편지를 쓰는 과정에서 분노든 슬픔이든 두려움이든 아쉬움이든, 혹은 유사한 다른 감정들이 솟아난다면 잠시 편지 쓰기를 멈추고 충분히 그 감정을 느껴보는 것이 좋다. 화가 나서 도저히 참을 수 없다면 실제로 화를 내면서 분풀이를 하는 것도 좋다. 그리고 화가 나는 많은 이유를 모두 적어본다.

사람은 누구도 긍정적인 감정만을 느끼는 완벽한 삶을 살 수는 없다. 그렇기 때문에 고통스러운 감정을 거부하면 고통만 더욱 커질 뿐이다. 충분히 자신의 감정을 경험하고 그 과정에서 자신의 생각이 정리되면 서서히 감정도 평온을 찾으면서 자신과 전 배우자를 용서하게 되고 새로운 희망을 발견한다. 이제 편지를 써보자.

이혼은
죄책감을 느끼게 한다

적절한 죄책감은 감정 치유를 위한
긍정적인 역할을 한다

이혼하게 되면 두 사람의 관계에 문제가 있었다는 것은 확실해진다. 그래서 자신들의 문제가 무엇이었는지 생각해본다. 아무리 갈등이 심해서 어쩔 수 없이 이혼을 결심했다 해도 어느 순간 후회가 들 때가 있다. 그러면서 자신의 잘못으로 이혼까지 한 것이 아닌지 자신을 돌아보게 된다.

처음에는 모든 책임을 배우자에게 떠넘기기에 급급하다. 그래야 마음이 편하기 때문이다. 실제로도 배우자의 못마땅한 점만 눈에 들어왔다. 배우자의 잘못을 말하라고 하면 수백 가지도 더 댈 수 있다.

그런데 시간이 지날수록 조금씩 자신의 문제가 보이기 시작한다. 어떤 관계든 한 사람의 잘못만으로 끝나는 경우는 없다.

사람에 따라서는 자책감이 심해서 우울증에 빠지기도 한다. 이런 사람에게 관계가 끝난 것은 내 탓만이 아니라는 점을 배우라고 말한다. 사람들은 이 말을 오해한다. '그래, 내 잘못이 아니야. 모두 그 사람 때문이야.'라고 말하면서 모든 책임을 전 배우자에게 떠넘기려고 한다. 그러나 여기서 말하는 것은 그런 의미가 아니다. 부부 관계가 끝났다고 해서 자신이 부족하거나 못났거나 내 안에 이상한 점이 있어서 그런 것이 아니라는 의미이다. 그것은 전 배우자도 마찬가지다. 결혼 관계가 끝난 것은 어느 쪽에 문제가 더 있었다기보다는 두 사람의 관계가 잘 맞지 않았다는 것뿐이다. 그렇기 때문에 부부 관계가 끝났다고 해서 누구의 잘잘못을 따질 이유는 없다. 내 탓도 배우자 탓도 아닌 것이다. 바로 이 점을 인식해야 한다.

그러나 이혼하고 나서 어느 정도 죄책감을 느끼는 것은 건강하다는 증거이다. 떠나는 사람은 한때 사랑했던 사람의 가슴을 아프게 했으니 당연히 죄책감을 느낀다. 남겨진 쪽도 처음에는 원망하는 마음만 가득하다가 나중에는 '어쩌면 내가 좀 더 잘해줬어야 했을지도 몰라. 내게도 책임이 있다는 것을 알아.'라고 하면서 죄책감을 느낀다. 이런 책임감을 느껴야만 똑같은 잘못을 두 번 다시 저지르지 않기 때문이다.

죄책감은 인간이 뭔가 잘못을 저질렀을 때 스스로가 느끼는 감정을 의미한다. 그런데 죄책감이라고 해서 다 같지는 않다. 죄책감이라는 것이 상대방에 의해 만들어지기보다는 자기 자신의 가치관에 의해 죄책감을 더 느끼고 덜 느끼기도 한다. 사람에 따라서는 그것이 너무 지나쳐서 문제가 되는 경우도 있다. 그래서 '적절한 죄책감'이 필요한 것이다. '적절한 죄책감'이란 잘못을 저질렀거나 다른 사람을 아프게 하여 그 때문에 기분이 상할 때 느끼는 감정이다. 자기만의 기준과 가치를 어긴 것이다. 부부 관계가 끝나면서 다른 누군가를 아프게 하고 자신의 마음을 아프게 한 데 대해 상심하는 것은 당연하다. 오히려 그런 것을 느끼지 못한다면 정신적으로 문제가 있다고 보아야 한다. 그러므로 지금 '적절한 죄책감'을 느끼고 있다면 그것은 건강한 것이다.

사실 이혼의 이유는 여러 가지므로 떠나는 사람과 남겨진 사람을 명확하게 규정하기는 어렵다. 여기에 쫓겨난 사람도 있고, 떠나는 사람과 남겨진 사람을 나눌 수 없을 정도로 원만하게 합의하여 이혼하는 경우도 있다. 그렇기 때문에 모든 이혼자를 이 틀 속에 집어넣을 수는 없다. 그러나 이혼한 사람의 내면에는 어느 정도 떠나는 사람과 남겨진 사람의 개념이 성립된다.

정도의 차이는 있을지 몰라도 떠나는 사람은 버리고 떠나는 것이기 때문에 상당히 죄책감에 시달린다. 남겨진 사람은 그 관계를 붙들고 싶어 하는 쪽이다 보니 버림받았다는 의식을 지울 수 없다. 대체로 남겨진 사람들은 이혼하기 전까지는 자신의 결혼 생활이 만족스럽다고 착각하며 살아왔다. 분명한 것은 이미 그 전부터 이혼에 대한 경고가 있어왔다는 것이다. 그런데도 남겨진 사람은 그 경고를 무시했거나 눈치채지 못하고 지금까지 왔다. 그래서 이혼을 받아들이기 힘들다. 더군다나 사랑의 감정이 아직 남아 있다면 이혼의 충격은 매우 큰 것이다.

또 떠나는 입장에서는 성급하게 이혼을 결정하는 사람이 없는 것은 아니지만 대부분은 상당히 오랫동안 관계를 끝내는 것에 대해 심사숙고를 해왔다. 자신의 결정이 남겨진 자에게는 커다란 상처가 될 것이 분명하고 자신이 '죽일 놈'이 된다는 것을 잘 알고 있기 때문이다. 그래서 자신의 생각보다 좀 더 많은 시간을 투자하면서 고민할 수밖에 없다. 억지로라도 살아보려고 했을지 모른다. 하지만 현재의 결혼 생활을 유지하는 것보다 이혼하는 것이 자신에게 더 유리하다고 판단했기 때문에 이혼을 선택한 것이다.

떠나는 쪽은 오랫동안 고민을 하면서 준비해왔기 때문에 이혼에 대한 충격이 남겨진 사람보다 적다. 그리고 이혼의 충격에서 벗어나는 시간도 훨씬 빠르다. 새로운 연인이 있어서 이혼했다면 그 사람과 사랑에 빠져 있는 동안에는 죄책감마저 제대로 느끼지 못할 수도 있다. 그렇다 해도 아이들 때문에 전 배우자를 보게 된다면 마치 죄를 지은 사람처럼 아무런 말도 꺼내지 못하고 상당히 조심스럽게 비위를 맞추는 말을 하게 된다. 이때 남겨진 사람은 앙금이 남아서 분노를 표현하는 것이 일반적이다.

문제는 우리 마음속을 함부로 떠다니는 죄책감이다. 죄책감은 보통 일정한 기준에 맞춰 살지 못했을 때 오는 결과다. 그 기준은 폭이 넓든 좁든 자신의 판단에 의해 조절된다. 그런데 자신의 판단 범위를 벗어나는 기준이 있다. 다른 사람의 시선이나 사회, 종교의 기준 때문에 어쩔 수 없이 만들어진 죄책감이라면 그것은 생산적이지 않다. '사랑하는 사람을 만났으니 검은 머리가 파뿌리가 될 때까지 두 사람이 함께 행복하게 살겠다.'는 결혼 서약을 어겼다는 것에 대해 지나치게 자책하는 경우가 이런 것이다. 또 이혼했다는 사실만으로도 사회에 큰 죄를 지은 것처럼 고개를 숙이고 부끄럽게 생각하는 것도 마찬가지다.

특히 누가 보아도 남겨진 사람으로, 피해자와 같은 위치에 있는데도 마치 자신에게 이혼의 모든 책임이 있는 것처럼 괴로워하고 자책하는 경우라면 문제가 심각한 것이다.

"내가 너무 쓸모없는 인간처럼 느껴져서 살아갈 의욕이 없어요."

사실 이혼 과정에서 자존감은 매우 낮아진다. 사랑에 많은 것을 쏟아부었는데 막상 그 관계가 끝나버리니 자존감이 훼손되는 것은 당연하다. 그렇기 때문에 자기 비하나 자책감이 많이 들기도 한다. 그러나 자기 비하나 자책의 정도가 심하고 그 상태가 지속된다면 문제가 있는 것이다.

대체로 어린 시절부터 거부당한 경험이 많아서 자존감이 낮고 자신의 소중한 가치를 모르거나 자기 자신을 사랑할 줄 모르는 사람에게서 이런 현상이 나타난다. 어렸을 때부터 내면에 도사리고 있는 죄책감이 이혼을 계기로 고개를 드는 것이다. 이런 사람은 결혼 생활 내내 행복하지 못하면서도 어떻게 해야 할지 몰라 지속해왔을 것이다.

내부에 이렇게 함부로 떠다니는 죄책감이 있다면 이를 최소화할 필요가 있다. 죄책감을 극복하는 데는 자존감을 높이고 주변 사람들에게 인정받는 것이 중요하다. "이혼은 너희 두 사람에게 최선의 선택이었어."라고 주변 사람들로부터 지지를 받게 되면 거부당했다는 느낌이 사라지면서 스스로 자책하는 일도 그만큼 줄어든다.

　죄책감에 사로잡혀서 혹은 자기가 미숙한 사람이라거나 실패자라는 부정적인 느낌을 안은 채 새로운 관계를 모색하려고 한다면 자신에게 어울리는 배필을 만나기가 훨씬 어려워진다. 반면에 서로 맞는 상대가 아니었음을 인정하고 애정이 남아 있는 상태에서 관계를 정리했을 때는 자기에게 어울리는 배필을 찾을 수 있는 올바른 방향을 저절로 알게 된다. 죄책감은 우리가 새로운 상대를 찾아 앞으로 나아가기 전에 치유해야 할 감정이 남아 있음을 알려주는 신호이다. 그렇기 때문에 '적절한 죄책감'을 느낄 필요가 있다. 사실 이혼하고나면 어느 쪽이든 전 배우자에게 미안한 마음이 드는 것은 당연하다.

이혼했으면 성공하라

당신의 결혼 생활을 돌아보라 / 나는 원래 그런 사람이 아니었다 / 부부란 무엇인가? 무엇이 이혼하게 만들었을까? / 결혼 생활에서 섹스만큼 중요한 것도 없다 / 왜 부부는 대등해야 하는가 참고 견디는 것은 노력이 아니다

제3부
당신의 결혼 생활을 돌아보라

사람들은 사랑을 말하면서도 관계를 무시하는 경향이 있다.
사랑만 있으면 어떤 난관도 헤쳐 나갈 듯이 말하지만 그 내면에는 사랑한다면
자기 뜻대로 따라주기를 바라는 욕심이 숨어 있다.
양쪽 모두 이런 생각을 가지고 있다면 결국 충돌하게 될 것이 뻔하다.

당신의 결혼 생활을
돌아보라

대등하고 상호 존중하는 관계, 그리고 원활한 소통

왜 이혼하게 되었을까? 어느 정도 시간이 지나면 무엇이 잘못되었는지 알아보고 싶은 욕구가 강해진다. '사랑이 식어서!' 어쩌면 이런 답으로 끝이 나는 경우도 있다. 요즘 유행하는 말처럼 '사랑에도 유통 기한이 있기 때문'에 숙명이라고 체념할지도 모른다. 하지만 그것은 사랑에 빠졌을 때의 이야기다. 사실 사랑에 빠졌다는 것은 혼자 마약에 취해 있는 것과 같은 상황이기 때문에 어떻게 보면 사랑이 아니다. 사랑은 관계이기 때문이다.

사람들은 사랑을 말하면서도 관계를 무시하는 경향이 있다. 사랑만 있으면 어떤 난관도 헤쳐 나갈 듯이 말하지만 그 내면에는 사랑한다면 자기 뜻대로 따라주기를 바라는 욕심이 숨어 있다. 양쪽 모두 이런 생각을 가지고 있다면 결국 충돌하게 될 것이 뻔하다.

이혼한 부부들은 흔히 그 이유로 '성격 차이'를 말한다. 여기서 말하는 '성격'이란 자신의 뜻을 따라주지 않을 때 서로에게 나타내는 반응이다. 자기 뜻을 따라주지 않는다고 화를 내거나 짜증을 내면 성격이 못됐다고 말한다. 또 자기 뜻을 굽히지 않으면 고집스럽다고 말한다. 혼자 너무 밀고 나가면 강하다고 말한다. 무조건 자기 말에 순종하면 착하다고 좋아한다. 그러면서도 바보 같다고 무시한다.

어떻게 보면 서로 대등한 관계에서 협의하는 것이 아니라 자기 명령을 따르라고 강요하고 있는 것이다. 아이들 교육 문제로 갈등이 생겼을 때 어떻게 아이를 교육시키는 것이 현명한지 여러 자료를 모아놓고 의논하는 것이 아니라 그저 자신이 옳다고 믿는 것을 따라주기 바란다. 특히 종교 문제는 더욱 심하다. 한 치의 양보도 없이 무조건 자기가 믿는 종교를 따르라고 강요한다. 이런 일방적이고 독선적인 행동이 일반 가정에서는 하나도 이상하게 보이지 않는다.

재미있는 것은 가정에서 각자의 역할을 정해놓고 그것을 서로 감시 감독한다는 것이다. 남편은 돈을 벌어 와야 하고 아내는 집에서 살림을 잘하고 아이들 교육을 잘 시켜야 한다고 말이다. 그것을 잘 해내지 못하면 책임을 다하지 못했다고 비난을 한다. 아마 이 말에 대해 반론을 제기하는 사람도 있을 것이다. 그것은 옛날 말이지 요즘처럼 맞벌이 시대에 그런 역할 분담이 어디 있느냐고 말이다.

그렇다면 과연 대등한 관계에서 결혼 생활을 해왔을까? 관계라는 것은 마치 서로 똑같은 크기로 똑같은 무게를 받아야만 유지될 수 있는 두 개의 기둥이 받치고 있는 다리와 같은 것이다. 어쩌면 처음에는 무조건 순종을 했다가 어느 순간에 시대의 변화에 따라 자신이 인격적으로 성장하면서 그동안 받았던 부당한 대우에 반기를 들었기 때문에 갈등이 노골화한 것일 수도 있다. 기둥의 한쪽만 성장하다 보니 관계라는 다리가 무너진 것이다. 황혼 이혼이 늘고 있는 것도 이 때문이다.

물론 이혼하는 이유는 매우 다양하다. 부부간의 문제는 단순하지가 않기 때문이다. 여러 가지 요인이 복합적으로 나타난다. 그렇다면 두 사람의 관계가 어떠했기에 이혼까지 갈 수밖에 없었는지 한번 알아보자. 다음의 질문에 대해 생각해보라.

- 당신과 전 배우자의 관계는 대등했는가, 아니면 의존적이었는가?
- 서로에게 솔직하게 자신의 의견을 말해왔는가? 상대방의 의견을 진지하게 들어주었는가?
- 자신이 원하는 것을 분명하게 요구했는가, 아니면 알아서 해줄 때까지 기다렸는가?
- 서로 원하는 바가 같았는가? 성적 취향이나 취미 그리고 여가 생활을 즐기는 방법 등이 같았는가?
- 두 사람이 서로에게 얼마나 충실했는가? 애정이나 서로에 대한 관심은 어느 정도로 표현했는가?
- 애정 표현을 거침없이 하고 거부감 없이 받아들였는가? 성적인 문제는 만족스러웠는가?
- 성적 능력을 높이기 위해 서로 협조했는가, 아니면 각자 알아서 하기를

원했는가?

- 서로에게 사랑받고 있다는 확신을 심어주었는가? 언제 그런 느낌이 들었는가?
- 아이의 성장에 서로 관심을 가지고 있었는가?
- 정치나 종교관은 같았는가?
- 경제적인 모든 책임을 한 사람에게만 지웠는가?
- 집안일에 대한 책임을 모두 한 사람에게만 지웠는가?
- 집안의 굵직한 사안에 대한 결정은 함께 내렸는가? 집을 사거나 직업을 바꾸는 것과 같은 미래에 대한 생각을 서로 진지하게 협의해본 적이 있는가?
- 공동의 목표를 가지고 있었는가?
- 서로의 꿈이 비슷하거나 잘 어울렸는가? 설령 꿈이 다르다 해도 서로 존중해주었는가? 그리고 그 꿈이 이루어질 수 있도록 응원해주었는가?
- 서로를 잘 도와주었는가?
- 혹시 전 배우자를 자신의 환상에 맞추려고 노력하지는 않았는가? 그래서 끊임없이 전 배우자를 바꾸려고 하지는 않았는가?
- 함께 살면서 가장 행복했던 때는 언제인가? 함께 행복하다고 느낀 적은 언제인가? 혼자 행복하다고 느낀 적은 무엇을 했을 때인가?
- 두 사람만의 갈등을 푸는 방법이 있는가? 어떤 문제가 생겼을 때 두 사람이 그 문제를 해결하는 방법은 무엇이었는가?
- 서로에게 화가 났을 때 직설적으로 그 문제를 다루었는가, 감추었는가, 아니면 서로에게 상처를 주기에 바빴는가?
- 서로의 규칙에 대해 이야기를 나눈 적이 있는가? 그리고 서로의 '절대

로 어기면 안 되는 규칙'을 알고 있었는가?
- 자신의 규칙을 요구할 때 넉넉한 편이었는가, 아니면 인색한 편이었는가?
- 서로를 있는 그대로 인정했는가?
- 남자와 여자의 역할을 강조하는 편이었는가, 아니면 필요에 의해 역할을 바꿀 수 있다고 생각했는가?
- 함께 성장시키는 관계에 대해 알고 있었는가? 그런 노력을 한 적이 있는가?
- 시댁이나 처가로부터 자신들의 결혼 생활에 영향을 받았는가? 그렇다면 이때 서로 한편이었는가, 아니면 각자의 부모 편들기에 바빴는가?
- 서로를 신뢰했는가?
- 서로의 장점에 대해 얼마나 알고 있는가? 지금 적으라고 하면 10가지 정도는 쉽게 적을 수 있는가?
- 잠시 혼자 있고 싶을 때 그것을 허락했는가?
- 문제가 생겼을 때 잠시 생각할 수 있는 여유를 주었는가, 아니면 빨리 결정하라고 다그쳤는가?

이 질문들에 답을 하면서 어떤 생각이 드는가? 혹시 이혼 전부터 문제가 많았음을 깨닫지는 않았는가? 어쩌면 거부감을 느끼는 질문도 있었을 것이다. 그러면서도 한편으로는 전 배우자나 사회 탓만이 아니라 자신에게도 문제가 있었음을 인정하게 되었을지 모른다. 물론 자신의 탓을 인정한다는 것은 쉽지 않다. 그렇다고 관계가 끝나게 된 것을 모두 자신의 탓으로 돌리라는 말은 아니다.

단지 관계를 유지하기 위해서는 상당히 복잡하고 치밀한 분석이 있었어야 했다고 생각이 들었다면 그것으로 충분하다. 관계를 유지시키기 위해서는 많이 성숙했어야 한다는 사실을 알았다면 이 역시 충분하다. 성숙하다는 것은 의존적이지 않고 혼자서도 충분히 행복할 수 있고 배우자를 있는 그대로의 모습으로 인정할 수 있다는 것이다. 그런 건전한 토대 위에서 서로 사랑받고 있다는 확신이 들었을 때 좋은 관계를 만들어갈 수 있다. 그런데 실제는 그렇지 않았다.

후회는 되겠지만 이혼으로 모든 것이 끝났다. 숨을 깊이 들이쉬면서 이렇게 말하라. "이제, 그 사람과의 관계는 모두 끝났어. 이제 다시 시작하는 거야. 처음부터 다시."라고 말이다. 이제 눈물을 흘려도 된다.

성숙하다는 것은 의존적이지 않고
혼자서도 충분히 행복할 수 있고
배우자를 있는 그대로의 모습으로 인정할 수
있다는 것이다.
그런 건전한 토대 위에서
서로 사랑받고 있다는 확신이 들었을 때
좋은 관계를 만들어갈 수 있다.

나는 원래
그런 사람이 아니었다

―
상대방에게 자신의 틀을 강요하지 말라

이혼 전, 자신의 모습을 돌아보면 뭔가 커다란 문제가 있었던 것처럼 느껴질 때가 있다. 무슨 이유에서인지는 모르겠지만 사소한 것에도 짜증이 나고 신경질을 부리는 자신에 대해 왜 이렇게 성격이 나빠진 것일까? 하루에도 몇 번씩 반성해봤지만 그 사람만 보면 어김없이 성질부터 부리게 되는 자신을 말이다. 내가 이 정도로 나쁜 사람이었을까? 스스로에게 반문해보지만 분명한 것은 예전에는 안 그랬다는 것이다. 바로 그 사람과 살면서 성격도 나빠지고 심술도 늘었다. 이런 생각에 도달하면 더욱더 화가 나고 자신의 뜻을 따라주지 않는 그 사람이 밉기만 하다.

언제부터인가 계속 신경을 건드리는 것이 있었다. 아주 사소한 것까지 마음에 들지 않고 무심코 내뱉는 말이 기분을 상하게 만든다. 이에 대해 앤서니 라빈스Anthony Robbins는 〈네 안에 잠든 거인을 깨워라Awaken The Giant Within〉에서 서로의 규칙이 맞지 않기 때문이라고 말한다. 화가 나는 것은 규칙의 혼란 때문이라고 말이다. 사람들은 저마다 규칙과 기준을 가지고 있다. 어떤 것이 좋고 어떤 것이 나쁜지, 그리고 어떻게 행동하는 것이 옳고 어떻게 행동하면 잘못된 것인지 규칙을 가지고 있다. 하지만 이런 규칙은 성장하면서부터 부모나 사회를 통해 교육된 것이지 절대로 바꾸면 안 되는 규칙이 아니라는 사실이다. 그런데도 우리는 이 규칙을 어기게 되면 고통을 느낀다.

예를 들어 치약을 중간에서 짜든 아니면 맨 아래서부터 짜든 큰 의미가 없다. 그런데도 치약을 맨 아래부터 짜온 사람이 볼 때는 중간에서 짜는 사람이 뭔가 잘못하고 있는 것 같고 그것이 계속 신경에 거슬린다. 그래서 그것을 바꾸라고 말하지만 정작 치약을 중간에서 짜는 사람은 뭐가 잘못된 것인지 모른다. 지금까지 계속 중간에서 짜왔고 그렇게 한다고 해도 아무런 문제가 없었기 때문에 그것이 잘못되었다고 생각하지 않는다. 그런데 그것을 바꾸라고 하니 바꾸는 시늉을 하지만 이미 습관이 된 것을 하루아침에 바꾸기란 어렵다. 그래서 매번 실수를 하고 그럴 때마다 지적을 받으니 짜증이 나는 것이다.

그런데 그런 사소한 것을 어기는 것이 신혼 때는 전혀 문제가 되지 않았다. 충분히 그럴 수 있다고 용서가 되었던 일이다. 바로 규칙을 적용하는 폭이 넓었기 때문이다. 그런데 언제부터인가 규칙을 조금만 어기면 절대로 용서하지 못하는 인색한 마음을 가지게 되었다. 규칙을 적용하는 폭이 너무 좁아져서 조금만 규칙을 어겨도 신경이 거슬리고 화가 나는 것이다.

그렇다면 왜 갑작스럽게 규칙을 인색하게 적용하게 된 것일까? 존 M. 고트만과 낸 실버John M. Gottman & Nan Silver가 쓴 〈행복한 부부 이혼하는 부부The Seven Principles for Making Marriage Work〉에 보면 '중요한 것은 충돌을 피하는 것이 아니라 두 사람 사이에 마음의 틈을 만들지 않는 것이다.' 라고 말한다. 이혼 경험자 중 80퍼센트가 부부간의 틈이 점점 벌어져서 배우자와의 친밀감을 상실하고 배우자가 자신을 사랑하거나 이해하지 않는다고 생각되어 이혼했다고 한다. 그러면서 마이너스 감정을 말한다. 마이너스 감정이 강하면 강할수록 상대방을 모욕하고 싶은 충동이 강해진다는 것이다.

마이너스 감정이란 사랑받고 있다는 확신이 들지 않기 때문에 생기는 마음의 틈이다. 사람들은 사랑받기를 원한다. 그런데 그런 확신이 들지 않으면 어떻게든 자신이 사랑받고 있다는 것을 확인하고 싶어 한다. 상대방의 삶에 끼어들어서 자신과 하나라는 것을 확인하려는 행동들을 한다. 배우자의 회사 일이나 행동에 직접적으로 관여해서 일일이 지적하고 참견하는 것이다. 배우자가 원하지 않는 것도 고집스럽게 강요하거나 집요하게 자기 뜻만 관철하려고 해서 오히려 부담스럽게 만든다. 자신이 원하는 것을 들어줄 때 비로소 사랑받고 있다고 안도하기 때문이다. 바로 현재 사랑받고 있다는 확신이 없기 때문에 이런 행동들을 하는 것이다. 그것이 고트만이 말하는 마이너스 감정이다.

그런데 이런 행동들이 오히려 배우자와의 관계를 불편하게 만든다. 어린아이가 장난감을 사주지 않는다고 심술을 부리면서 부모의 기분을 상하게 만드는 것과 같기 때문이다. 자신의 주장을 억지로 관철하기 위해 화를 내고 짜증을 내면 사랑을 받는 것이 아니라 오히려 갈등만 만든다.

사람들은 흔히 인간이 가진 본능을 말할 때 성욕과 식욕이 중요하다고 꼽는다. 그런데 그보다 더 중요한 본능은 '자신의 삶을 어떤 식으로든 스스로 통제하고 조정하고자 하는 욕구'이다. 다시 말해 자기 뜻대로 살고 싶어 하는 욕구가 있다. 그런데 배우자에게 자기 방식을 고집하고 그것을 따르라고 하는 것은 인간의 중요한 본능인 '자신의 삶을 어떤 식으로든 스스로 통제하고 조정하고자 하는 욕구'를 위반하는 것이다. 물론 결혼 전에는 배우자가 자신의 생활 방식과 다르더라도 따라주려고 노력했던 것도 사실이다. 하지만 그것도 한두 번이지 계속 자기 규칙대로 행동하라고 한다면 결국 배우자보고 정체성을 바꾸라고 하는 것과 같다. 그렇게 해서 찾아오는 것은 불편함과 불만족뿐이다. 그러다 보니 배우자는 자신의 불편함과 불만족을 해소하기 위해 계속 말을 듣지 않으려고 한다. 그러면 그럴수록 더욱 화가 나고 결국 경멸하는 말투로 화를 낼 수밖에 없다. 배우자 역시 자신의 욕구를 방어하기 위해 똑같이 화를 내고 짜증을 낼 수밖에 없는 것이다.

'나는 왜 이렇게 성격이 나쁠까?' 하며 자신의 성격에 문제가 있는 것처럼 말하지만 사실은 사랑을 받고 싶은 욕구를 다르게 표현하는 것뿐이다. 물론 여기에는 그 사람이 어렸을 때부터 가졌던 상처가 작용하는 부분도 있다. 그래서 규칙에 대한 집착이 남보다 조금 강하고 남보다 좀 더 많이 사랑받기를 원할 수 있다. 또 사랑받기를 원하면서도 머뭇거리거나 거부감을 나타낼 수도 있다. 어떤 경우라도 중요한 것은 사랑받고 있다는 확신이 들게 만들면 성격도 좋아진다는 것이다. 그렇기 때문에 지금 '나는 원래 그런 사람이 아니었다.'고 자신을 변명하면서 전 배우자를 원망하기보다는, 또 모두 자신의 성격 탓이라고 반성하기보다는 사랑을 주고받을 수 없었던 자신을 오히려 위로해주고 다독여주라. 이제부터라도 사랑을 받을 수 있는 방법을 배우면 된다.

부부란 무엇인가?

부부는 서로 사랑하는 관계이다

이혼한 지금, 부부란 도대체 무엇인지 생각해봤는가. 부부란 무엇이기에 이처럼 힘들고 어려운 관계일까? 그러면서 다시 결혼한다는 것에 대해 자신감을 상실했을지 모른다. 그렇게 사랑해서 결혼했는데 사랑만으로 부부 관계를 유지할 수 없었다는 사실에 속으로 '그깟 사랑이 뭐길래!' 하며 한숨지을 것이다.

서로 사랑해서 결혼하면 부부라고 한다. 그렇다면 왜 결혼하는 것일까? 그것은 바로 행복하기 위해서이다. 부부가 행복하다고 느낄 때는 언제일까? 자신의 존재 가치를 인정해줄 때 사람은 행복감을 느낀다. 누군가가 자신을 좋아해주고, 사랑받고 있다는 확신이 들 정도로 자신이 특별하고 소중한 존재라는 느낌을 갖게 해주고, 자신의 아픔이나 슬픔을 이해해주고, 아무리 형편없는 것이라 해도 자신이 하는 일을 인정해주고, 성공을 축하해줄 때 사람은 행복감을 느낀다. 바로 부부는 서로에게 이런 일을 해주는 사람들이다.

비록 자신이 원하는 것을 당장 가질 수 없다 해도 함께 노력해서 그것을 얻을 수 있다는 희망을 가지고 서로 의지하고 협조하는 관계이다. 그렇기 때문에 사랑이 커질수록 사랑하는 사람에 대한 애착과 의존은 점점 커져간다. 서로에 대한 의존도가 높아질수록 '그 사람'을 사랑하고, '그 사람'에게 사랑받고 싶다는 욕구가 강해진다. 모든 사람에게 사랑을 받는 것이 아니라 단지 한 사람, 자신의 배우자에게 사랑받고 싶다는 욕구가 강해진다.

그래서 모든 관계의 중심이 한 사람에게 쏠린다. 특정한 한 사람의 사랑에 집착하는 것이다. 이것을 '애착'이라고 한다. 다른 사람에게 아무리 인정을 받는다 해도 '그 사람'에게 인정받지 못하면 아무 의미가 없고, 다른 사람과 아무리 친밀하다 해도 그 사람과 친밀하지 못하면 외롭다고 느낀다. 모든 것이 그 사람에게 집중되는 것이다. 수많은 사람과 교감을 나눈다 해도 배우자와의 교류만큼 충족감을 주지는 못한다. 그것이 다른 사람과 다른 점이다.

지금 '그깟 사랑이 뭐기에!'라고 한숨짓는다면 한번 생각해보라. 두 사람이 얼마나 사랑했는지, 그리고 그 사랑을 통해서 얼마나 행복했는지 말이다. 사랑과 행복이라는 단어가 참 멀게 느껴질지 모른다. 마치 남의 일처럼 말이다. 어느 순간부터 사랑이 아니라 서로의 역할과 책임을 강조하면서 사랑은 뒷전이지 않았는가. 하지만 우리가 표현하지 않아서 그렇지 자기 역할과 책임을 다한다는 것도 사랑받고 싶은 욕심 그리고 인정받고 싶은 욕심이 숨어 있다. 자기 역할과 책임을 다해야만 가정에서 소중한 존재가 된다고 착각한 것이다. 자신이 생각할 때는 그렇게 하는 것이 사랑일지 몰라도 상대방 어느 누구도 그 사랑을 인정하지 않았을 뿐이다. 왜냐하면 피부에 와 닿지 않기 때문이다. 사랑만으로 결혼 생활을 유지할 수 없었다고 말하지만 실제로는 사랑이 없기 때문에 결혼 생활을 유지할 수 없었다.

연애할 때는 자기 혼자 들떠서 사랑을 표현하지 않아도 사랑이라고 느꼈다. 왜냐하면 내 마음이 사랑으로 넘쳐났기 때문이다. 그런데 함께 살다 보니 서서히 내 마음의 사랑은 말라가고 그 사람이 내 안을 채워주기 바라게 되었다. 그런데 그 사람은 자신이 맡은 역할에만 충실할 뿐 나를 사랑하지 않는 것 같다.

표현하지 않는 사랑은 사랑이 아니다

어쩌면 우리가 사랑에 대해 잘못 생각하고 있는지 모른다. 자기 역할과 책임을 다함으로써 사랑을 증명할 것이 아니라 상대방이 그 사랑을 느낄 수 있도록 사랑을 표현해야 한다. 그것을 쑥스러워하고 방법도 모르다 보니 항상 공허한 상태로 삶을 살았을 뿐이다. 그래서 오히려 인정해줘야 할 사람이 비난하고 소중하게 대해줘야 할 사람을 경멸했다. 나를 사랑해 달라는 간절한 외침이 서로를 공격하는 것으로 표현된 것이다.

존 고트만 박사는 '로맨스의 불꽃을 지속시켜서 부부간의 틈을 만들지 않는 최선의 방법'으로 부부간의 우정을 말한다. 우정이란 '부부가 협동 생활자로서 서로 존경과 기쁨을 나누는 것'을 의미한다고 덧붙인다. 결국 그것은 사랑의 다른 말에 불과하다. 그것도 직접적으로 피부에 와 닿을 수 있도록 사랑해야 한다. 사랑의 감정을 교류하고 서로를 존중하고 정열을 북돋아서 결국 원만한 성생활로 이어져야 한다는 말이기도 하다.

행복하다고 느낄 수 있도록 사랑하는 것이 부부다. 그렇게 하기 위해서는 서로를 기쁘게 해야 한다. 그런데 책임만 다하면 알아줄 것이라는 생각이 부부 관계를 망친 것이다. 정말 서로 원하는 것이 무엇일까? 생존하기 위해 함께 사는 것이라면 누구와라도 가능하다. 하지만 사랑은 오직 '그 사람'이어야 한다. '그 사람'에게 사랑받고, 스스로 생각할 때도 사랑받고 있다는 확신이 들 때 사람은 행복감을 느낀다. 부부는 서로를 행복하게 해주는 사람이다.

그런데 어느 순간부터 '그 사람'이 자신을 사랑하지 않는다고 생각하게 되었다. '그 사람'과 함께해도 행복하지 않다. '가정'이라는 것을 강조하다 보니 남편은 바깥일에 더 신경 쓰고 아내는 아이들 일에 더 신경 쓰면서 자기 역할에만 충실하고 있기 때문이다. '가정'은 부부 이외에 다른 것을 필요로 하지만 부부는 단 두 사람만의 사랑이 필요하다.

언제부터인가 '가정'이라는 말을 사용하면서 부부를 가족의 구성원으로 생각할 뿐 부부의 사랑을 잊고 살았다. 그래서 행복을 잃어버린 것이다. 부부가 행복해야 가정도 행복하다. 부부가 행복하기 위해서는 불가능할 정도의 커다란 기쁨을 주어야 행복한 것이 아니다. 그냥 그 사람을 좋아하고 사랑받고 있다는 확신이 들 정도면 충분하다. 어떻게 보면 매우 간단한 것이다. 바로 이 간단한 것을 하지 못했기 때문에 결국 이혼까지 한 것이다. 그렇다면 부부가 어떻게 사랑하고 사랑받고 있다는 확신이 들 수 있는지 그것을 알아보아야 한다. 그리고 자신감을 가지고 다시 결혼해서 부부가 함께 행복할 수 있는 사랑을 해야 한다.

무엇이
이혼하게 만들었을까?

기대치가 충족되지 못할 때 위기가 찾아온다

왜 이혼했느냐고 물으면 아마 결혼 생활의 불만을 털어놓든가, 아니면 배우자의 성격이나 무능력을 탓할지 모른다. 물론 외도 때문이라고 말할 수도 있다. 대체로는 상대방에 대한 자신의 기대치가 어떻게 무너져왔는지를 설명한다. 그런데 부부 두 사람의 대화를 보면 기대치의 문제가 아니라 상대방을 공격하는 데 초점이 맞춰져 있다. 이런 태도가 바로 이혼하게 만드는 요인이다.

일반적으로 부부간의 갈등을 풀기 위해 부부 상담을 받으면 '대화를 하라' 는 말을 많이 한다. 그러나 그런 부부가 대화를 한다 해도 서로 공격하기 바쁠 뿐 제대로 된 대화를 나눌 수 없다. 부부간의 친밀감이 떨어지면 상대방이 나쁘고 자신이 옳다고 주장하거나 자신이 얼마나 상처를 받았는지 호소하기에 급급하다. 이럴 때 심리 상담자들은 정신과 의사인 칼 로저스Carl Rogers의 '액티브 리스닝Active Listening'이라는 방법을 쓴다. 부부가 서로 상대방의 이야기를 잘 듣도록 하는 것이 목적으로, 대화를 할 때 자기 말만 하려는 것을 막고 상대방의 이야기를 정확하게 이해시키기 위해 상대방의 말을 그대로 따라 하게 하는 방식이다. 이런 방법을 쓰는 이유는 인간은 '자아실현의 욕구'를 가지고 있어서 상대방의 말을 정확하게 알아듣게 되면 부부가 알아서 문제를 해결할 수 있다고 믿기 때문이다. 하지만 이런 방법이 소원해진 관계를 완전히 해소하지 못한다는 의견도 많다. 이것이 '결혼 생활을 성공시키는 비결'이 아니기 때문이다.

사람들이 결혼하는 이유는 결혼을 통해 얻게 될 여러 가지 혜택을 기대하기 때문이다. 예를 들어 서로에 대한 관심, 성적 충족, 자녀의 출산, 사회적 지위, 소속감, 남에게 자랑할 수 있는 과시욕, 그리고 경제적인 것 등이다. 그래서 결혼만 하면 삶의 질이 향상될 것이라고 기대한다. 그렇다고 자신의 기대치를 너무 높게 잡는 것도 아니다. 적어도 자신이 감당할 정도의 수준에 맞는 사람을 선택한다. 그리고 그런 기대치가 충족되지 않았을 때 그것을 어떻게 표현하느냐가 결혼 생활을 유지할 수 있는지 없는지를 결정한다.

다툴 때는 비난하지 말라, 불만을 표현하라

이혼하는 직접적인 이유는 자신의 기대치가 충족되지 않았기 때문이 아니라 그보다는 성격이 문제라고 말한다. 어떻게 보면 단순히 성격적인 것만 해결이 되면 문제가 해결되는 것처럼 착각하게 만든다. 그래서 서로에 대한 관심과 성적 충족과 같은 문제 해결보다는 대화하는 방식에 더 관심이 많다. 그 이유는 대화를 하는 과정에서 감정이 상하고 결과적으로 이혼을 결정하게 만드는 역할을 하기 때문이다.

고트만 교수는 대화를 나누는 것만 들어도 평균 91퍼센트의 정확성을 가지고 두 사람이 이혼할지 계속 결혼 생활을 유지할지 알 수 있다고 말한다. 그렇다고 말다툼이나 화를 내는 부부라고 해서 반드시 결혼 생활이 끝나는 것은 아니다. 행복한 부부도 말다툼하고 화를 낸다. 그런데도 그 차이를 분명하게 알 수 있는 것은 바로 치명적인 상처를 주는 대화인지 아닌지를 알면 된다는 것이다.

이혼하는 사람들은 대화를 나눌 때 첫마디부터 부정적이고 비난하는 말투로 시작한다. 이렇게 시작한 말다툼은 결국 네 가지 순서로 진행하면서 반드시 나쁜 결과로 끝나고 만다. 바로 '비난, 경멸, 자기방어, 담쌓기'의 순서로 진행된다.

사람이 누군가를 비난하게 되는 이유는 자신의 기대치에 어긋났기 때문이다. 물론 불만을 가지고 있기 때문에 비난하는 것이지만 둘은 분명한 차이가 있다. 불만은 어떤 행동이 자신의 기대에 어긋났을 때 그 행동에 대해 표현하는 것이지만 비난은 그 행동을 한 사람 즉 그 사람의 성격, 인격, 능력 전체에 상처를 주는 것이다. 사람은 비난을 받으면 자신이 초라하게 느껴지고 열등감이 생기고 화가 나고 슬퍼진다. 그래서 살고 싶은 의욕도 사라진다.

예를 들어서 불만은 "자동차 휘발유가 떨어졌어. 차를 썼으면 휘발유를 채워놓아야 할 것 아냐?"라고 현상을 말하는 것이지만 비난은 "어떻게 사람이 그렇게 이기적이야. 자동차를 썼으면 휘발유를 채워놓아야 할 것 아냐? 당신이란 사람은 생각이 있는 거야?"라고 사람 자체를 비난하는 것이다.

이런 비난을 계속하다 보면 그 사람 자체를 무시하고 경멸하게 된다. '어쭈, 네가 그 일을 해낼 수 있다고? 흥!' 이라는 식으로 조롱과 비웃음으로 바보 취급하면서 상처를 주는 것이다. 경멸은 이처럼 자신이 인격적으로나 지적으로 상대방보다 높은 위치에 있다는 우월감을 과시하면서 상대방을 깔보는 태도이다. 이런 식의 대화는 문제를 해결하기보다는 상대방을 추궁하고 궁지로 몰아넣으려는 의도를 갖고 있는 것이다. 어차피 이제는 기대하지도 않는다는 내면의 암시인 것이다. 결국 상대방은 자신을 모욕하고 시비를 거는 것으로 받아들여서 심하게 다투게 된다.

어쩌면 경멸하는 쪽은 직접적으로 말하기 어려워 돌려서 말했다고 할지 모른다. 왜냐하면 그것이 농담처럼 들릴 수도 있기 때문이다. 또 어려서부터 그런 말을 듣고 자라다 보니 경멸하는 말버릇이 굳어져서 자신은 그런 말투를 쓰고 있는지 전혀 모를 수도 있다. 하지만 듣는 쪽은 도저히 견디기 힘든 경우가 될 수 있다. 때로는 경멸의 말보다 표정이나 억양과 같은 비언어적인 행동이 더 힘들게 한다. 사람은 경멸하는 말이나 행동을 하게 되면 실제로도 그 사람을 경멸하게 된다.

사람은 누구나 다른 이에게 비난과 경멸을 받으면 자기 방어를 하게 되어 있다. 변명이나 핑계를 대면서 자기 탓이 아니라고 변명하지만 그 내용에는 상대방에 대한 비난이 포함되어 있다. 즉 '문제는 나에게 있는 것이 아니라 당신에게 있어.' 라고 말한다. 예를 들어 '그러는 당신은 나한테 해준 게 뭐가 있어? 내가 뭘 잘못했다고 난리야?' 이런 식의 자기 방어는 문제 해결보다는 서로의 인신공격으로 일관하게 되고 항상 제자리를 뱅뱅 돌아서 피곤과 짜증만 늘 뿐이다. 그러면 두 사람의 관계는 점점 더 멀어진다.

이렇게 다투다 보면 결국 지치게 된다. 서로 말해봤자 대화가 되지 않는다고 판단하고 더 이상 말할 가치를 느끼지 못한다. 상대방이 온갖 말을 퍼부어도 못 들은 척하거나 밖으로 나가버린다. 그러면 말하는 쪽은 오히려 더 화가 치밀어서 언성만 높아진다. 제삼자가 이런 장면을 보면 마치 한쪽이 일방적으로 당하고 있는 느낌이 들어서 소리를 지르는 사람에게 문제가 있다고 생각할 수도 있다.

일반적으로 대화를 할 때는 듣는 사람이 말하는 사람의 눈을 보면서 맞장구를 치지만 담쌓기에 들어가면 상대방이 뭐라고 하든 아무 말도 하지 않거나 엉뚱한 곳에 시선을 두고 못 들은 척하는 경향이 있다. 이 정도가 되면 대화를 기피하는 것만이 아니라 결혼 생활 자체를 기피하게 된다.

사람이 일방적으로 불평, 비난, 경멸의 말을 계속 듣다 보면 자신을 보호하기 위해 자기 내면의 보호막 속으로 숨어든다. 그리고 언제 또다시 상대방이 분노를 폭발시킬지 모른다는 두려움에 떤다. 이런 두려움을 가지고 있으면 자신의 감정을 아무리 좋게 표현하고 싶어도 제대로 말도 나오지 않는다. 그러니 또다시 일방적으로 공격을 당하게 되는 것이다. 어떻게 보면 신체적인 폭력보다 더 큰 상처를 입는다고 볼 수 있다.

물론 공격하는 쪽도 사람이 싫어지면 하는 짓마다 기분이 상하고 사소한 것까지 불쾌하게 느껴져서 나중에는 밥 먹는 것조차도 짜증이 난다. 사람은 싫어하는 것을 보고 있는 것처럼 괴로운 것도 없다. 결국 보기만 하면 다투고 나중에는 왜 싸우고 있는지도 모르면서 적의로 가득 차서 싸우고 있는 것이다.

그렇기 때문에 이런 부부는 결혼 생활 자체를 괴롭게 생각하고 대화 자체를 무의미하게 생각한다. 함께 있어도 외롭고 어떤 돌파구를 찾지 않으면 숨이 막혀 죽을 것 같은 기분이다. 많은 부부가 이때 외도를 하거나 각방을 쓰면서 서로 냉담하게 생활하기도 한다.

어쩌면 이혼한 부부 대부분이 이런 과정을 겪었을 것이다. 물론 이런 단계를 거치고 있으면서도 문제를 해결하지 못한 채 불행한 결혼 생활을 하는 사람도 있겠지만. 자신의 결혼 생활을 돌아보면 혹시 이런 식으로 다투지는 않았는가? 아마 많은 부분이 유사하다고 생각할 것이다. 그렇다고 자신의 성격에 문제가 있었다고 생각하지 마라. 어차피 모두 끝난 일이다. 이제는 새로운 출발을 위해서 상처를 주지 않으면서 싸우는 방법을 배워야 한다. 싸우지 말고 참고 살라는 말이 아니라 싸우더라도 제대로 싸우라는 말이다.

결혼 생활에서
섹스만큼 중요한 것도 없다

결혼 생활을 성공시키는 비결, 섹스

대화만 잘 할 수 있었다면 이혼하지 않았을까? 물론 감정이 극에 달해서 극단적인 선택을 하지 않았을 수도 있다. 하지만 '결혼 생활을 성공시키는 비결'을 모르면 이혼까지는 가지 않는다 해도 결코 행복한 결혼 생활은 할 수 없다.

부부 상담을 받고, 서로를 이해하게 되어 사랑하는 감정을 확인했다 해도 결국 이혼으로 가는 경우가 많다. 아무리 상대방을 이해하게 되었다 해도 자신이 원하는 것이 충족되지 않으면 불만은 계속될 수밖에 없다. 많은 심리학자가 부부간의 갈등을 해결하는 방법으로 상호 존중과 사랑을 말하면서도 항상 빼놓는 것은 섹스다. 물론 사랑에 섹스가 포함된다고 말할지 모른다. 그렇다면 그 방법에 대해 설명해야 하는데 그렇지 않다.

성적 갈등이 생기면 아무리 상대방을 이해한다 해도 성적 불만이 해소된 것이 아니기 때문에 갈등은 계속될 수밖에 없다. 성욕을 참으라고 하면서 상대방을 존중과 사랑으로 대하라고 한다면 그처럼 고통스러운 것도 없다. 자신에게 성적 즐거움과 기쁨을 주지 않는 사람을 아무리 좋게 보려고 해도 좋게 볼 수 없기 때문이다. 그렇다고 성적인 문제를 대놓고 말할 수도 없다. 그래서 갈등은 점점 커지고 결국 이혼으로까지 가는 것이다. 아무리 첨단 치료법이라 해도 성공률이 35퍼센트에 불과하고 그 절반이 1년 후에 다시 상담을 받는다고 한다.

고트만 박사는 자신의 실험 결과, 행복한 부부는 격렬하게 싸우고 '액티브 리스닝'을 하지 않아도 행복한 결혼 생활을 유지했다고 말한다. 그렇다면 행복한 부부의 기준은 뭘까? 바로 성적 만족도가 높은 부부가 행복한 부부이다. 여기서 성적 만족도란 삽입 섹스만을 의미하는 것은 아니다. 부부간의 친밀감을 일으키는 모든 성적 활동을 의미한다. 부부가 서로 포옹하고 키스하고 서로의 몸을 쓰다듬는 성적 활동 전부를 말이다.

사실 성적 불만이 있는 부부는 평소에도 친밀감이 없다. 애정 표현을 기대하는 것도 어렵다. 잦은 입맞춤이나 포옹은 생각할 수도 없다. 섹스가 마음에 들지 않으면 성적 행동 전반에 대해 거부감이 들고 위축될 수밖에 없다. 그렇기 때문에 애정 표현도 어색해진다. 키스나 포옹을 하면 혹시 재미없는 섹스를 또 해야 하는지 불안해지기 때문이다. 어떻게 보면 섹스에 대한 불편함이 사랑조차도 포기하게 만든다.

성적 표현을 하지 않으면 무엇보다 자신이 사랑받고 있다는 느낌이 들지 않는다. 비록 섹스에 대해 부정적인 생각을 가지고 있어서 성적 행위 자체를 거부한다 해도 어떤 방법으로든 사랑받고 있다는 확신을 원한다. 사치를 하거나 광적으로 종교에 빠지는 것도 바로 이런 이유 때문이다.

이혼 경험자 중 80퍼센트가 부부간의 틈이 점점 벌어져서 배우자와의 친밀감을 상실하고 상대방이 자신을 사랑하지 않거나 이해하지 않는다고 생각되어 이혼했다고 한다. 이 말은 결국 부부간의 섹스가 만족하지 못하다 보니 친밀감을 상실했다고 보는 것이 더 정확할지 모른다.

이처럼 부부간의 섹스는 매우 중요하다. 그런데도 사람들은 성적인 문제는 거론하지 않으려고 한다. 그 이유는 성적인 문제는 자신과 맞는 사람을 만나기 전에는 도저히 방법이 없다고 생각하기 때문이다. 우리 사회에는 이상한 성 지식이 만연되어 있다. 예를 들면 '속궁합이 맞아야 한다. 그래야만 섹스를 잘할 수 있다.', '섹스는 경험이 많아야 한다. 경험이 많지 않으면 섹스를 잘할 수 없다.', '완벽한 남녀가 만나야 완벽한 섹스를 할 수 있다.', '섹스는 힘으로 하는 것이기 때문에 젊을수록 잘하지만 나이를 먹을수록 섹스가 힘들어진다.' 와 같이 일반인들은 제대로 된 멋진 섹스를 할 수 없는 것처럼 말하고 있다. 그래서 이솝 우화에 나오는 '신포도'처럼 차마 먹을 수 없는 포도를 보면서 '저 포도는 신포도일 거야!' 라고 포기하듯이 섹스 자체를 포기하고 있다.

하지만 섹스를 기피한다고 해서 성적 불만이 사라지는 것은 아니다. 섹스에 만족하지 않으면 삶 자체가 무의미하게 느껴지고 허무하게 느껴진다. 그래서 결혼 생활이 괴롭고 의욕도 생기지 않는다. 짜증만 나는 것이다. 부부가 서로 대화를 나눈다 해도 좋은 말이 나올 리가 없다. 왜냐하면 자신에게 어떤 즐거움도 주지 않는 사람에게 좋은 말을 해줄 수 없기 때문이다. 아니, 자신을 사랑하지 않는 사람에게 어떻게 좋은 말을 할 수 있단 말인가. 사람은 자신의 욕구가 충족이 되지 않으면 상대방을 경멸하게 되고 자신도 모르게 모욕을 주게 된다. 모욕을 당하는 상대방은 자신을 방어하기 바쁘고, 결국 서로에게 공격적이 되어서 두 사람의 거리는 더욱 멀어진다.

이 모든 것은 성욕이 시키는 것이다. 사람은 성적 동물이기 때문에 성적 쾌감을 느끼지 않으면 자신의 몸이 필요로 하는 호르몬이 만들어지지 않는다. 그래서 자신도 모르게 외로움을 느끼고 짜증이 나는 것이다. 이런 상태가 계속되면 몸이 아프고 화가 치민다. 사랑받고 있다는 확신이 들지 않기 때문에 더더욱 부부 관계가 멀어지고 상대방의 작은 실수도 용서하지 못하게 되는 것이다.

사실 사람들이 결혼하면서 받게 될 여러 가지 혜택 가운데 경제력과 같은 문제는 부부가 합심한다 해도 쉽게 얻을 수 있는 것이 아니다. 하지만 서로에 대한 관심이나 성적 만족은 부부가 마음만 먹으면 얼마든지 얻을 수 있다. 그리고 성적 만족은 자신이 사랑받고 있다는 확신을 얻을 수 있는 가장 손쉬운 방법이다. 성적 만족을 하면 행복감을 느낄 뿐 아니라 평소 스킨십을 자주 하면 자연스럽게 사랑의 감정도 솟아나고 더욱 친밀감을 느끼게 된다. 특히 성적으로 자신을 기쁘게 하고 즐겁게 해주는 사람에 대해 관대하지 않을 사람은 없다. 성적으로 만족하면 기분이 좋아진다. 기분이 좋은 상태에 있을 때는 웬만한 잘못을 저질러도 용서할 마음이 생긴다. 그러니 부부 금실은 좋아질 수밖에 없다. 행복한 부부란 바로 이런 경우를 말한다.

이혼한 지금 자신의 성적 만족은 어떠했는지 한번 생각해보라. 어쩌면 삽입 섹스는 둘째치고라도 애정 표현도 제대로 하지 않고 살았다고 말할지 모른다. 그렇다면 이제라도 섹스에 대해 관심을 가질 필요가 있다. 자신이 누군가에게 사랑받고 있다는 확신을 느낄 수 있다면 그처럼 행복한 것도 없기 때문이다.

왜 부부는
대등해야 하는가?

뿌리 깊은 남성우월주의

이혼한 지금, 두 사람은 대등한 관계였을까? 아마 이 질문에 대해 그렇다고 말하는 사람도 있고 그렇지 않다고 말하는 사람도 있을 것이다. 특히 남자들은 자신이 아내와 대등한 관계에 있었다고 착각하는 경우가 많다. 심지어는 자신은 아내에게 쥐어 살았기 때문에 오히려 역차별을 당했다고 말하는 남자도 있다.

하지만 우리 사회는 남성 중심 사회다. 시대가 달라졌다고 부정하는 사람도 있겠지만 여자들은 결혼하는 순간 시댁의 영향권에 들어간다. 아무리 부부가 단둘이 산다 해도 친정보다 시댁이 우선이고 그것은 은연중에 여자와 남자의 신분적 차별을 만들고 있다. 그래서 남자들은 결혼을 하면 오히려 독립하는 것이 아니라 부모의 보호를 받으면서 가장家長이라는 위치에 오른다. 남자로서의 위치를 보호받게 된다는 말이다. 그래서 남자는 갑자기 효자가 되고 여자는 고부간의 갈등을 경험한다. 남편이 고부간의 갈등에서 일방적으로 아내 편을 들면 불편한 것도 바로 이런 이유 때문이다.

그리고 남성 중심 사회를 유지하기 위해 여자들에게 일종의 세뇌 교육을 시킨다. 여자는 연약해서 보호받아야 할 대상, 얌전하게 순종해야 하는 존재, 순진해야 한다고 무지를 강요받는 것이 일반화되어 있다. '여자답다'는 말로 여자는 이래야 한다고 교육을 시켜놓고는 그것이 미덕인 것처럼 생각하게 만든다. 그러다 보니 여자들도 결혼하면 시댁의 영향권에 들어가는 것을 당연하게 생각한다.

이런 분위기 속에서 남자들은 여자보다 우월하고 권위가 있어야 한다고 생각한다. 그래서 자신도 모르게 여자보다 우월하다고 생각하고 자기 멋대로 행동하려고 한다. 하지만 사람은 모두 미완성의 존재이다. 그렇기 때문에 부부가 합심해서 결혼 생활을 완성해나가며 함께 성장해야 한다. 그런데도 남자들은 자신이 완벽한 것처럼 행동한다. 여자 역시 남편이 완벽한 줄 알고 모든 것을 남편에게 의존한다.

여자들이 결혼 생활에 대해 남자보다 불만이 더 많은 이유도 남자들이 대단한 줄 알기 때문이다. 자신도 모르게 모든 것을 남편에게 의존하면서 남편이 자신의 욕구를 충족시켜주지 않으면 불만을 토로한다. 그것은 여자가 꿈을 포기한 원인도 있다.

한때 여자는 꿈을 포기하는 대신 대리 만족을 원한다고 말해왔다. 결혼할 때는 두 사람 모두 꿈을 가지고 있었다. 배우자와 함께하면서 이루고자 하는 꿈도 있겠지만 각자 이루고자 하는 꿈도 있다. 그런데 서로 다른 꿈을 가지고 있을 때는 어느 한쪽이 포기해야 하는 것처럼 말해왔다. 그래서 여자는 꿈을 포기한다. 여자가 그것을 지키려고 하면 고집스럽다거나 드세다고 비난을 한다. 이렇게 말할 수 있는 것은 부부간에 대등하지 못하기 때문에 그렇다.

그것은 일상적인 대화에서도 나타난다. 대체로 남자가 가정을 이끄는 쪽이고 여자는 따르는 쪽이다. 그래서 남편이 의견을 말하면 여자는 수용하는 쪽이다. 물론 요즘에는 '아내의 말을 잘 들어라.', '아내의 말을 잘 들으면 자다가도 떡이 생긴다.' 라는 말이 유행한다. 이 말을 남편은 아내의 말에 복종하라는 뜻으로 받아들이는 사람이 있지만, 실제로는 남편 혼자 모든 것을 결정하지 말고 아내와 충분히 의논하라는 의미이다. 아내가 의견을 말할 때 중간에 말을 끊지 말고 끝까지 경청하고 협의하라는 말이다.

부부간에 소통이 잘되지 않다 보니 이런 말도 생긴 것이다. 아내가 자신의 의견을 따르지 않으면 남편은 윽박지르거나 독단적으로 결정하면서 '네가 뭘 아느냐?'고 무시하기도 한다. 이렇게 되면 서로 간에 감정의 골이 생기는 것은 당연하다.

특히 성적인 부분은 더 심하다. 섹스에 관한 한 남자가 주도하는 것이 일반적이다. 여자가 주도하면 마치 큰일이 나는 줄 안다. 그렇다고 남자가 섹스에 대해 잘 알고 있는 것도 아니다. 발기하면 삽입하는 것이 전부이다. 그렇게 섹스를 하고 아내를 만족시키지 못하면 기가 죽거나 기죽지 않으려고 아내를 억압하거나 아니면 외도를 한다. 여자 역시 성적 만족을 하지 못하면 그것이 불만이 되어 부부간에 불화를 만드는 요인이 되고 외도의 원인이 되기도 한다. 이런 부부에게 친밀감을 기대하기 어렵다. 그것이 결국 이혼으로 가는 것이다.

대등한 부부관계는 왜 필요한가

19세기 영국 철학자 존 스튜어트 밀John Stuart Mill은 그의 저서 〈여성의 종속The Subjection of Women〉에서 '두 성별 사이의 사회적 관계를 일반화하는 규칙, 즉 특정한 성性이 다른 성에 종속되어야 한다는 규칙은 그 자체로 잘못이다. 오늘날 이러한 규칙이 인류의 발전을 저해하는 가장 큰 장애물 중 하나로 작용하고 있다.'고 말했다.

실제로 부부간의 대등하지 못한 관계는 부부가 함께 행복한 결혼생활을 만들어가는 데 방해가 되고 있다. 그래서 존 스튜어트 밀은 "여자에 대한 억압은 가족 간의 소통을 방해해 남자의 인격적 성숙을 가로막고, 사회적으로는 자유로운 경쟁의 기회를 빼앗아 발전을 지연시킨다."고 말한다. 그리고 그런 불의不義는 당사자인 여자에게만 문제를 일으키는 것이 아니라 여자들이 능력을 발휘했을 때 혜택을 받을 수 있는 남자들까지 모두 피해를 입게 된다고 말한다.

결혼이란 부부가 함께 만들어가는 것이지 남편 혼자 끌고 가는 것이 아니다. 그렇기 때문에 부부간의 소통이 중요하다. 대등한 관계에서 소통을 하기 위해서는 상대방을 별개의 인격체로 인식하고 그 인격을 존중하고 북돋아주는 관계를 만들 줄 알아야 한다. 바로 이런 자세가 존 스튜어트 밀이 말하는 인격적 성숙이다. 그래서 정서적 지능이 높은 부부일수록 서로의 인격을 존중하고 서로의 의견에 귀 기울이기 때문에 그만큼 사이가 좋다.

결혼 생활에서 중요한 것은 부부가 서로 솔직하게 자신이 원하는 바를 이야기할 수 있어야 한다는 것이다. 대등한 관계일 때만 마음을 열고 가장 깊은 내면에 존재하는 욕망과 두려움, 사랑에 대한 환상과 인생의 목표를 공유할 수 있다. 그리고 꿈을 공유할 수 없다 하더라도 상대방의 꿈을 존중하고 각자의 꿈을 키워나갈 수 있도록 응원하고 지지할 수도 있다. 이런 부부라면 때에 따라서는 각자의 역할을 바꿀 수도 있다. 남편이 가정을 꾸려나가고 아내가 바깥일을 할 수도 있다는 말이다. 그로 인해 남자가 열등감을 느낄 이유도 없다.

그런 관계에서는 남자의 성적 미숙이 문제가 되지 않는다. 사실 성적으로 완성된 남자는 없다. 그것은 여자도 마찬가지다. 그렇기 때문에 성 지식을 함께 공유하면서 부부가 어떻게 하면 섹스를 즐길 수 있는지 그 방법을 배워 함께 만족한 성생활을 즐길 수도 있다. 성적인 문제가 생기는 이유는 양쪽 모두 성적으로 무지하기 때문이다. 아무리 우리 사회가 성을 억압한다고 해도 부부간의 성까지 억압하고 있는 것은 아니다. 그런데도 부부간의 성까지 추악한 것처럼 인식하고 부끄럽게 생각한다. 그래서 남자가 알아서 발기하라고 하고 여자도 알아서 흥분하라고 하면 그것이 갈등의 요인이 된다. 부부가 사랑할 생각은 하지 않고 자기 욕심만 채우려고 하다 보니 이런 문제가 생기는 것이다. 결국 남자는 성적인 문제를 잠재우기 위해 고압적인 자세로 억누르려고만 하고 여자는 성적 불만을 짜증으로 표시한다. 만약 서로의 성적 능력을 높이기 위해 서로가 서로를 도울 수 있다면 어떻게 되겠는가. 이런 관계는 대등하지 않으면 불가능한 것이다.

　부부가 대등하다고 인식하면 가정의 중심이 부부라는 것을 알게 된다. 만약 고부간의 갈등이 생겨도 자연스럽게 남편은 아내의 편에 서게 된다. 함께 성장하는 관계이기 때문에 아무리 부모라 해도 자신의 아내를 모욕하거나 비난하는 것을 용납하지 않는 것이다. 하지만 대부분의 남자는 고부간의 갈등을 모른 척한다. 가정은 남편과 아내의 가정이지 어머니의 가정이 아니란 사실을 모르고 있는 것이다. 흔히 효孝를 말하지만 부부간의 갈등이 있고 가정이 무너진다면 그것처럼 불효한 것도 없다. 어쨌든 부부는 협조적이면서도 절대적으로 결합된 대등한 관계라는 것을 인식해야 행복할 수 있다.

　자신의 결혼 생활을 돌아봐라. 이런 결혼 생활은 꿈도 꾸지 못했을 것이다. 어쩌면 이런 결혼 생활이었다면 이혼했겠느냐고 말할지 모른다. 그러면서도 대등한 관계를 만들기 위해서는 나 자신이 먼저 많은 노력과 변화가 있어야만 한다는 것도 눈치챘을 것이다. 이제부터라도 대등한 관계를 새로운 결혼의 목표로 생각하고 자신을 성장시켜보라.

참고 견디는 것은
노력이 아니다

인내와 희생은 행복한 결혼생활을 저해한다

"정말 많은 노력을 했지만 이혼할 수밖에 없었어요."

이혼한 부부들 중에는 이렇게 말하는 사람이 많다. 어떤 노력을 했는지 물어보면 대체로 '많이 참았다'가 전부인 경우가 대부분이다. 참는 것을 노력이라고 말할 수는 없다. 그것은 단지 자신이 고통을 느끼면서도 문제 해결 방법을 찾지 못해 어쩔 수 없이 견딘 것에 불과하다. 실제로 이혼을 생각하는 부부에게 '참고 살아라!'고 충고해주는 사람이 많다. 그래서 불행한 결혼 생활을 하고 있으면서도 그저 참고만 사는 부부도 많다.

그렇게 아무런 대안도 없이 참고 살면 행복할까? 물으나마나 행복하지 않다. 더군다나 계속 눈에 거슬리고 마음에 들지 않는 점들이 보이는 데도 지적하지 않고 참고 견디는 것 자체가 고통이다. 그런 고통을 인내하는 데는 노력이 필요하다. 그래서 노력했다고 말하는 것이다.

물론 '상대방이 원하는 대로 다 해줬다.'고 하면서 자신은 희생하며 살았다는 사람도 있다. 하지만 희생은 노력이 아니다. 희생이란 자신은 하기 싫지만 상대방을 위해 맞추어주는 것을 의미한다. 그렇게 하면 한쪽은 편할지 몰라도 희생하는 쪽은 불행할 수밖에 없다. 상대방은 단지 불편하지 않은 것뿐이기 때문에 희생하고 있는 줄도 몰라서 고마운 줄 모른다.

노력이란 부부가 어떻게 하면 함께 행복할 수 있는지 방법을 찾아서 함께 그것을 추구하는 것이다. 나 자신이 행복하지 않으면 아무리 부부간에 트러블이 없다 해도 절대로 행복할 수 없다. 행복이라는 것은 전염병과도 같아서 한쪽이 매우 행복해야만 다른 한쪽도 행복할 수 있다. 마찬가지로 한쪽이 절대로 행복하지 않는데 자기 혼자 행복할 수도 없는 것이다.

참고 산다는 것은 화내지 않고 싸우지 않고 지내왔다는 말이다. 사실 화를 내거나 싸우는 것도 일종의 대화다. 대화의 방법이 나쁘긴 해도 자기 생각을 말할 수 있기 때문이다. 그런데 화가 나도 무조건 참으면 서로 대화조차 하지 않게 된다. 그렇게 되면 서로의 생각을 알 수 없다. 결국 두 사람 사이에 냉기만 돌 뿐이다. 이런 결혼 생활을 왜 해야 할까? 이혼할 수 없으니 어쩔 수 없이 참고 사는 것이다. 부부로 살면서 아무 노력도 없이 남남처럼 산다면 그것은 이미 결혼 생활이 아니다.

참거나 희생하지 말고 적극적으로 소통하라

물론 '참고 살라'는 말에는 상대방을 자기 뜻대로 맞추려고 하지 말라는 의미가 내포되어 있다. 자기 규칙을 너무 인색하게 적용하지 말고 자기 고집대로 상대방을 바꾸려고 하지 말라는 의미이다. 상대방의 목을 꽉 쥐고 있으면 숨이 막혀서 잡은 손을 어떻게든 떼어내려고 한다. 그것이 갈등이다.

자신이 바뀌는 것을 원치 않으면서 상대방을 바꾸길 원하는 것이다. 상대방만 바꾸면 결혼 생활이 행복할 것이란 착각을 하고 있다. 자기에게 익숙한 것이 옳다고 생각하기 때문이다. 자기에게 익숙한 것이 옳은 것은 물론 아니다. 또 상대방이 달라진다고 해도 그것을 인정하지 않는다. 상대방이 불쾌하게 느껴지는 이유는 다른 데 있기 때문이다. 그 문제가 해결되지 않으면 아무리 상대방이 달라진다 해도 여전히 마음에 들지 않는다.

어떻게 보면 '참고 살라'는 말은 주변을 시끄럽게 하지 말고 둘이 조용히 문제를 해결하며 살라는 충고인지도 모른다. 당장 겉으로 문제만 드러나지 않으면 주변에서는 잘 살고 있다고 안심하기 때문이다. 그런데 '참고 산다'는 말에는 사랑도 참고 욕구도 참고 살라는 의미가 숨어 있다.

부부는 사랑으로 산다. 그런데 부부가 서로 사랑하는 것조차 참아야 한다면 그처럼 비극적인 것도 없다. 아무리 겉으로는 행복한 척 위장한다 해도 두 사람이 갈등을 안고 있다면 두 사람이 싸우지 않는다 해도 참고 사는 쪽은 몸도 마음도 아프다. 사람은 사랑하기 위해 태어났고 사랑을 해야만 건강할 수 있다. 그래서 잦은 포옹을 하고 키스를 하고 몸을 만지는 것이다. 사람에게는 신체 접촉 욕구라는 것이 있어서 서로의 몸을 만져야만 욕구가 해결이 된다. 물론 성적 욕구도 있다. 그런 욕구가 해결되어야 행복하다는 것을 느끼게 된다.

사실 욕구가 충족되는 부부는 서로에 대해 관대하다. 실제로 자주 안고 만지고 키스하는 부부일수록 행복하다. 그런 부부는 서로에 대해 호감을 가지고 있다. 자신에게 기쁨과 즐거움을 주는 사람을 좋아하지 않을 이유가 없기 때문이다. 그래서 자신의 규칙을 강요하거나 상대방을 바꾸려고 하지 않는다. 자신의 눈에는 장점만 보이기 때문이다. 설령 자기만의 규칙을 가지고 있다 해도 사랑을 통해서 '두 사람만의 새로운 규칙'을 만들어낼 수가 있다. 서로에 대해 그만큼 넉넉하고 여유로운 것이다.

부부가 서로 사랑할 생각은 하지 않고 참고 견뎠다는 것은 사랑하지 않으면서도 결혼 생활을 유지했다는 말이다. 그렇다면 무엇 때문에 지금까지 참고 견뎠는지 생각해봐야 한다. 부부는 사랑을 통해서 얼마든지 함께 성장할 수 있다. 나 자신의 성장이 우선이면서도 상대방을 도와줄 수 있다는 장점이 있다. 상대방을 있는 그대로 인정하면서도 함께 성장을 통해서 맞추어가기 때문에 큰 갈등 없이도 행복할 수 있다. 그런데 무조건 참고 살면 이런 노력조차 하지 않게 된다. 결국 삶이 허무하고 불행할 수밖에 없다. 당신은 어느 쪽이었는지 생각해보라. 노력하는 쪽이었는가, 아니면 참고 사는 쪽이었는가? 이제라도 갈등을 해결하는 방법을 배울 필요가 있다. 그렇지 않다면 또다시 참고 사는 결혼 생활을 할 수밖에 없기 때문이다.

이혼했으므로 성공하라

결혼은 두 사람이 하는 것이 아니다 / 건강하지 못한 적응 행동이 갈등을 만든다
상처는 왜 생기는 것일까? / 사랑의 블랙홀 / 상처가 어떻게 갈등을 만드나?
그렇다면 모두 부모 탓인가? / 나를 사랑한다는 것

제4부
상처가 이혼하게 만들었다

반복되는 자신의 불행에서 벗어나고 싶다면
자신의 상처가 무엇인지 알아야 하고
그 상처가 원하는 메시지를 정확하게 읽을 수 있어야 한다.
윤회에서 벗어나려면 깨달음이 있어야 하는 것처럼 자신의 내면을 들여다보고
그것을 치료하면 지금의 반복 강박에서 벗어날 수 있다.

결혼은
두 사람이 하는 것이 아니다

사람의 내면에는 여러 개의 자아가 있다

'결혼은 두 사람이 하는 것이 아니라 집안과 집안끼리의 결합이다.' 라는 말이 있다. 전통 사회에서 결혼은 가족 간의 결합을 의미한다. 물론 지금이 어느 때인데 그런 말을 하느냐는 사람들도 많을 것이다. 그러나 시대가 아무리 달라진다 해도 이 말은 사라지지 않는다. 비록 양쪽 집안을 무시하고 두 사람이 사랑만으로 결혼한다 해도 성장 과정에서 형성된 양쪽 집안의 영향에서 벗어날 수 없기 때문이다. 사람은 각자의 가정에서 규칙과 가치관 그리고 신념에 영향을 받으면서 성장한다. 이런 차이가 오히려 매력적으로 보여서 두 사람은 결혼한다.

우리 내면에는 기본적으로 '어버이 자아', '어른 자아', '어린이 자아'가 있다. 이들 자아는 각각 맡은 일이 있는데, 먼저 '어버이 자아'는 실제의 부모에게서 직접 받아들인 부분이다. 이것은 비판적인 면과 보호적인 면을 동시에 가지고 있다. 비판적인 면은 자신의 가치관이나 생각을 바른 것으로 여기고 양보하지 않는 부분이다. 우리들의 양심과 깊이 관련되어 있어서 주로 어린이가 생활하는 데 필요한 여러 가지 규칙 등을 가르치며 동시에 비판이나 비난을 한다. 보호적인 면은 친절, 동정, 관용적 태도를 나타내는 부분이다. 아이들이나 후배들을 북돋아주고 격려하고 부모처럼 불편한 점을 보살펴주는 것이 이 부분이다.

'어른 자아'는 우리의 인격 중에서 사실에 근거해서 사물을 판단하려는 부분이다. 이는 논리적이라 지성 및 이성과 깊은 관련이 있다. 그리고 '어린이 자아'는 자유로운 부분과 순응하는 부분이 있는데 우리가 어렸을 때 실제로 느끼거나 행동한 그 자체, 또는 그와 비슷한 느낌이나 행동이다. 그중에 자유로운 어린이 자아는 본능적, 자기중심적, 적극적임과 동시에 호기심이나 창조성으로 가득 차 있다. 이것은 부모의 습관에 크게 영향을 받지 않는다. 자유로운 어린이 자아가 작동하고 있는 사람은 울고 싶을 때 울고, 웃고 싶을 때 웃는 자연스러운 감정을 솔직하게 나타낼 수 있다.

그리고 순응하는 어린이 자아는 자신의 참된 감정이나 욕구를 억누르고 부모나 교사의 기대에 따르려고 노력하는 부분이며, 주로 부모의 영향 아래에서 이루어진다. 순응하는 어린이 자아는 평상시에는 온순하여 이른바 '착한 아이'지만 장래에 뜻하지 않은 반항이나 극심한 분노를 나타내기도 한다. 이런 감정은 일반적으로 부자연스럽고 불쾌한 것이다. 순응하는 어린이 자아를 지나치게 억압하면 '가짜 어른'처럼 행동하면서 스트레스를 느끼고 우울, 원한, 죄책감, 비탄, 자기혐오와 같은 반응을 보여서 주변 사람을 당혹하게 만든다.

이런 내면의 자아는 나에게만 있는 것이 아니라 아버지나 어머니에게도 있다. 그래서 성장하면서 아버지의 '어버이 자아, 어른 자아, 어린이 자아'와 어머니의 '어버이 자아, 어른 자아, 어린이 자아'의 영향을 받아서 나의 자아가 만들어진다. 부모의 영향을 받아서 나의 '인생 각본'이 만들어진다고 보면 된다. 건강한 가정에서 자랐다면 건강한 '인생 각본'이 만들어지겠지만 그렇지 않을 경우는 건강하지 못한 '인생 각본'이 만들어진다.

예를 들어 아버지가 비판적인 '어버이 자아'가 강하고 어머니가 순응하는 '어린이 자아'로 억압받고 있었다면 결국 아버지는 독선적이고 비판적으로 가정을 이끌게 된다. 그런 가정에서 아버지로부터 상처를 받으면서 성장했다면 아들은 항상 완벽을 추구하면서도 반항적인 면을 가진다. 왜냐하면 비판자인 아버지는 성장을 해서도 아들의 내면에 존재하고 있기 때문이다. 그래서 남들에게 비판하기를 좋아하고 물건을 살 때도 완벽을 추구하다 보니 쉽게 결정을 내리지 못한다. 게다가 고집스럽기까지 하다.

이런 내면의 자아가 어떻게 메시지를 전달하는지 살펴볼 좋은 예가 있다. 홀어머니와 사는 한 30대 남자가 있다. 어머니의 '어버이 자아'는 아들에게 '서울에 있는 좋은 직장에 취직하여 열심히 일해서 돈을 벌어라. 그다음에 좋은 사람을 만나서 결혼하고 훌륭한 가정을 만들어라.'는 가치관을 심어주었다. 그런데 그가 서울의 직장에 취직해서 어머니를 떠나려고 할 때 어머니의 '어린이 자아'는 눈물을 글썽이면서 '정말 가려는 것이니? 가지 말거라. 너는 나를 떠나면 잘되지 않을 것이다.'라는 메시지를 아들에게 전달한다. 그러면 아들은 '직장에 취직해서 독립을 하라.'는 메시지와 '나에게서 떠나면 안 된다.'는 두 가지 메시지를 동시에 받는다. 아들의 '어버이 자아'는 어머니를 떠나야 한다고 결정하면서도 '어린이 자아'는 어머니를 떠나면 안 된다고 해서 갈등하다가 결국 아들은 어머니를 떠나지 못하게 된다.

결혼은 당사자의 결혼이자
양 집안의 부모가 결혼한 것과도 같다

이처럼 지금 결혼한 두 사람과 두 사람 안에 있는 원가족의 배경과 사건, 기억들에 반응하는 내면의 '어린이 자아'가 존재한다. 내면의 '어린이 자아'는 원가족인 부모의 영향에 의해 만들어진다. 생각하기에 따라서 남자 집안의 부모와 여자 집안의 부모가 결혼을 한 것과 크게 다르지 않다. 각자 다른 환경 속에서 성장한 이들이 결혼하는 순간, 양쪽의 부모가 경험한 사건과 기억들이 두 사람 사이에 끼어든다. 만약 성장 과정에서 해결하지 못한 문제를 그대로 안고 결혼했다면, 부모와 관계없이 결혼했다 해도 두 사람의 결혼 생활에 해결하지 못한 문제를 그대로 옮겨와서 그것을 해결해야 하는 일이 생긴다.

두 사람이 서로 사랑하고 모든 것이 잘 돌아갈 때는 원가족의 문제가 크게 영향을 끼치지 않는다. 그러나 일이 잘 안 되거나 스트레스가 생기면 내면에 잠재된 '어린이 자아'가 상대방을 향해 모욕적인 주먹을 휘두른다. 나중에 둘 다 화가 나게 되면 두 사람의 잠재된 내면의 아이들끼리 인정사정없이 싸운다. 부부 싸움만큼 치사하고 유치한 것은 없다. 원래 아이들 싸움은 치사하고 유치한 것이다. 이때 이 부부 싸움을 응원하는 것은 바로 내면에 존재하는 양쪽 부모의 가치관이다.

건강하지 못한 적응 행동이
갈등을 만든다

'어린이 자아'의 중요성

우리의 내면에는 수많은 '자아'가 있다. 특히 '어린이 자아'라는 것이 있어서 그것이 제대로 성장해야만 성숙한 인간이 될 수 있다.

'어린이 자아'는 하나의 인격만 존재하는 것이 아니라 여러 가지 부분을 담당하는 수많은 '자아'가 있다. 그때그때 상황에 따라 적절하게 자신의 감정을 표현하는 자아가 있어서 슬플 때 소리 내어 울기도 하고, 화가 날 때면 적절하게 분노한다. 그리고 호기심을 가지고 궁금한 것을 알아가고 상상을 통해 새로운 것을 만들어내는 자아도 있다. 이런 자아가 있기 때문에 예술적인 창조성을 가질 수 있고 동화처럼 꿈을 꿀 수 있어서 이성적인 부분과 조화를 이루어서 우리 삶을 즐겁게 만든다.

'어린이 자아'는 무조건적인 사랑을 원하고 남을 동정하거나 배려하고 누군가를 좋아하고 싫어하는 감정을 가지면서 스스로 사랑을 선택하기도 한다. 이렇게 끊임없이 인격적으로 성장하게 되면 자신의 가치를 알고 자신을 사랑하고 혼자서도 즐길 줄 아는 독립적인 인간이 될 수 있다.

상처받은 '어린이 자아'의 건강하지 못한 적응 행동

그러나 이런 자아가 사회적인 환경이나 가정 환경에 의해 잘못된 교육을 받거나 잘못된 질책으로 인해 상처를 받으면 스스로 성장을 멈추고 살아남기 위해 상황에 적응하는 행동을 한다. 그렇다고 모든 자아가 성장을 멈추는 것이 아니라 상처를 받은 특정한 자아만 성장을 멈추고 건강하지 못하게 변하는 것이다.

우리는 어려서부터 남자는 남자답게, 여자는 여자답게 성장하도록 교육을 받는다. 남자는 눈물을 보여서는 안 된다는 교육을 받고 여자는 화를 내서는 안 된다는 교육을 받고 성장한다. 그래서 남자는 눈물을 보이는 대신 분노를 표현하고 여자는 화를 내는 대신 눈물을 흘린다. 또 남들과 다르게 행동하면 마치 문제 행동인 것처럼 비난을 받는다. 허황되어 보이는 말을 하면 현실적이지 못하다고 비웃음을 당한다.

결국 몸은 비록 성숙한 어른이 되었다해도 상처 받은 '어린이 자아 는 성장하지 못했기 때문에 자신의 감정을 자유롭게 표현하지 못하고 창의성을 발휘하지 못하고 정신적인 행복을 위해 시간과 노력을 들이는 것을 잊고 살아간다. 그보다는 어렸을 때 교육 받은 대로 다른 사람과 잘 지내고 어딘가에 소속되고 그들로부터 좋은 점수를 받으려고 노력하면서 남들이 원하는 사람이 되기 위해 오히려 건강한 부분을 거부하면서 살아간다. 그러다 보니 자존감이 낮아져서 다른 사람으로부터 칭찬받기 위해 노력할 뿐 자신을 사랑할 줄 모른다. 그래서 혼자 있으면 외롭다고 느끼며 그것을 피하기 위해 사람들과 어울리고 누군가에게 사랑을 받으려고 욕심을 내고 그것을 얻지 못하면 상처를 받고 아파하는 것이다.

어쩌면 다른 사람과 잘 지내고 어딘가에 소속되고 그들로부터 좋은 점수를 받으려고 노력하고 남들이 원하는 사람이 되려는 것이 어떻게 건강하지 못한 것이냐고 반문할지 모른다. 사회성이 뛰어나서 사람들과 잘 어울리고 또 남들이 원하는 사람이 되는 것이 오히려 보람되고 칭찬받을 일이 아니냐고 말이다.

실제로 많은 사람이 자기 자신을 사랑할 줄 모르고 혼자서 즐길 줄 모른다. 오직 남을 의식하고 그 사람들을 즐겁게 하기 위해 사는 것을 편하다고 생각한다. 그래서 비록 자신이 원하지 않는다 해도 억지로 다른 사람과 똑같은 행동을 하려고 하고 그들과 조금만 달라도 불안해하고 혼자 있으면 세상으로부터 소외된 것처럼 두려워한다. 자신이 좋아하는 일을 해서 보람을 느끼는 것이 아니라 남이 좋아하는 일을 해서 칭찬을 받으려고 한다. 성숙한 어른으로 세상을 사는 것이 아니라 미숙한 아이로 세상을 사는 것을 건강한 것으로 착각하는 것이다.

그래서 이혼한 지금도 자신이 무엇 때문에 전 배우자와 갈등하게 되었는지 모른다. 그만큼 건강한 것과 건강하지 못한 것을 구분하기 어렵다. 언뜻 건강한 적응 행동처럼 보이더라도 나중에 보면 그것이 너무 지나쳐서 건강하지 못한 적응 행동이라는 사실을 뒤늦게 깨닫는 경우가 많다. 물론 건강하지 못한 적응 행동에는 인격적으로 성숙하지 못한 것도 있지만 성격적으로 지나쳐서 문제가 되는 경우도 있다.

이혼 후에 사람들은 상대방과 성격이 맞지 않았기 때문에 헤어졌다고 말한다. 그 성격을 만들어내는 것은 바로 적응 행동이다. 충족되지 못한 욕구가 많을수록 그 사람의 성격은 더 완고해지고 지배적이다. 물론 사람에게는 어느 정도 완고한 부분이 있다. 그러나 건강하지 못한 적응 행동은 그것이 매우 지나치다는 데 문제가 있다.

사람은 누구나 남을 돕고 싶은 마음을 가지고 있다. 어렵고 힘든 사람을 보면 돕고 싶어 하는 것은 당연하다. 남을 돕게 되면 사람은 기분이 좋아진다. 그래서 불쌍한 사람을 보면 돕게 되고 슬퍼 보이는 사람을 보면 위로하고 싶고 화가 난 사람을 보면 그것을 해결해주려고 한다. 하지만 이것이 지나치면 누군가를 도와야 한다는 압박감에 자신도 모르게 동정심으로 결혼하게 될지 모른다. 동정심 때문에 결혼했다면 어떻게 될까? 이런 것이 건강하지 못한 적응 행동이다.

또 사람은 누구나 책임감을 가지고 있다. 그런데 책임감이 너무 과도하다면 어떻게 될까? 예를 들어 어려서부터 맏이로 동생들을 보살피고 식사 준비를 도왔다. 그렇게 해서 부모로부터 칭찬을 들어왔다.

장성해서도 식구들을 보살피다 보니 자신이 집안의 하녀가 된 기분이 들 정도다. 그것이 늘 불만이면서도 어찌지 못하고 계속 책임감만 키워왔다. 이처럼 과도한 책임감을 가지고 있는 사람이 누군가와 결혼하면 상대방의 책임까지 계속 떠맡고는 힘들다고 불만을 토로한다. 그런데도 책임감이 강한 사람을 만나면 오히려 불편하게 느껴서 그것을 바꾸려고 한다. 자신이 모든 책임을 짊어져야 마음이 편한 것이다.

그리고 어려서부터 야단만 맞고 칭찬이나 격려를 받아본 적이 없다면 어떻게 될까? 잘못하면 야단을 맞기 때문에 어떻게 해서라도 완벽하게 일을 처리하려고 한다. 혹시라도 실수하지 않을까 불안하기 때문에 무엇 하나 쉽게 결정을 내리지 못한다. 이런 사람이 누군가와 결혼을 하면 어떻게 될까? 이런 완벽주의자와 함께 사는 것이 어려운 것은 자기 자신도 완벽주의자가 되어야 하기 때문이다. 그렇지 않으면 끊임없이 트집을 잡히는 고통을 당하게 될 것이다.

그리고 종교적인 이유로 해서 금욕적인 가정에서 성적인 문제에 대해 지나치게 억압을 받아왔다면 어떻게 될까? 성에 관련된 행동이나 말을 하게 되면 죄책감을 느끼고 그런 행동을 하지 못하게 통제하게 된다. 이런 사람이 누군가와 결혼하면 부부가 섹스를 한다는 것조차 불결하게 생각해서 거부할지 모른다. 설령 섹스를 한다 해도 느낌을 가지지 못하고 배우자를 위해 희생한다는 생각만 가진다. 성적 행동을 받아들이지 못해서 흥분하지 못한다면 오히려 섹스가 고통스러워서 배우자를 밀어내는 일이 생길지 모른다. 그렇게 되면 부부 관계가 좋을 리 없다.

처음에는 이런 것들이 문제가 되지 않는다. 사랑에 빠져 있을 때는 이해의 폭이 넓기 때문에 서로 양보하고 이해하면서 관계를 유지한다. 그러나 아이가 태어났을 때나 권태기에 들어섰을 때, 아내가 사회생활을 시작했을 때, 남편이 새로운 일을 시작했을 때, 부모가 병으로 돌아가셨을 때, 대규모 감원에서 간신히 살아남았을 때나 해고당했을 때처럼 위기에 빠지면 적응 행동이 갈등을 일으킨다. 바로 적응 행동이 힘을 발휘하는 것은 부부간에 틈이 생겼을 때이다. 사랑의 감정이 시들해지면 그때부터 자기 방식을 고집하게 되고 그것이 이루어지지 않으면 밑바닥에 잠재되어 있던 건강하지 못한 적응 행동이 갈등을 만드는 것이다.

바로 적응 행동이 힘을 발휘하는 것은
부부간에 틈이 생겼을 때이다.
사랑의 감정이 시들해지면 그때부터
자기 방식을 고집하게 되고 그것이 이루어지지 않으면
밑바닥에 잠재되어 있던 건강하지 못한
적응 행동이 갈등을 만드는 것이다.

상처는
왜 생기는 것일까?

어린 시절의 상처가 끼치는 영향

'전생의 업보'라는 말이 있다. 이는 우리가 현재 당하고 있는 고통이 전생에 지은 죄 때문이라는 뜻을 품고 있다. 그래서 고통을 겪으면서도 모두 다 전생의 업보라고 체념하며 산다. 하지만 사람들이 상처를 입고 아픔을 경험하는 것은 전생의 업보 때문이 아니라 우리가 성장하면서 경험하는 여러 가지 상처가 아직 아물지 않았기 때문에 고통으로 다가오는 것이다.

흔히 '상처 없는 사람이 없다.'고 하면서 마음의 상처를 대수롭지 않게 여긴다. 누구나 상처를 가지고 있고 세월이 지나면 자연스럽게 상처가 아문다고 말한다. 하지만 상처에 따라 곪는 경우도 있고 그냥 아무는 경우도 있다. 상처가 계속 도지면 성장을 방해하기도 하지만 상처를 극복하는 과정에서 성장하게 되면 오히려 그것이 삶을 멋지게 만드는 경우도 있다. 다시 말해, 상처는 우리 삶 전체를 행복하게 만들기도 하고 불행하게 만들기도 한다. 사실 이혼도 상처가 만들어 냈다고 할 수 있다. 그렇다면 상처는 왜 생기는 것일까?

상처는 어렸을 때 대부분 만들어지지만 성장 과정에서도 만들어진다. 많은 부모가 유아기 때는 무조건적인 사랑을 주는 것처럼 행동한다. 유아기 때 부모가 베푼 사랑은 대부분 의식주를 제공하고 보살펴주는 일이다. 아이의 시각에서는 이 사랑이 무한한 것처럼 느껴진다.

그러나 철이 들면서 아무리 부모라 해도 그들 마음에 들지 않으면 화를 내고 야단을 친다는 것을 알게 된다. 사랑에는 조건이 있다는 것을 알게 되는 것이다. 어려서부터 조건을 충족시킬 때만 부모로부터 '착하다'는 칭찬을 듣고 사랑받는 훈련을 받는다. 그래서 사랑받기 위해서는 부모의 뜻을 따라야 한다고 생각한다. 사람은 기본적으로 사랑받기를 원한다. 그것도 무조건적인 사랑을 말이다. 그런데 사랑을 받기 위해서는 부모의 조건을 충족시켜야 한다.

부모의 조건을 충족시키면 부모는 기분이 좋아서 칭찬을 하고 사랑을 준다. 그러나 부모의 조건이 충족되지 않으면 질책을 당하게 된다. 자신은 사랑을 기대했는데 그것이 질책으로 돌아온다면 아이는 실망하고 그것이 상처가 된다. 특히 엄격한 부모 아래서는 부모의 규칙을 따르지 않으면 질책만 당할 뿐 사랑을 받을 수 없기 때문에 규칙을 어기면 큰 잘못을 저지른 것처럼 불안해한다. 이것이 가장 흔하게 발견되는 감정인 '질책에 대한 두려움'이다.

예를 들어, 완고하고 마초적인 아버지 아래서 성장했다고 하자. 그는 자신이 맡은 일을 완벽하게 처리하지 못하면 항상 질책을 받았다. 결국 엄격하고 완고한 아버지 앞에서 칭찬받기를 포기한다. 그러나 마음속으로는 항상 아버지로부터 칭찬받고 사랑받기를 원하고 있다. 그래서 여전히 아버지가 원하는 행동을 하려고 한다. 어떻게 보면 아버지에게 질책을 당하는 순간, 스스로 위축이 되어서 성장을 멈추고 계속 칭찬받기 위한 행동을 반복하고 있는 것이다. 그는 어른이 되어 물건을 살 때 무엇을 사야 할지 몰라 망설이기를 반복한다. 그의 내면에는 아버지라는 '내면의 비판자'가 있어서 '어린이 자아'에게 항상 완벽하게 일을 처리할 때까지 최선을 다하라고 질책하고 있기 때문이다. 그는 어떤 상황에서도 최고의 결정을 내려야 한다는 강박 관념에 빠져 있다. 그래서 오히려 망설이고 머뭇거리다가 일을 그르치는 경험을 하기도 한다.

이런 강박 관념에 빠져 있는 사람의 배우자는 자신보다도 '내면의 비판자'를 즐겁게 해주는 사람이어야 한다. 왜냐하면 그는 변화할 수 있으나 그의 내면에 있는 어렸을 적 아버지는 변화할 수 없기 때문이다. 그래서 상당히 완고하고 보수적이며 완벽한 사람, 즉 아버지를 닮은 사람을 배우자로 선택하기 쉽다. 어떤 완벽주의자는 자신과 정반대의 유형과 결혼해서 그의 아버지가 어머니나 자신에게 했던 것처럼 상대방의 행동에서 트집거리를 찾아내어 끊임없이 야단치기도 한다.

또 다른 예로, 어릴 때 아버지나 어머니가 항상 술에 취해 집에 들어와서는 그날그날 기분에 따라서 즉흥적으로 행동했기 때문에 어느 때는 잘못을 저질러도 웃어넘기고 어느 때는 잘한 일을 해도 야단을 맞는 불합리하고 열악한 환경에서 자란 사람이 있다. 항상 원칙이 없다 보니 스스로 원칙을 가지지 않으면 견딜 수가 없었다. 그런 탓에 그는 이성적이고 논리적이고 분별력 있고 지성적인 사람이 되어 감정의 영역에 속하는 것은 무엇이든 외면하기로 작정한다. 그는 철저하게 이성적이 되어 감정을 무디게 함으로써 혼란에 적응하는 방법을 익힌 것이다. 감정에 휘둘려서 행동하게 되면 여지없이 상처받고 질책 당하고 부당한 취급을 받아왔기 때문이다. 그는 어떤 식이든 감정을 철저하게 외면했고 특히 분노에 대해서는 완고하리만큼 모른 척한다.

이런 사람은 이성적으로 판단하되 감정을 배제함으로써 균형을 잃은 만큼 배우자를 선택할 때는 오히려 그와 상반되는 배우자, 즉 감정적이고 자신의 느낌을 잘 표현하는 사람을 찾는다.

감정적인 사람이 감정과 담쌓은 사람과 결혼을 하면 어떤 식으로든 무뚝뚝한 상대방에게서 감정을 이끌어내려고 한다. 그가 애를 쓰면 쓸수록 상대방은 점점 더 감정보다는 이성적으로 행동한다. 이런 관계가 극단으로 기울면 마침내는 한쪽이 너무 이성적이고 다른 한쪽은 너무 감성적이라 갈등을 만든다.

부모와 전혀 닮지 않은 사람과 결혼했다고 해도 막상 살아보니 자신의 배우자가 사이가 좋지 않은 부모를 빼닮았다고 느끼게 되는 경우가 있다. 바로 아버지의 모습과 어머니의 모습을 보게 되는 것이다. 이런 경우, 두 가지로 생각할 수 있다. 하나는 자신이 싫어하는 부모와 닮은 사람과 결혼했을 수 있다. 힘겹고 고통스럽기는 했지만, 오히려 그 관계가 익숙해 있어서 편안하기 때문이다. 이와는 반대로 또 다른 하나는 부모와 닮은 사람과 결혼하지 않았는데 부모와의 관계를 치유해 가면서 배우자를 희생양으로 삼을 수도 있다. "당신은 내게 늘 이래라 저래라 해. 마치 우리 아빠가 그랬던 것처럼." 이렇게 말하고 있지만 사실은 그렇지 않을 수도 있다. 배우자들이 흔히 하는 지적이 자신이 싫어했던 아버지의 행동과 겹쳐지면서 자식을 좌지우지하려는 아버지에게 해묵은 분노가 살아난 것일 수도 있다. 옛 기억을 떠올리게 하는 배우자의 작은 행동이 마치 자신의 아버지가 한 행동처럼 느껴져서 그것을 확대해서 생각하고 분노할 수 있다는 말이다.

마치 자신의 팔자가 나빠서 아버지와 똑같은 배우자를 만나서 계속 고통을 당하고 있다고 생각하지만 사실은 자신의 내면에 있는 상처를 확대해서 받아들이고 있는 것이다. 고통이 반복되고 있지만 그것을 배우자 탓으로만 돌릴 수 없다는 말이다.

그렇다고 어렸을 때 형성된 이런 적응 행동이 어른이 되었을 때도 똑같은 결과를 만들어내는 것은 아니다. 어렸을 때 완벽하게 무조건적인 사랑은 받지 못했다 해도 그 사랑의 정도가 어느 정도냐에 따라서 정서적·심리적 욕구가 잘 충족된 사람은 잠시 위축이 되었다 해도 스스로 극복하고 성숙한 사람으로 성장할 수 있다.

그러나 그 기간 동안에 정서적·심리적 욕구가 채워지지 않은 사람은 자양분이 결핍된 환경에서 나름대로 적응할 방법을 찾는다. 대개는 그런 조건에서 살아남으려고 건강하지 못한 '적응 행동'을 개발한다. 이런 적응 행동은 어렸을 때는 그런 행동이 최선이었지만 성인이 되었을 때는 그런 행동이 오히려 내면의 성장을 방해하고 주변과의 갈등을 유발하는 요인이 되기도 한다.

자기 자신을 사랑하는 법을 배우라

　사람들은 누군가가 칭찬과 관심을 보여줄 때 기분 좋은 느낌을 받는다. 비록 조건적인 사랑일지라도 그것을 포기하지 못하는 이유도 그 때문이다. 스스로 성장해서 독립된 사람이 되지 못하다 보니 누군가로부터 칭찬받는 일이면 무엇이든 해서라도 칭찬을 받아서 만족하려고 하는 것이다.

　그러나 자기 자신을 사랑할 줄 알면 누가 칭찬해주지 않아도 문제가 되지 않는다. 자기 힘으로 자신을 사랑할 수 있기 때문이다. 자기 자신이 얼마나 괜찮은 사람인지 알고 있기 때문에 자기 자신을 있는 그대로, 고유한 개인으로, 누구도 대신할 수 없는 존재로 받아들일 수 있는 것이다.

　운명은 스스로 개척할 수 있다는 말이 있는 것처럼 바로 나 자신을 무조건적으로 사랑하게 되면 삶 자체가 달라진다. 상처를 치료한다는 것은 바로 나 자신을 무조건적으로 사랑하는 법을 배우는 것이다. 자신이 어떻게 행동하든 상관없이 자신이 존재한다는 사실만으로도 충분히 사랑받을 만한 가치가 있음을 알게 된다면, 비록 예전의 상처가 있다 해도 나 자신을 성숙하게 만들 수 있다. 그래야만 사람은 행복한 삶을 살 수 있다. 그것이 지금은 이혼으로 배우자가 없다 해도 미래의 새로운 배우자에게 최고의 선물을 선사하게 될 것이다. 그렇기 때문에 지금 나를 사랑하는 방법을 배우라.

사랑의 블랙홀

반복강박과 자신의 내면 응시하기

사랑에 우연은 없다. 우연히 누군가를 만났다 해도 그 사람을 선택하는 데는 분명한 이유가 있다. 그리고 그 관계가 좋은 관계였든 아니면 이혼이라는 나쁜 관계로 아픔을 주었든 다 이유가 있는 것이다. 그 이유는 아주 어렸을 때부터 만들어져왔다. 바로 과거의 중요한 사건들이 자신의 성격과 관계 행동에 영향을 미쳤기 때문이다.

상처가 자신의 '인생 각본'을 만들고 그것이 이끄는 대로 좋은 관계와 나쁜 관계를 만들어온 것이다. 그렇다면 자신에게 상처를 입힌 과거의 사건에 대해 알아볼 필요가 있다. 하지만 대부분의 사람들은 어렸을 때 만들어진 상처에 이미 익숙해져 있기 때문에 그것을 상처라고 생각하지 않는다. 오히려 상처를 방어하기 위해 변질된 성격이 자신의 매력이고 자기만의 가치관이라고 주장한다. 그러면서 고집스럽게 자신의 습관에 집착하고 그것을 정당화해 똑같은 일을 반복하고 있는 것이다. 일부 전문가들은 그들에게 '명상 치료'를 권하기도 한다. 명상을 하듯이 자신의 내면을 객관적으로 들여다볼 수 있어야만 과거의 상처로부터 벗어날 수 있기 때문이다.

예전에 〈사랑의 블랙홀〉이라는 영화가 있었다. 잘나가는 기상 캐스터 필 코너스는 매해 펑추토니에서 열리는 성촉절 취재를 위해 촬영을 나갔다가 희한한 경험을 한다. 취재를 대충 끝내고 돌아가려는데 기상 예보에도 없던 폭설을 만나 발이 묶인다. 다음 날 일어났더니 날짜가 하루 지난 것이 아니라 바로 어제의 그날, 그 장소였다. 꿈인가 생각해도 어제와 너무나 일치하고, 우연의 일치라고 하기에도 어제와 너무도 똑같다.

어제와 똑같은 오늘이 반복되자 필 코너스는 매일매일을 조금씩 바꿔가면서 하루하루를 즐기기 시작한다. 여자를 유혹하기도 하고, 금고 수송 차량을 털어 멋진 차를 사기도 한다. 하지만 반복되는 나날들에 환멸을 느끼고 자살을 시도하지만 일어나면 바로 어제의 그 시간, 그 장소이다.

그런 가운데 함께 온 신임 프로듀서 리타에게 매력을 느껴서 진심으로 사랑하게 된다. 매일매일 그녀의 생각과 행동들을 익혀 그것에 맞게끔 자신을 성장시킨다. 결국 그녀와 사랑을 함으로써 블랙홀에서 벗어난다는 내용이다.

우리의 삶도 매번 다르게 살아가는 것 같지만 사실은 영화〈사랑의 블랙홀〉처럼 비슷한 유형의 사람을 만나 예전에 경험했던 것과 비슷한 삶을 산다. 사람에 따라서는 영화처럼 조금씩 올바르게 수정하여 성장하기도 하지만 상처가 심한 사람일수록 예전과 똑같은 삶을 반복한다. 단지 사람들은 똑같은 사람을 선택하고 똑같은 방법으로 사랑을 하다가 똑같은 상처를 입고 헤어진다는 것을 모를 뿐이다. 아마 많은 사람은 자신이 사랑했다 헤어진 남자나 여자의 유형을 보면 상당히 유사한 사람들이었다고 느낀 적이 있을 것이다. 틀림없이 다른 유형의 사람과 새롭게 시작했다고 생각했는데 오랫동안 사귀다가 헤어지는 순간, 이 사람도 예전 사람과 크게 다르지 않다는 것을 알게 된다.

지금쯤 성장 과정과 부모와의 관계가 자신의 결혼 생활에 영향을 미쳤다는 것을 깨닫고 있을지 모른다. 하지만 성장하면서 받은 적응 행동이 자신에게 어떤 메시지를 전달하고 있는지는 모를 것이다. 이런 메시지들은 항상 긍정적인 의도를 가지고 있다. 비록 잘못된 결과를 초래하지만 성장하려는 의도를 가지고 있다. 예전에 채워지지 않은 욕구를 다시 채워서 과거의 문제를 극복하려는 것이다.

건강한 적응 행동을 하는 사람은 건강한 부모 밑에서 성장했기 때문에 좋은 사람을 선택할 가능성이 높다. 그에 비해 건강하지 못한 적응 행동을 가진 사람은 건강하지 못한 부모를 닮은 사람과 사랑하게 될 가능성이 높다. 왜냐하면 어른이 된 지금, 어렸을 때와 똑같은 상황을 만들어놓고 그것을 다시 극복해보려고 하기 때문이다. 이런 상황을 심리학에서는 '반복 강박'이라고 한다.

반복 강박은 상당히 모순적이다. 자신에게 사랑을 줄 수 있는 사람을 찾았는데 막상 누군가를 사랑하게 되면 그 사람이 문제를 지닌 부모와 닮아 있다. 설령 똑같지 않다 해도 자신이 그 사람을 문제가 있는 부모와 똑같이 만들어버린다. 부모와 똑같은 사람을 찾아서 예전에 부모에게 받지 못했던 욕구를 채우려고 하기 때문이다. 문제는 부모와 비슷한 성격의 사람은 예전의 부모가 그랬듯이 자신이 원하는 것을 충족시켜줄 수 없다는 것이다.

예를 들어 자신에게 비판적이라 단점만 지적하는 어머니 밑에서 성장했다면 배우자도 자신에게 비판적인 사람을 선택하기 쉽다. 정작 자신이 원하는 것은 자신의 장점을 발견해주고 그것을 칭찬해주는 사람이다. 그런데 자신에게 비판적인 사람을 만나서 어머니에게 받지 못한 칭찬을 받으려고 애쓰지만 결국 돌아오는 것은 비판뿐이다. 칭찬받기 위해 어머니에게 했던 것처럼 배우자가 기뻐하는 일은 모두 하지만 칭찬을 듣지 못하는 것이다. 혹시 처음부터 자신에게 칭찬을 해주는 사람을 만나면 될 것 아니냐고 말할지 모른다. 하지만 그것을 본인 자신은 알아차리지 못한다는 데 문제가 있다.

오히려 비판적인 것이 편안하게 느껴진다. 어머니가 비판적이었기 때문에 비판적인 사람을 만나도 아주 친숙하게 느껴지기 때문이다. 게다가 자신은 무의식적으로 '넌 잘하고 있어.' 또는 '너는 대단하다!'는 말을 듣고 싶어 하기 때문에 칭찬을 듣기 위해 희생적으로 그 사람에게 최선을 다한다. 그런 노력에 집중하다 보니 그 사람이 자신의 부모와 닮아 있다고 생각할 겨를이 없다. 그러다 결국 지치고, 그때서야 화를 내고 반기를 들게 되는 것이다.

물론 나 자신의 상처가 자신의 '인생 각본'을 만든 것처럼 옛 배우자의 상처도 옛 배우자의 '인생 각본'을 만들게 된다. 그것이 서로에게 어떻게 영향을 미쳤는지 아는 것도 중요하다. 삶에는 여러 가지 변수가 작용하기 때문에 똑같은 상황에 놓인다 해도 결과는 얼마든지 달라질 수 있다. 문제는 상처가 심한 사람일수록 자신의 성장을 위해 치열하게 다투고 자기 뜻대로 상황을 만들어간다는 것이다. 그렇기 때문에 상처가 심한 사람일수록 똑같은 삶을 반복하기 쉽다.

어쩌면 불교에서 말하는 윤회輪廻도 이런 의미일 것이다. 그렇기 때문에 반복되는 자신의 불행에서 벗어나고 싶다면 자신의 상처가 무엇인지 알아야 하고 그 상처가 원하는 메시지를 정확하게 읽을 수 있어야 한다. 윤회에서 벗어나려면 깨달음이 있어야 하는 것처럼 자신의 내면을 들여다보고 그것을 치료하면 지금의 반복 강박에서 벗어날 수 있다.

상처가 어떻게
갈등을 만드나?

어릴 적 사랑의 결핍과 자존감

우리는 자신과 세상, 사랑과 관계를 바라보는 시각을 대부분 어린 시절에 습득한다. 이때 우리는 자신을 어떤 눈으로 바라보고 평가할지를 배우고 자존감이 무엇인지도 배운다. 또 세상이 안전한 곳인지 아닌지, 주변 사람들을 믿어도 될지 말지를 배운다. 사랑받는다는 느낌이 무엇인지 알게 되며 충분히 사랑받지 못한다고 느낄 때에는 나름의 적응 기제를 키우면서 살아간다. 거부당하거나 버림받을지도 모른다는 두려움을 키울 수도 있다. 그리고 내가 '괜찮은 사람'인지 아닌지에 대해서도 알게 된다.

우리는 어린 시절에 충분히 사랑받지 못하면 자존감이 떨어진다.

마치 자신은 사랑받을 자격이 없는 사람처럼 느껴져서 자신의 가치를 형편없이 낮게 평가한다. 대체로 부모로부터 무시당하고 신뢰를 얻지 못하면 그렇게 된다. 어린 시절에 자신이 신통치 않다는 믿음을 내면화하게 되면 자신에 대해 자신감이 없고 세상에 되는 일도 없다고 생각한다. 그것이 바로 상처다.

긍정 심리학의 대가大家 마틴 셀리그먼Martin Seligman은 개들을 세 그룹으로 나누어 실험을 했다. 첫 번째 그룹의 개들에게는 전기 자극을 주되, 배전판을 누르면 전기 자극을 멈출 수 있도록 했다. 두 번째 그룹의 개들에게는 어떤 방법으로도 전기 자극을 멈출 수 없도록 했다. 세 번째 그룹의 개들에게는 아무런 전기 자극도 주지 않고 대조군control group으로 남겨두었다.

그다음에 개들을 모두 같은 울타리 안에 집어넣고 전기 자극을 주되, 나지막한 장애물을 뛰어넘으면 탈출할 수 있도록 해놓았다. 그러자 전기 자극을 멈출 수 있었던 첫 번째 그룹의 개들과 아무런 전기 자극도 받지 않았던 세 번째 그룹의 개들은 재빨리 장애물을 뛰어넘어서 탈출했다. 하지만 전기 자극을 멈출 수 없었던 두 번째 그룹은 아예 탈출하려는 시도조차 하지 않고 그대로 울타리 안에 엎드려서 깨갱거리기만 했다. 그 개들은 무기력해지도록 학습된 것이다.

자존감이 낮게 학습된 사람도 마찬가지로 부모에게서 자신이 사랑받을 자격이 없는 사람으로 학습된 것이다. 이런 사람에게 "정말 잘했어요. 어떻게 이런 생각을 할 수 있죠? 정말 대단한 능력을 가지고 있는 것 같아요."라고 칭찬을 하면 몹시 당황하면서 "그거 잘한 것 아니에요. 그런 생각은 아무나 할 수 있는 것 아닌가요? 전 능력이 없는 사람입니다."라고 대답한다. 또 "오늘 그 옷, 정말 예쁘다."라고 하면 "무슨 소리야? 보기에 너무 낡았지? 옷장에 처박아 두었다가 입을 옷이 없어서 오늘 할 수 없이 꺼내 입은 거야."라고 말한다. 이런 사람은 아무리 칭찬을 해도 '어린이 자아'인 '내면의 아이'가 동의하지 않기 때문에 칭찬 듣는 것 자체를 불편해 한다.

셀리그먼의 두 번째 실험 개들은 자신이 처한 환경에서 전혀 벗어나지 못했지만 사람들은 인격 형성기에 완수하지 못한 부분이 있으면 성인이 되어 관계를 맺으면서 그 부분을 어느 정도까지 충족시키려고 계속 애를 쓴다. 어린 시절에 낮은 자존감을 습득한 사람들은 결혼으로 자존감을 고양시키고 싶어 한다. 그래서 지나칠 정도로 자존심을 내세우기 때문에 자신에 대해 안 좋은 소리를 하게 되면 몹시 화를 낸다. 바로 내면의 상처 때문이다.

상처가 있는 사람은 자신의 상처를 건드리면 매우 고통스럽다는 경험을 해왔다. 그래서 자신의 상처를 보호하기 위해 상대방이 말을 하면 혹시 자신의 상처를 건드리지 않을지 모른다고 미리 대비를 한다. 자신의 상처를 누가 건드릴까 봐 전전긍긍하는 것이다. 그리고 상처를 건드릴 만한 말이 나오면 마치 공격을 준비하고 있었던 사람처럼 먼저 공격적으로 나온다. 그래서 대화를 할 때도 항상 긴장해 있다. 상처를 건드릴 말이 나오면 자존심이 상했다고 화를 내지만 상대방의 정확한 의도를 파악하지 못하는 잘못을 저지르기도 한다. 상대방의 의도를 잘못 파악했다 해도 그것을 인정하는 것이 아니라 억지를 부리기 때문에 고집스럽다는 평가를 받는다.

정작 이런 사람은 상대방이 칭찬을 해도 그 말을 신뢰하지 못하기 때문에 결국 이렇게 말한다. "뭐, 내 능력이 대단하다고 하지만 실은 내 기분을 맞춰 주려는 거잖아."라고 말이다. 결국 자존감을 높이고 싶어 자존심을 내세우면서도 상대방을 신뢰하지 못하기 때문에 자존감을 향상시키지 못한다. 그것은 자기 자신을 믿지 못하기 때문에 칭찬을 해도 인정하지 못하는 것이다. 이런 식의 대화는 대화 자체를 어렵게 하고 칭찬하는 것을 두렵게 만든다. 오히려 칭찬을 오해해서 화를 내고 그것이 빌미로 다투게 된다.

단순히 대화에서만이 아니라 일상생활에서 자신감이 없다 보니 상대방의 좋은 의도를 부정적으로 왜곡시키기도 한다. 예를 들어서 남편이 꽃을 선물하면 혹시 이 사람이 뭔가 내게 잘못한 일이 있는 것은 아닌지 의심한다. 자신이 꽃을 받을 자격이 없는데도 꽃을 선물하니 뭔가 숨은 의도가 있다는 것이다. 그러면서 예전에 자신의 부모가 외도를 했던 것을 떠올리며 혹시 외도를 한 것이 아닌지 의심한다. 자신의 추측을 기정사실로 받아들여서 외도를 했다고 확신하기도 한다. 부모 한쪽의 외도로 버림받은 경험이 있는 사람이라면 또다시 버림받을지 모른다는 생각에 끊임없이 의심하고 감시하기도 한다. 그러면서도 사랑받기를 끊임없이 갈구한다. 이런 모순이 갈등을 만들기도 한다.

이런 사람일수록 모든 것을 '좋다 나쁘다', '옳다 그르다', '맞다 틀리다', '잘했다 잘못했다' 라는 식으로 양분해서 생각하는 경향이 있다. 옳은 것이 아니면 그른 것이기 때문에 전혀 융통성을 보일 수 없는 것이다. 그러면서 자신이 옳다고 생각하는 것은 반드시 지켜야 하는 절대가치인 것처럼 생각한다. 그래서 잘못한 면이 발견이 되면 그것을 비난한다. 성장 과정에서 자신이 규칙을 어기면 부모에게 심하게 질책을 당했던 것처럼 상대방에게도 똑같은 방법으로 질책을 하는 것이다.

자기 자신을 사랑하라

감정적인 유대를 유년기부터 학습하지 못한 사람들은 보통 성인이 되어 애정 관계를 맺을 때 그 과정을 완수하려고 한다. 그러나 감정적 유대가 무엇인지 모르는 그들은 자기와 친해지려는 사람과 오히려 이런 식으로 거리를 벌려놓기도 한다. 그들은 친해지기를 원하다가도 막상 친밀감을 느끼기 시작하면 어떤 방식을 써서라도 친해지려는 사람을 밀어내 버린다. 특히 성적 행동에 대해서는 지나치게 거부감을 가지고 있다. 성에 대한 부정적인 교육을 받다 보니 부부가 서로 끌어안고 사랑을 표현하면 몹시 부끄럽고 수치스럽게 생각한다. 사랑의 범위를 축소시켜놓았기 때문에 성적 행동은 부끄러운 일이지 사랑이 아닌 것이다. 그래서 부부간의 친밀감도 만들지 못한다. 사랑받기를 원하면서도 사랑을 밀어내는 악순환이 반복되는 것이다.

어린 시절의 부정적인 영향을 치유하려는 자기 자신의 시도는 아주 빈번히 이루어진다. 그러나 성장 과정에서 자신을 보호하려는 욕구가 강하기 때문에 대부분이 왜곡되어 있다. 사고방식은 여전히 어린아이 같고 책임감이 부족하면서도 고집스럽다. 어릴 때 무조건적인 사랑을 받지 못한 것을 채워줄 부모와 같은 사람을 찾으면서도 예전 부모와 같은 행동은 오히려 못 견뎌한다. 그래서 바람을 피우기도 한다. 그렇기 때문에 인간관계가 복잡해지고 어려워진다. '내면의 아이'가 자기 나름의 상처를 보호하는 방식을 키워왔기 때문에 그것을 치료하는 데는 많은 시간을 필요로 한다. 어쩌면 지금 이혼한 것도 '내면의 아이'가 부모의 지배로부터 벗어나 성숙한 인간으로 바로 서기 위한 욕구 때문인지 모른다. 하지만 성숙한 인간이 되기 위해서는 다른 사람으로부터 사랑을 받아서 그것을 충족하기보다는 먼저 나 자신을 사랑할 줄 알면 오히려 빠르다. 나 자신이 사랑으로 넘칠 때 다른 사람과의 관계도 좋아지기 때문이다.

그렇다면
모두 부모 탓인가?

내면의 비판자

우리 내면에는 여러 가지 또 다른 자아들이 있다. 그중에 '내면의 비판자'라는 것이 있다. 사람들은 이것을 성격이라고 말한다. 내면의 비판자는 어린 시절 까다로운 어른이 그랬던 것처럼 우리 자신을 통제한다. 그것이 바로 자신의 판단 기준이고 가치관으로 우리 삶에 지대한 영향을 미친다. 어떻게 보면 원하든 원하지 않든 부모가 만들어 놓은 '인생 각본'에 의해 살고 있다고 해도 틀리지 않는다.

이런 규칙과 가치관은 나 자신은 물론이고 부부간의 갈등 요인이 되기도 한다. 나 자신이 반드시 지켜야 할 규칙을 많이 가지고 있으면 배우자에게도 똑같이 자신의 규칙을 지키라고 강요하게 되기 때문이다. 물론 처음부터 그것을 강요하지는 않는다. 부부간에 금실이 좋을 때는 규칙을 적용하는 폭이 넓기 때문에 갈등을 만들 정도는 아니다. 그런데 부부간에 틈이 생기면 자신의 규칙과 배우자의 규칙을 놓고 어느 것이 옳은지 다투게 된다. 하지만 옳고 그른 것은 없고 단지 규칙이 다른 것뿐이다

아무리 서로 다르기 때문이라고 이해하려고 해도 마음속에서는 끊임없이 누가 잘못을 했는지 알고 싶어 한다. 바로 '내면의 비판자'가 그것을 확인하고 싶어 하기 때문이다. 설령 다르다는 것을 인정한다 해도 서로 다른 규칙이 한두 가지가 아니다 보니 갈등이 생기는 것이다. 사람은 저마다 수많은 규칙을 가지고 있고 막강한 판사처럼 그때그때 판결을 내린다. 어떤 것이 좋고 어떤 것이 나쁜지, 어떤 것을 피할 것이고 어떤 것을 해야만 하는지. 만약 규칙이 지켜지지 않으면 기분이 상하고 틀렸다고 지적하게 된다.

사람에게서 가장 바꾸기 힘든 것은 어렸을 때부터 만들어진 가치관이나 규칙 그리고 신념이다. 이것을 성격이라고 말하지만 실제로는 그것은 성격을 구성하는 요소 중 일부에 불과하다. 우리 내면의 자아 중에서 '어버이 자아'라는 것이 있다. 이 '어버이 자아'는 실제의 부모로부터 직접 받아들인 부분이다. 자신의 부모가 가지고 있는 가치관이나 규칙 그리고 신념은 물론이고 말투, 생각, 몸짓까지 똑같이 흉내를 내는 부분이다.

어렸을 적에는 부모가 하는 말이나 행동은 모두 옳다고 생각한다. 그래서 부모가 하는 모든 행동을 따라 한다. 간혹 부모와 똑같은 버릇을 흉내 내서 부모를 놀라게 한다. 이런 행동을 하는 아이를 보면

부모들은 '피는 못 속인다.'고 말하지만 실제로는 아이가 부모에게 '사랑해주세요.'라고 말하고 있는 것이다.

그런 부모가 자신의 잘못을 야단치면 지지받지 못하고 있다는 것 때문에 마음의 상처를 입으면서도 일반적으로 그것을 그대로 받아들인다. 그래서 부모가 자신에게 했던 그대로 '어버이 자아'인 '내면의 비판자'의 뜻을 그대로 수용하는 경향이 있다. 부모의 질책이 옳다고 믿기 때문에 그 질책으로 인해 자존감이 종종 저하됐듯이 '내면의 비판자'를 따름으로써 내면의 어버이가 자신의 자존감을 계속 떨어뜨리도록 허용한다. 부모의 질책에 순종적인 아이였다면 '내면의 비판자'에 대해 전혀 반항하지 못하고 복종하게 된다. 그러나 부모에게 반항해 본 적이 있는 사람이라면 '내면의 비판자'에게도 반기를 들기도 한다. 이런 면에서 보면 건강하지 못한 부모에게 순종적이지 않은 사람이 오히려 건강하다고 볼 수도 있다. 물론 건강하지 못한 부모로부터 벗어나기 위해 더 건강하지 못한 사람이 되어 부부간의 갈등을 크게 만들기도 하지만 말이다.

특히 성적인 면을 보면, 어렸을 적에 부모로부터 성은 무조건 하지 말아야 하는 것이고 좋지 않은 행동이라고 배웠다. 그래서 성욕을 느끼면 마치 자신이 큰 범죄라도 저지르는 것 같아서 스스로 억압한다. 이성을 만나서 성적 행동을 하려고 하면 자신이 음탕하기 때문이라고 죄책감마저 느낀다. 그러면서 성적 행동 자체가 나쁜 짓이라고 생각한다. 바로 '좋다', '나쁘다'고 판단을 하고 도덕과 윤리로 비판하게 만드는 것이 '내면의 비판자'이다. 어렸을 때 자신을 보호하기 위해 만들어진 '내면의 비판자'가 성인이 되어서까지 끊임없이 감시하고 억압하는 것이다. 결국 성 문제로 인해 부부 관계에 금이 가게 만들고 성적인 쾌감까지 전혀 느끼지 못하게 만들기도 한다.

그렇다고 모든 것을 부모 탓만 할 이유가 없다. 이런 내면의 비판자에서 벗어날 수 있는 방법이 있기 때문이다. 중요한 것은 '내면의 비판자'는 나보다 작은 존재이며 나는 그것보다 더 큰 존재라는 사실이다. 비록 내면의 비판자가 만들어질 때는 어려서 어쩔 수 없이 맹목적으로 따를 수밖에 없었다 해도 어른이 된 지금은 얼마든지 그것에 반기를 들 수 있다. 그렇다고 무조건 반발하게 되면 오히려 역효과를 낳을 수 있다. 성적 행동을 억압한다고 반발해서 아무하고나 성관계를 가지게 되면 오히려 성숙하지 못한 행동이기 때문이다. 그렇기 때문에 어렸을 때 '내면의 비판자'가 자신에게 정말 하고자 했던 말이 무엇인지 다시 들어볼 필요가 있다. 성숙한 사람의 입장에서 다시 듣게 되면 비록 강압적이었다 해도 내게 도움을 주려는 의도였다는 것을 알게 될 것이다.

'내면의 비판자'를 이해하고 극복하기

우선 '내면의 비판자'가 무엇을 전달하려고 하는지 글로 적어보는 것도 좋다. 예전에 부모가 자신에게 했던 것처럼 '내면의 비판자'는 '너 전달법'을 사용해서 말할 것이다. '너는 왜 그렇게밖에 못 하는 거야?', '너는 왜 나쁜 짓만 골라서 하니?' '성적인 행동은 음탕하고 타락한 짓이야.' 이 말을 바꾸어 생각해보면 정말 자신에게 부모가 말하고자 했던 메시지가 무엇인지 알게 된다. 그것이 비난이나 질책이 아니라 나 자신을 보호하고 격려하기 위한 말이란 사실을. 만약 그것을 '나 전달법'으로 바꾸어서 이해할 수 있다면 메시지는 더욱 명확해진다. '나는 네가 좀 더 잘해서 남들보다 뛰어나기를 바랐던 거야. 너는 충분히 재주가 있었거든.', '나는 네가 어렸기 때문에 성인이 될 때까지 성적인 문제를 자제해주길 바랐던 거야.'

어쩌면 이미 무슨 말을 하는지 알고 있을 것이다. 어렸을 때 부모의 말은 나 자신을 보호하기 위해서 한 말이기 때문에 당연하고 옳았지만 성인이 된 지금은 오히려 그것이 사회생활을 방해하고 결혼 생활까지 불편하게 만들었다는 사실을 말이다.

이제 비판자의 말을 마칠 때마다 '고마워'라고 말하라. 경우에 따라서는 '그때는 정말 고마웠어.'라고 말하라. 그리고 '나는 이제 다 컸어. 나는 내 스스로 나를 보호할 수 있는 능력이 있어.'라고 말하라. 그리고 그것에 걸맞게 이성적으로 '내면의 비판자'의 보호로부터 벗어나 이제는 성숙한 사람으로 자기만의 규칙과 가치관을 만들 필요가 있다. 어쩌면 부모 역시 그때의 규칙과 가치관을 바꾸었을지도 모른다. 내면의 목소리에 귀를 기울이면서 분별 있게 자신의 것으로 만들 때 비판자는 무조건 억압하고 감시하는 '나쁜 부모'에서 새롭고 건강한 '좋은 부모'로 바뀌게 될 것이다.

내면의 비판자가 자신에게 하고 있는 말을 성숙하게 이해하고 받아들이게 되면 이미 성인이 된 지금 그것을 현실에 맞추어서 조절이 가능해진다. 또 부부간의 규칙도 얼마든지 둘만의 규칙으로 바꿀 수 있는 여유가 생긴다. 물론 생각을 바꾼다고 해서 하루아침에 부모의 가치관에서 완전히 벗어날 수는 없다. 시간을 가지고 조금씩 변화를 시도해야 한다. 비판자로부터 억눌려 있는 내면의 어린아이를 성장시키고 나 자신도 성숙한 사고를 하게 되기까지 시간이 필요하다는 말이다.

나를 사랑한다는 것

상처 치료를 원한다면 자기 자신을 사랑하는 법을 배우라

상처를 치료하는 것은 나 자신을 사랑하는 방법을 배우는 일이다. 물론 그것을 배운다고 해서 하루아침에 상처가 바로 치료되는 것은 아니다. 상처가 만들어진 오랜 세월만큼 천천히 조금씩 상처가 치료된다. 그것도 훈련을 통해서 나 자신이 사랑받을 가치가 있는 소중한 사람이라는 것을 깨달아야만 가능해진다.

솔직히 지금까지 나 자신보다 남만 바라보면서 살아온 사람이 자신을 사랑하는 방법을 배운다는 것 자체가 쉽지 않다. 아니, 나 자신에 대해 부정적인 시선으로 바라보았던 사람이 어느 날 갑자기 긍정적인 시선으로 자신을 바라본다는 것은 몹시 쑥스럽고 불편하게 느껴질지 모른다. 그러나 나 자신을 사랑하는 훈련을 하게 되면 뭔가 커다란 마음의 변화를 경험하게 될 것이다.

어쩌면 이 훈련을 통해서 지금 그대로의 자기 모습이 얼마나 자랑스러운지 알게 될 것이다. 이혼은 변화의 시기이다. 나를 바꾸는 것이 아니라 상대방을 바꿈으로써 자신의 인생을 변화시키려고 노력해 왔다. 결국 그것이 이혼까지 하게 만들었다. 이제 나를 변화시킬 때이다. 그것도 단순한 변화가 아니라 삶 자체를 바꾸는 커다란 변화를 말이다. 그렇게 하고 싶다면 이제부터 읽게 될 내용을 그대로 실천해보라.

자기 자신을 사랑하는 방법

저명한 심리치료사 버지니어 사티어Virginia Satir는 나 자신을 사랑하는 방법을 고안해냈다. 자신의 성격이나 행동에 대해 형용사로 표시하고 그 형용사들 각각이 긍정적인지 부정적인지 플러스(+)와 마이너스(-) 기호로 표시하는 방법이다. 그리고 마이너스로 표시한 그 형용사에서 다른 특정한 형용사나 긍정적인 자질, 성격의 긍정적인 면이 있는지 살펴보는 것이다.

예를 들어 나 자신을 지금까지 '소극적이다'라고 말해왔다면 그것의 의미를 바꾸어서 '신중하다'로 표기해본다. 마찬가지로 '심술궂다'도 긍정적인 면을 찾아보면 '단호함'이 될 수 있다. 바로 나 자신에 대해 표현하는 방식을 조금만 바꾸면 이런 차이가 있다. 이처럼 지금까지 단점이라고 생각했던 것이 표현만 조금 바꾸면 장점이 되는 것을 알 수 있다.

이런 것이 바로 나 자신을 사랑하는 방법이다. 원래 장점이었던 자신의 성격을 부모가 그런 성격을 싫어하기 때문에, 아니면 그런 성격으로 인해 실패를 경험했기 때문에 단점이라고 착각하고 있었을 뿐이다. 사실 단점도 상처로 인해 왜곡된 것이지 실제로 단점인 경우는 거의 없다. 남들이 볼 때 단점이라 해도 나 자신이 그것을 장점으로 바꾸면 장점이 된다. 바로 나 자신의 성격을 바꾸려고 노력하는 것이 아니라 오히려 있는 그대로의 성격을 인정함으로써 그것이 얼마나 훌륭한 나인지 알게 되는 것이다.

'남의 떡이 더 커 보인다.'는 말처럼 남의 행동은 좋게 보면서 자신의 행동은 남보다 못하다는 생각을 가지고 있었다. 지금까지 부정적으로 생각했던 자신의 성격을 나를 사랑하는 긍정적인 시선으로 바라볼 수 있으면 굳이 자신의 성격을 바꿀 필요가 없다. 그리고 자신의 부정적인 성격을 긍정적으로 생각하는 순간 부정적인 요소가 사라지고 긍정적인 면들이 밖으로 드러난다.

사람들은 자신의 상처를 건드리면 자존심이 상하고 화가 나기 때문에 어떻게든 자신의 자존심을 회복하려고 한다. 그것이 어려운 문제를 해결하는 계기가 되기도 한다. 하지만 정신분석학자 마크 리어리Mark Leary와 그의 연구진이 주장하는 바로는 어려운 순간에는 자기 연민이 자존심보다 훨씬 유리하게 작용한다고 말한다. "자기 연민이 있는 사람들은 자신에게 아무리 나쁜 일이 일어나도 스스로를 비하하지 않는다. 실패를 겪거나 실수할 때마다 자기 자신을 다그친다면 닥쳐올 어려운 문제들을 극복할 수 없기 때문이다."

자기 연민에는 나 자신에 대한 이해와 관대함이 포함되어 있다. 현재 겪고 있는 어려움을 자기 탓으로 생각하기보다는 누구나 살다 보면 겪을 수 있는 당연한 일이라고 깨달아야 한다. 또한 자신이 하는 일에 실패를 경험했을 때, 이혼을 하게 되었을 때, 뭔가 뜻대로 되지 않을 때와 같이 스스로에게 화가 나는 상황에서도 자신을 용서하는 방법을 배워야 한다. 리어리는 이렇게 말한다. "우리 사회는 사람들의 자존심을 세우는 데 많은 시간과 노력을 투자해왔다. 자기 연민이야말로 훨씬 더 중요한 행복의 요소임에도 말이다."

달라이 라마Dalai Lama와 그의 제자들이 서양 사회학자들과 공동으로 연구를 한 적이 있다. 그때 수많은 서양 사람들이 자신을 사랑하지 않고 심지어 혐오한다는 사실을 알고 깜짝 놀랐다. 티베트 사람들은 자신을 사랑하는 것과 다른 사람들에게 사랑을 베푸는 것 사이에 다름이 존재하지 않기 때문이다.

달라이 라마는 이렇게 말한다. "티베트 전통 사회에서 자기 연민은 다른 사람에게 하는 것처럼 자신에게도 자신의 의지를 존중하고 자신과 관계 맺는 방법이나 그러한 마음 상태를 배우는 것이다.", "당신 자신에게 먼저 연민을 보이면 그 연민은 나중에 더 멋진 모습으로 변하여 다른 사람들을 감싸 안아줄 것이다. 어떤 면에서 자기 연민은 이기심이 발달한 형태이다. 이 때문에 자기혐오에 빠진 사람들은 다른 사람들에게도 진정한 친절을 베풀 수 없다."

여기서 말하는 자기 연민이 바로 나 자신을 사랑하는 것이다. 소설가이면서 철학자인 아인 랜드Ayn Rand는 "다른 사람에게 '난 너를 사랑해.'라고 말하고 싶다면 우선 '난 나를 사랑해.'라고 말할 수 있어야 한다."고 하였다.

　유명한 심리학자 칼 로저스Carl Rogers가 주장했듯이 자신을 있는 그대로 받아들인다는 것은 성장하고 변하고 원하는 모습에 더 가까이 가도 좋다는 허가증을 자신에게 발급하는 것을 뜻한다. 자기 자신을 받아들이지 않는 한 그것을 바꾸기란 어렵다. 이상한 역설처럼 들릴 수도 있지만 사실이다.

　우리 자신은 어떤 영역에서는 '부족한 점이 있어도 괜찮다.'라는 사실을 깨달을 필요가 있다. 누구나 상처 입은 채 어딘가에 버려진 듯한 경험, 사랑받지 못한다고 느끼게 만든 사건, 온전한 존재가 못 된다고 느끼게 한 일들을 겪어왔다. 이런 경험들은 우리 삶의 일부다. 우리는 인간이기 때문에 완벽하지 않다. 자신의 괜찮지 않은 모습을 받아들이는 법을 터득할 때 비로소 우리는 온전하다고 느낄 수 있다. 우리가 부족한 점을 인정할 때 열등감을 느끼는 것이 아니라 부족한 점을 채워나가는 성장을 할 수 있기 때문이다. 이것이 바로 나를 사랑하는 과정이다.

　우리는 다른 사람을 사랑하는 법을 어떻게 터득했을까? 무엇이 다른 사람을 서서히 혹은 갑자기 사랑하게끔 만든 것일까? 어쩌면 그 사람이 친절하고 사려 깊은 행동을 했기 때문일 수도 있다. 그 사람이 자신의 욕구를 채워주는 무언가를 해서 자신을 기분 좋게 만들었을지도 모른다. 만약 친절하고 사려 깊은 행동을 자기 자신에게 한다면 어떤 일이 일어날까? 자신에게 기분 좋고 만족스러운 무언가를 하게 되면 자신을 좀 더 충분하고 완전하게 사랑할 수 있을 것이다. 자기 자신을 위해 친절하고도 사랑스러운 무언가를 할 수 있는 사람은 바로 나 자신일 테니까.

　자신을 사랑하는 법을 배우는 가장 좋은 방법은, 자신을 사랑하도록 스스로에게 허가증을 발급하는 것이다. 자신을 사랑하는 것은 자기 욕심만 채우려는 이기심과는 다르다. 남에게서 사랑을 빼앗아 오는 것이 아니라 그냥 나 자신을 사랑하는 것이다. 그렇게 사랑을 내 안에 가득 채워보라.

　나 자신이 이룩한 성장은 다른 사람이 대신해주거나 자신에게서 빼앗아 갈 수 없는 것이다. 내 안에 사랑이 가득하면 다른 사람을 넉넉하게 이해할 수도 있다. 바로 사랑을 빼앗기 위해 눈치를 보거나 갈등할 이유가 없기 때문이다. 이 정도 되면 더는 타인에게 휘둘리지 않게 된다. 오히려 자신과 타인을 이해함으로써 원하는 대로 삶을 꾸려갈 수 있다. 그리고 인격 성장에서 오는 기분 좋은 느낌에 흠뻑 잠겨보라. 자신이 성취한 것의 뜨거움을 느껴보라. 한동안 자신을 사랑하도록 하라. 이제 나 자신을 사랑해도 괜찮다. 아니, 괜찮은 것 이상이다. 삶이란 원래 그런 것이다.

이혼했으면 성공하라

잘못된 섹스가 이혼을 부추겼다 / 섹스 트러블만큼 자존감을 낮추는 것은 없다

섹스를 완성시키는 것은 사랑이다 / 이혼 후 개인적인 성적 변화 / 성적 관리가 필요한 이유와 그 방법

돌아온 싱글의 성생활

제5부

섹스, 이혼 그리고 그 이후

이혼의 과정을 겪으면서 성 지식을 새롭게 이해하고
자기 나름의 성적 가치관을 정립해야만 성적으로 자유로워질 수 있다.
섹스가 의무가 아니라 사랑하고 싶어서 하는 행위로 바뀌기 위해서는
올바른 성 지식을 가져야 한다.
결국 그것이 자신의 성적 능력을 높이고 사랑하는 능력을 향상시킨다.

잘못된 섹스가
이혼을 부추겼다

행복한 결혼 생활과 불행한 결혼 생활의
결정적 요인, 섹스

결혼 생활에서 섹스만큼 당혹감과 마음의 상처를 주는 것도 없다. 그래서 그런지 섹스만큼 말하고 싶지 않은 것도 없다. 섹스 트러블은 서로 간의 유대를 끊고 원망을 만드는 원인이 된다. 그것이 일상생활에도 영향을 주어서 갈등의 주된 요인이 되기도 한다.

아무리 사랑해서 결혼했다 해도 성생활이 만족하지 않으면 애정도 식고 사람이 극도로 싫어지기도 한다. 그래서 밥 먹는 것도 꼴 보기 싫고 말하는 것도 짜증이 난다. 아무리 부드럽게 말한다 해도 퉁명스러운 대답만 돌아올 뿐이다. 그러면서 내면에서는 '능력도 없는 주제에…', '꼴에 사내라고…', '내가 저런 여자를 데리고 사니…' 하면서 경멸하게 된다. 비록 말로 하지 않는다 해도 느낌으로 그것이 전해지기 때문에 아내가 조금만 언성을 높여도 혹시 섹스를 잘못해서 그런 것이 아닌지 주눅이 들고 아내 역시 남편이 다가만 와도 섹스를 하자는 것이 아닌지 기겁을 한다.

이런 부부에게 애정을 기대한다는 것은 어렵다. 오히려 매일 싸우지 않는 것이 이상할 정도다. 증오를 마음에 품고 있는데 어떻게 애정이 생기고 어떻게 가까울 수 있는가. 그렇다고 자신들의 문제를 공개적으로 말할 수도 없다. 우리 사회가 성생활에 대한 부정적인 장치를 너무 많이 만들어놓다 보니 차마 말도 꺼내지 못하고 갈등만 키운다. 비록 싸우지 않는다 해도 서로 냉담하게 남남처럼 지내는 경우도 많다. 그래서 선택하는 것이 바로 외도이다.

"꼭 섹스를 해야만 잘 사는 것은 아니다."

마치 섹스 없이도 부부가 행복하게 살 수 있는 것처럼 말하지만 이 말은 결혼 제도를 유지시키기 위한 거짓에 불과하다. 많은 부부가 밖에서는 다정한 것처럼 행동하지만 집에만 들어가면 각방을 쓰고 애정 표현을 하지 않는 경우도 흔하다. 그러면서 외도로 자신의 성욕을 해결한다.

〈성의식과 성행동 조사〉의 저자인 시카고 대학 사회학자 레만 교수는 외도 경험이 있는 기혼 남녀를 대상으로 심층 면담을 해보았더니 남녀 모두 단지 섹스가 좋아서 외도를 한 것이 아니라고 한다. 그들은 '존중받는다는 느낌', '편안하다는 느낌', '누군가가 나를 배려해준다는 느낌', '내가 중요한 사람이 되었다는 느낌' 등 감성적 보상을 위해 배우자가 아닌 이성과 외도를 했다는 것이다.

이 말은 맞다. 하지만 감성적인 보상 역시 섹스의 목적이라는 사실이다. 원래 섹스란 그런 것이다. 지금까지 교과서에서는 섹스의 목적을 두 가지로 설명해왔다. 하나는 '종족 보존'을 위한 것이고 다른 하나는 '쾌락'을 위한 것으로 말이다. 그렇게 인식하다 보니 쾌락을 추구하는 것은 잘못된 것이고 단지 종족 보존을 위한 섹스만이 올바른 것처럼 말해왔다. 상당히 금욕적인 발상이다. 그러나 섹스의 목적은 그렇지가 않다.

인간은 성적 동물이기 때문에 성적 활동을 하지 않으면 건강한 삶을 살 수 없다. 사람은 엄마 배 속에서도 자위행위를 한다. 그만큼 성적 활동이 중요하다. 섹스는 우리가 생존하기 위한 활동이기 때문이다. 성적 활동은 극히 이기적인 것으로 내 몸이 필요로 하는 호르몬을 만들어내는 것이 목적이다. 우리가 잠을 자는 것도 바로 성적 활동을 하기 위한 것이다. 잠을 잘 때 사람은 꿈을 꾼다. 90분 정도 깊은 수면 nonREM을 취하고 나면 REM이라고 해서 '빠른 눈 운동 rapid eye movement'을 하게 된다. 이때 80퍼센트는 성적인 꿈을 꾼다. 하룻밤에 네 번 정도 이런 경험을 한다. 바로 이런 활동이 있기 때문에 사람은 건강을 유지할 수 있는 것이다.

이런 성적 활동을 해야만 자기 몸이 필요로 하는 호르몬이 만들어지기 때문이다. 그렇다고 수면에만 모든 것을 의존할 수 없기 때문에 섹스가 필요한 것이다. 섹스는 높은 흥분을 필요로 한다. 성적 흥분이 고조되면 자신의 몸이 필요로 하는 호르몬을 만들게 되고 그것이 충족되면 사람은 행복감을 느낀다. 그리고 사람에게는 신체 접촉 욕구라는 것이 있다. 사람들은 섹스를 통해서 신체 접촉 욕구까지 한꺼번에 해결하려고 하지만 사실은 평소 사랑받고 있다는 확신이 들 정도의 달콤한 스킨십을 원한다. 사람은 성적 만족과 사랑받고 있다는 확신이 들면 자신이 소중한 사람이라는 자부심을 가지게 된다. 그렇기 때문에 '호르몬의 충족', '신체 접촉 욕구' 그리고 '자신이 소중한 사람이라는 자부심', 이 세 가지가 충족되어야 성적 만족을 하고 행복해진다. 지금까지 성욕을 만족시키기 위해 배설만을 강조해온 것은 잘못된 것이다. 레만 교수 역시 이런 잘못된 관점에서 보았기 때문에 단지 섹스가 좋아서 외도를 한 것이 아니라는 말을 한 것 같다.

어떻게 보면 외도를 할 때에야 비로소 섹스의 목적을 깨닫게 되는지 모르겠다. 참으로 슬픈 현실이다. 섹스가 원만하지 않은 부부를 보면 단순히 갈등만 심한 것이 아니라 자주 아프다. 단순히 몸만 아픈 것이 아니라 마음도 아프다. 우울증처럼 삶이 허무하게 느껴지기 때문에 괜히 짜증이 나고 화가 치민다. 마음의 여유가 없다 보니 고집스럽고 변덕이 심하다. 그러면서도 자신감이 없고 의욕이 없다. 바로 섹스의 세 가지 욕구가 충족이 되지 않았기 때문에 생기는 현상이다. 이런 상태에서는 대화를 한다 해도 아무런 도움이 안 되는 소모적인 언쟁만 반복될 뿐이다.

연구에 의하면 '둘이 만족한 섹스를 할 경우, 부부의 생산적 에너지의 10퍼센트만 들여도 좋은 관계를 유지할 수 있다. 그래서 나머지 90퍼센트는 다른 일에 쏟아서 전반적으로 성취감과 만족감이 높은 생활을 할 수 있다'고 한다. 그러나 섹스 트러블이 생기면 '심적 에너지의 90퍼센트를 소모하고도 10퍼센트의 만족도 얻지 못하는 악순환이 생긴다.'고 한다. 그래서 일상생활에서 사소하고 하찮은 일까지 섹스와 연관 짓게 되어 소득도 없이 피곤만 누적이 된다. 그러니 부부간의 갈등이 생기는 것은 당연하다. 아무런 이익도 없는 부부 싸움만 잦아질 수밖에 없고 그럴수록 두 사람의 삶의 질은 물론이고 사회적인 성취감도 떨어져서 어려움을 겪는다. 결국 이혼으로 갈 수밖에 없는 것이다.

이런 문제를 해결하는 것은 의외로 쉽다. 섹스 치료 분야의 전문가 도미나 랜쇼Domeena Renshaw, MD는 "성인들을 대상으로 성교육을 새롭게 시키는 것이 곧 성 치료의 대부분이라고 해도 과언이 아니다."라고 말할 정도다. 우리 사회에 만연해 있는 성에 대한 잘못된 인식만 바꾸어도 부부간의 성 문제는 거의 대부분 해결된다고 보아도 된다. 혹시 자신의 이혼이 이런 성적인 친밀감이 없어서 헤어지게 되었다면 섹스에 대해 외면만 할 것이 아니라 적극적으로 섹스에 대한 공부를 할 필요가 있다. 그래야만 새로 시작하게 될 부부 관계를 친밀감 있게 만들어갈 수 있기 때문이다.

섹스 트러블만큼
자존감을 낮추는 것은 없다

섹스 트러블의 원인과 영향

　부부간에 섹스 트러블만큼 자존감을 낮추는 것은 없다. 특히 섹스 문제로 이혼을 했다면 더욱 그렇다. 자존감이란 개인의 특성과 능력에 대해 지니고 있는 생각, 판단, 감정 및 기대를 포함하는 개념으로 인간 내면의 핵심 요소이다. 다시 말해서 우리가 우리 자신을 어떻게 바라보고 어떻게 느끼는가 하는 자신에 대한 가치 평가이다. 이 자존감은 두 가지 요소가 있는데 하나는 여러 가지 일을 해낼 수 있다는 '자기 능력감'이고, 또 하나는 자신이 행복해질 가치가 있다는 '자기 가치감'이다. 따라서 이 자존감은 우리 삶의 질을 향상시키고 행복감을 느끼는 일과 직결되어 있다고 볼 수 있다.

부부간의 섹스 트러블이 생겼다고 하면 바로 자신의 능력감과 가치감이라는 것이 동시에 문제를 일으키고 있다고 보면 된다. 섹스 트러블이 생기면 남편은 자신의 능력에 문제가 있다고 생각을 하고 아내도 마찬가지로 자신의 몸에 무슨 문제가 있는 것이 아닌지 의문을 가지게 된다. 처음에는 시간이 해결해줄 것이라고 기대하지만 섹스 트러블은 시간이 지난다고 해서 해결되는 것은 아무것도 없다. 오히려 관계만 더 나빠질 뿐이다.

섹스 트러블이 문제가 되는 것은 성적 능력도 있지만 결혼 생활이 전혀 행복하지 않다는 데 있다. 사람은 타인과의 관계를 통해서 자신이 사랑받을 가치가 있는 존재임을 확인하려고 한다. 이것이 자존감 형성에 근간이 되기 때문이다. 그런데 섹스 트러블이 생기면 그 근간이 무너져버린다. 사람은 자신이 사랑받을 가치 없는 사람이라고 느끼면 자신을 보호하기 위해서라도 배우자의 잘못 때문이라고 생각해야만 상처를 덜 받고 숨을 쉴 수 있다. 그래서 배우자를 비난하면서 부부 싸움이 잦아진다.

처음에는 성 문제를 대화로 해결하려고 하지만 그것이 성공하는 경우는 극히 드물다. 두 사람 모두 성 지식이 없기 때문에 자기 편한 대로 주장하게 되고 설령 그대로 한다 해도 좋은 결과가 나오지도 않는다. 시간이 지나면 자신들이 알고 있는 성 지식에 대한 불신도 생기지만 상대방의 주장이 틀렸다는 것을 알게 된다.

섹스 트러블 극복의 걸림돌들과 그 해결 방법

섹스에 대해서는 어렸을 때부터 부정적인 교육을 받아왔기 때문에 섹스만큼 방어 논리가 많은 것도 없다. 섹스를 더럽고 추한 것으로 비판하면서 그 논리를 고집스럽게 지키다 보니 전혀 융통성을 보이지 않아서 부부간에 대화가 되지 않는다. 예를 들어 남편에게 성적 능력이 없다고 비난하면 '너는 섹스밖에 모르냐?'고 말하기 때문에 오히려 그렇게 말한 자신이 부끄러워진다. 또 아내가 섹스를 거부한다고 비난하면 '아무리 남자지만 너무 짐승처럼 섹스만 밝힌다.'고 말하기 때문에 남편 역시 자신의 요구가 잘못된 것처럼 느껴진다. 섹스를 애정 표현이 아니라 '하지 말아야 할 것'으로 인식하고 있기 때문이다.

또 성적인 문제를 터놓고 말할 수 없기 때문에 에둘러서 말하게 되는데, 그것이 서로 대화가 되지 않는 이유이다. 그래서 '저 사람하고는 대화가 되지 않는다.'고 하면서 성적 불만을 차마 말로 표현하지 못하고 엉뚱한 곳에서 불만을 드러낸다. 그러다 보니 스스로 고립이 되고 침울해질 수밖에 없다.

주변 사람들에게 자신의 부부 문제를 의논하려고 해도 극도로 민감한 부분이다 보니 상처받을 만한 말은 피하면서 성적인 문제를 말하게 된다. 주변 사람들도 음담패설이나 농담으로 적당히 얼버무리려고 하니 결국 아무런 도움도 되지 못한다. 오히려 제대로 된 성 지식보다는 마치 영웅담처럼 자기 자랑을 늘어놓는 경우도 있어서 괜히 주눅만 들기도 한다. 사람에 따라서는 섹스 이야기만 나오면 웃어 넘기려고 하거나 '아직도 너는 섹스밖에 모르냐?'는 식으로 불필요하게 화를 내기도 한다. 원래 사람은 자신이 두려워하는 것에 대해 말을 하면 가벼운 농담이나 비난으로 자신의 두려움을 상쇄시키려고 한다. 그만큼 섹스가 두려운 것이다. 어쨌든 성적인 문제는 의논하는 것 자체가 자존심이 상하는 일이기 때문에 주변의 도움도 받지 못한다.

그러면서도 혹시 배우자가 외도를 하지 않을까 의심하게 되고 쓸데없이 불안해한다. 그렇다고 그것을 겉으로 드러낼 수도 없다. 배우자가 무심코 한 말도 성적인 문제와 연결시켜 생각하다 보니 자신도 모르게 자존심이 상하고 한없이 위축된다. 그래서 상대방의 약점을 찾아서 자존심을 만회하려고 한다. 섹스 트러블이 있는 부부일수록 상대방의 장점보다는 단점을 보게 되고 그것을 지적하고 공격하기 때문에 부부간의 트러블은 점점 더 커질 수밖에 없다. 그래서 '성격 차이'가 사실은 '성적 차이'라는 말도 생겼는지 모른다. 사람들은 아무런 대안도 없이 시간만 보내지만 시간이 지날수록 자존감만 더욱 낮아질 뿐이다.

이런 사람일수록 밖에서는 성적 열등감을 감추기 위해 허풍이나 과장으로 자기 능력이나 가치를 인정받으려고 애쓴다. 밖에서는 대범하고 융통성이 많은 사람이지만 집에서는 소심하고 인색한 사람으로 행동한다. 또 밖에서는 법 없이도 살 사람처럼 얌전하고 헌신적인 사람이 가정에만 돌아오면 폭력적으로 바뀌기도 한다. 남의 일에는 헌신적으로 나서면서도 자신이나 가족을 돌보지 않는다. 그래서 배우자나 자녀는 오히려 버림을 받았다고 상처받고 싸우게 되는 것이다.

특히 남자들은 일 때문이라고 핑계를 대면서 친구들과 술자리를 하면서 집에 늦게 들어가려는 것도 사실은 섹스 트러블과 연관이 있다. 섹스 문제를 해결할 능력도 없고 그 문제와 직면할 용기도 없는 것이다. 그래서 가정을 소홀히 하고 술 마시고 들어와서 자신의 열등감을 폭언이나 폭력으로 해소하려고 한다. 결국 진정으로 사랑해야 할 소중한 사람을 무시하고 구박함으로써 오히려 가정으로부터 소외를 당하는 일까지 생긴다.

많은 부부가 섹스 트러블을 안고 있지만 그것을 해결하는 방법은 의외로 매우 쉽고 간단하다. 섹스에 대해 어려서부터 가지고 있던 고정 관념을 버리고 생식기 중심의 섹스에서 '스킨십 위주의 섹스'로 옮겨가면 서로에게 얼마든지 기쁨과 즐거움을 줄 수 있다. 스킨십은 서로에게 부담을 주지 않으면서도 친밀감을 표현할 수 있다. 그런 친밀감은 오히려 성적 능력에 대한 두려움도 사라지게 만든다. 제대로 된 섹스에 대한 이해와 지식만 있으면 오히려 섹스를 통해서 자존감을 높일 수 있다는 말이다. 중요한 것은 부부가 함께해야 한다는 것이다. 지금 이혼 상태라면 이 방법에 대한 이해와 지식만 먼저 습득하라. 그런 다음 실천은 나중에 하라.

섹스를 완성시키는 것은
사랑이다

사람은 성적으로 미완성된 존재

남자들 중에는 '아내가 섹스를 너무 좋아하지 않는다. 사람에게는 성욕이라는 것이 있는데 어떻게 참고 살라는 말이냐?'고 말하면서 자신의 외도를 정당화하는 경우가 있다. 또 '아내가 전혀 반응을 하지 않아서 재미없다.'고 말하기도 한다. 그리고 이제는 '나이가 들어서 발기도 잘되지 않는다.'고 한숨짓기도 한다. 물론 여자들 중에도 '남편이 조루라서 섹스를 할 기분이 들지 않는다. 문간만 어지럽혀서 오히려 섹스를 하고 나면 짜증이 난다', '이제는 아예 내 옆에는 오려고도 하지 않는다.', '지금까지 살면서 제대로 느껴본 적이 없다. 그래서 나는 섹스 없이도 살 수 있다.'고 말하기도 한다.

이런 말을 들으면 섹스는 부부간에 욕구 차이가 생기면 해결할 수 없는 것처럼 보인다. 그래서 사람들은 '속궁합'을 말한다. '속궁합'이 잘 맞아야만 섹스도 잘할 수 있다고 말이다. 하지만 사람은 분명 성적 동물이지만 성적으로 완성된 존재가 아니다. 부부란 성적으로 미완성된 사람들끼리 만나서 함께 성적으로 완성시켜가는 사이이다. 그것이 사랑인 것이다. 하지만 아직까지 이런 생각을 가지고 결혼 생활을 하는 부부는 거의 없다. 그저 부부니까 섹스를 하고 때가 되면 애정도 식는다고 말한다.

우리 사회는 섹스라고 하면 '삽입 섹스'로만 한정해서 생각하는 경향이 있다. 그것이 진정한 섹스라고 말이다. 그러다 보니 사랑과 섹스는 다른 것으로 인식한다. 서로의 몸을 어루만지면서 애정 표현을 하거나 포옹을 하고 키스를 하는 것은 사랑이고 삽입 섹스만 섹스라고 보는 것이다. 그렇다고 스킨십이 가지는 여러 가지 효능에 대해서 알고 있는 것도 아니다. 그저 옷을 입고 있는 상태에서 가벼운 애정 표현으로 몸을 만지고 포옹하고 키스를 하는 것으로 끝이 난다. 알몸이 되어 서로의 몸을 사랑하는 것은 오히려 어색해한다.

성적 완성을 위한 서로 간의 노력이 사랑의 과정

중요한 것은, 사람은 모두 성적으로 미완성된 존재라는 사실이다. 그렇기 때문에 부부라면 당연히 성적으로 완성시켜가는 일을 해야 한다. 그런데 어떻게 해야만 성적으로 완성시킬 수 있는지 그 방법에 대해 아는 사람은 거의 없다. 그저 각자 알아서 자신의 능력을 완성시키고 서로에게 확인받는 것이 섹스라는 착각이 들 정도다. 나름대로 노력을 했는데 상대방에게 좋은 점수를 받지 못하면 절망하게 된다. 부부가 사랑을 하는 것이 아니라 서로가 서로를 평가하는 일만 하고 있다. 어떻게 그것을 사랑이라고 할 수 있단 말인가. 그래서 성적 갈등의 원인을 보면 대부분 함께 성적으로 완성시켜가야 할 일을 하지 않았기 때문에 생기는 것들이다.

예를 들어 아내가 섹스를 하지 않으려는 것도, 성적 반응을 보이지 않는 것도 모두 성적 감각이 깨어나지 않아서 쾌감을 제대로 느끼지 못하고 있기 때문이다. 그렇다면 성적 친밀감을 가질 수 있도록 마사지를 하거나 성적 감각을 깨워주면 문제는 쉽게 해결이 된다. 물론 삽입 섹스를 할 때 여자들이 좀 더 강한 자극을 원하는 경우도 있다. 이 역시 성적 감각이 깨어나지 못해서 자극이 멀게 느껴지는 것뿐이다. 감각만 깨워주면 쉽게 오르가슴도 느끼고 만족도도 높아진다. 이 모든 역할을 하는 것이 바로 스킨십이다.

또 남편이 성적으로 너무 무능력해서 성생활이 재미없다고 말하는 여자들도 있다. 남편의 발기력이나 사정을 조절하는 훈련은 아내가 얼마든지 시켜줄 수 있다. 남편이 빠른 사정을 하면 그것은 사정을 조절하는 능력이 아직 완성되지 않았기 때문이다. 그렇다면 아내가 남편의 페니스를 자극하고 사정할 것 같으면 멈추기를 반복하면서 사정을 조절하는 훈련을 시켜주면 된다. 발기력이 떨어질 때도 여자가 스킨십을 통해서 발기할 수 있도록 도와주면 된다. 그것도 발기가 제대로 되어서 성적 쾌감이 고조될 때까지 스킨십을 해주면 언제라도 발기가 가능하다. 그런데 남편이 무능하다고 비난만 했지 그것을 해결해주는 여자는 없다.

어떻게 보면 사람들은 사랑의 단맛만 빼앗아 먹으려는 욕심만 있지 사랑을 완성시켜가야 한다는 생각은 전혀 하지 않는 것 같다. 그러면서 사랑이 변하면 안 된다고 말한다. 사랑이 이미 완성된 줄 알고 있는 것이다. 미완성된 것을 완성된 것이라 착각을 하면 사랑이 식는 것은 당연하다. 섹스도 이미 완성된 사람만이 완벽한 섹스를 할 수 있다고 생각한다. 하지만 성적으로 완벽한 사람은 없다. 그래서 함께 완벽하게 만들어가는 것이 사랑이다. 그런 사랑을 할 생각은 하지 않고 서로의 성적 능력이 미완성되었다고 비난하고 있는 것이다.

만약 남녀 모두 성적으로 미완성된 존재이기 때문에 그것을 함께 완성시켜가야 한다고 인정하고 그 방법을 배운다면 섹스 트러블은 생길 이유가 없다. 오히려 서로의 몸을 애무하고 감각을 깨워주면 사랑도 깊어진다. 섹스를 완성시키는 일을 함께하는 것 자체가 바로 사랑이다.

사람들은 섹스에 대해 부정적인 생각을 너무 많이 가지고 있다. 그래서 성적 행위에 대해 거부감을 가지고 있다. 성적 행동 자체를 부끄럽게 생각하다 보니 성적으로 미완성된 부분을 함께 완성시켜간다는 생각을 하지 못한다. 섹스에 대한 부정적인 생각이 사랑조차도 포기하게 만드는 것이다.

정신과 전문의 조지 베일런트George E. Vaillant는 "삶에서 가장 중요한 것은 인간관계이며 행복은 결국 사랑이다."라고 말한다. 그러면서 친밀한 관계를 만들 줄 모른다면 행복할 수 없다고 말한다. 친밀한 관계란 바로 섹스를 완성시켜가는 스킨십에서 시작한다고 볼 수 있다. 서로의 몸을 만지고 핥고 빨면서 감각을 깨워주고 성적 능력을 높여주면 서로에 대해 감사한 마음이 생길 수밖에 없다. 그런 사람이 얼마나 사랑스럽겠는가. 섹스는 삽입이 아니라 서로의 능력을 개발해주는 사랑이 더 중요하다. 그렇게 서로의 몸을 만지다 보면 자연스럽게 삽입 섹스도 할 수 있다. 하지만 꼭 하지 않아도 문제가 되지 않는다.

이혼한 지금 부부 관계에 대해 생각해보라. 서로 성적으로 미완성된 존재라는 것을 인정하고 함께 성적으로 완성시켜가는 일을 한 적이 있는가. 아마 없었을 것이다. 그렇다면 앞으로 새롭게 사랑을 할 때도 여전히 상대방의 능력을 평가만 할 것인가. 그리고 상대방 탓만 하면서 원망하고 살 것인가. 그렇지 않다면 이제부터라도 섹스에 대해 관심을 가져라. 섹스를 완성시키는 것이 사랑이라는 사실을 명심하라.

이혼 후
개인적인 성적 변화

사람이 깊은 슬픔에 빠져 있을 때 제일 먼저 찾아오는 성적인 문제는 성에 대한 관심을 잃어버리는 것이다. 아무리 좋게 끝냈다 해도 이혼은 엄청난 스트레스다. 그런 과정을 겪으면서 성적 관심을 가진다는 것이 오히려 이상하다고 할 수 있다. 그래서 이혼을 하게 되면 한동안 성적 관심을 상실하는 경우가 생긴다. 이것을 '관심 상실'이라고 한다.

이혼 후에 나타나는 개인적인 성적 문제로 세 가지 단계가 전형적으로 나타난다. '관심 상실', '성욕 과잉', '정상 복귀'가 그것이다. 각 단계는 이혼 후 적응 과정에 크게 영향을 미친다. 이혼했다고 모든 사람이 이 세 가지 과정을 반드시 거치는 것은 아니다. 개인에 따라 '관심 상실' 단계를 겪지 않거나 '성욕 과잉' 단계를 거치지 않을 수도 있다.

일반적으로 '관심 상실'의 단계에 들어서면 여자는 섹스에 전혀 관심이 없어지는 경향이 있고 남자들은 불능이 되는 경우가 있다. 가뜩이나 마음이 아픈데 성 불능까지 경험한다면 고통은 더욱 가중된다. 남자에게는 청천벽력 같은 고통이 아닐 수 없다.

특히 지금까지 믿었던 배우자의 외도로 인해 이혼하게 되었다면 머릿속이 상당히 복잡하다. '외도 상대가 나보다 성적으로 더 뛰어났기 때문일 거야.'라고 생각하는 순간 패배감에 빠져든다. 패배감은 발기력에도 영향을 준다. 여자에 비해 남자들이 더 심한 갈등을 경험하는 이유도 바로 이 때문이다. 발기력은 남자의 자존심과도 같다. 그런데 그것이 제대로 되지 않으니 살고 싶은 마음이 들겠는가. 대체로 이 시기에는 건강한 남자들에게서 흔히 나타나는 '아침 발기'도 잘되지 않는다. 마치 성욕이 완전히 사라져버린 것 같은 느낌이 들 정도다.

성에 대한 무력감은 자신이 늙은 것 같고 삶이 무료해지는 것 같은 허무함을 느끼게 한다. 미래에 대한 꿈도 희망도 모두 잃어버린 것 같아서 정말 죽고 싶을 정도로 고통스럽다. 사람이 꿈을 잃으면 몸과 마음이 늙게 되고 희망이 없기 때문에 절망 속에서 벗어날 용기까지 잃는다. 이것은 남자만의 문제가 아니라 여자에게도 마찬가지다.

한동안 의기소침해져서 아무것도 할 수 없고 또 하고 싶은 마음도 생기지 않는다. 그러나 성이란 것이 묘해서 성적 욕구를 느끼지 않는다고 해서 성욕 자체가 사라진 것은 아니다. 성이란 것은 여러 가지 면에서 우리 인체에 영향을 미친다. 특히 성격에 많은 영향을 미친다. 외형적으로는 성적 관심이 상실된 상태이지만 내면에서는 성적 활동을 하고 있기 때문에 그것이 정상적으로 처리되지 못하면 사람이 괴팍해지고 신경질적으로 바뀐다. 언뜻 상실의 아픔으로 몸이 허약해지고 신경이 예민해져서 쉽게 짜증을 내는 것처럼 보이지만 사실은 그렇지 않다. 성적 욕구가 제대로 해결되지 않았기 때문에 나타나는 현상이다.

그렇기 때문에 자위행위나 마사지와 같은 방법으로 성적 관리를 해주면 크게 도움이 된다. 바로 '관심 상실' 단계는 '나 자신을 돌봐달라'고 몸이 신호를 보내고 있다고 인식할 필요가 있다. 성적 관리도 하지 않고 무조건 방치하면 그것이 나중에는 기능적인 문제로까지 발전할 수도 있다는 것을 알아야 한다.

여자의 경우 '관심 상실' 단계를 잘못 관리하면 나중에는 남자 자체에 관심을 잃어버리게 된다. 결혼 생활 하는 내내 섹스가 불만족스러웠기 때문에 남자가 필요하다고 느껴지지 않을 수 있다. 더군다나 경제적으로 독립해서 너무 오랜 세월 동안 혼자 보낸 사람은 혼자 살기에 익숙해져 자기도 모르게 사랑을 밀어내게 된다. 꼭 성적인 문제가 아니라 해도 누군가를 필요로 하거나 남에게 의지하는 것을 스스로 허락하지 않음으로써 사랑과 지지를 받아들이는 문을 닫아버린다.

남자가 이성을 밀어내는 이유는 대체로 성적 자신감의 상실에서 오지만 여자가 이성을 밀어내는 이유는 섹스 자체가 즐겁지 않기 때문인 경우가 대부분이다. 섹스를 해봤자 별로 재미없고 지루하게만 느낀다면 섹스가 마치 남자를 위해 희생하는 행동으로 인식될 수밖에 없다. 그렇다면 굳이 남자와 섹스를 할 이유가 없다. 골치 아프게 남자를 찾아 헤맬 필요가 없다는 결론에 도달하는 것이다.

마음의 상처를 어느 정도 극복하면 서서히 잠재된 성욕이 고개를 든다. 마음이 편해지면서 갑작스럽게 섹스를 하고 싶은 욕구가 강해진다. 이것을 '성욕 과잉' 단계라고 한다. 누군가의 품이 그립고 혼자라는 것이 끔찍하게 싫어진다. 그래서 데이트를 활발히 하면서 신체 접촉을 시도한다. 그것이 제대로 이루어지지 않으면 심한 외로움에 빠진다.

'성욕 과잉'의 단계에서는 자신이 인간적으로나 성적으로 괜찮은 사람임을 증명하고 싶은 욕구가 강하다. 단순히 성욕을 해결하려는 것이 아니라 자신의 성적 능력을 확인하고, 자신이 다시 사랑받을 만하다고 느끼고, 자신감을 회복하려고 한다. 전 배우자에 대한 미움도 섹스를 통해서 해결하려고 한다. 그래서 용기를 내어 하룻밤 정사 등 즉흥적으로 성적 모험을 감행하기도 한다.

이때 섹스보다도 신체 접촉을 더 원할 수도 있다. 사람에게는 신체 접촉 욕구라는 것이 있는데 섹스를 통해서 이를 해결해왔다. 신체 접촉과 성적 접촉은 분명히 다르다. 그런데도 성적이지 않은 신체 접촉을 해도 성욕의 상당 부분이 해소된다. 어떻게 보면 외로움을 섹스로 해소하려고 하다 보니 '성욕 과잉'으로 나타나는 모양이다. 그렇기 때문에 직접적인 성적 접촉 이외에 포옹할 기회만 충분히 가질 수 있어도 '성욕 과잉'의 압박감에서 벗어날 수 있다.

어느 정도 시간이 지나면 '정상 복귀'를 한다. 많은 사람은 자신이 정상적인지 비정상적인지에 대해 궁금해한다. 그러나 여기서 정상적이라는 것은 예전 수준으로 돌아왔다는 것을 의미한다. 사실 '관심 상실'의 단계나 '성욕 과잉'의 단계를 비정상적이라고 말할 수는 없다. 하나의 과정으로 이해하면 된다.

애정도 없이 단지 욕구를 해결하기 위해 섹스를 해왔다면 뭔가 허전함을 느끼면서 혹시 자신에게 문제가 있는 것은 아닌지 회의가 들기도 한다. 그러면서 누군가 한 사람하고만 섹스를 하고 싶다는 충동을 느낀다. 너무 외롭다고 느꼈던 성욕 과잉 단계를 넘어서 이제는 누군가 자신에게 맞는 한 사람과 사랑하는 관계를 맺기를 희망한다. 이런 생각을 가진다면 '정상 복귀'의 단계에 들어선 것이다.

성에 대한 올바른 관점과 지식을 갖추라

중요한 것은 정상적인 성욕으로 돌아왔다고 해서 방심해서는 안 된다는 사실이다. 우리는 성에 대해 상당히 무지한 상태에서 결혼을 했고 잘못된 믿음 속에서 성생활을 해왔다. 그 속에서 자신만의 방식을 터득하고 그것이 정상이라고 고집했다. 그러면서도 막연하게 뭔가 부족한 것 같고 만족스럽지 못한 것에 대해 상대방 탓을 하면서 성적 능력은 사람마다 다르다고 인식했을지도 모른다. 어쩌면 지금까지 섹스를 해야만 한다는 생각을 하면서도 본능에만 의존해왔을 것이다. 그렇다면 진정한 성적 만족이 무엇인지 모르고 있을 확률이 높다.

성욕 과잉 단계에서 여러 이성과 성관계를 가져보니 별 능력이 있는 사람이 없다고 단정하거나 아니면 사람마다 다르기 때문에 자신과 맞는 상대와 성관계를 가져야겠다고 판단했을 수도 있다. 어떻게 보면 섹스에서도 관계의 중심을 상대방에게 둔 것이다. 그 이유는 자신이 성적 기쁨과 즐거움을 얻는 방법에 대해 잘 모르다 보니 상대방이 알아서 자신을 만족시켜주기를 바라기 때문에 그렇다.

섹스를 설명할 때 상당히 어렵게 생각하는 부분이 성적 불만은 배우자를 잘못 선택했기 때문에 생긴 것이라는 인식이다. 이런 식으로 섹스를 이해한다면 자신도 모르게 성적인 문제만을 놓고 새로운 배우자를 선택하는 잘못을 저지르고 만다. 그렇지 않으면 자신도 모르게 성적인 문제를 기피하면서 오히려 '관심 상실'의 단계로 돌아간다.

이혼의 과정을 겪으면서 성 지식을 새롭게 이해하고 자기 나름의 성적 가치관을 정립해야만 성적으로 자유로워질 수 있다. 섹스가 의무가 아니라 사랑하고 싶어서 하는 행위로 바뀌기 위해서는 올바른 성 지식을 가져야 한다. 결국 그것이 자신의 성적 능력을 높이고 사랑하는 능력을 향상시킨다. 이런 과정이 미래의 애정 관리에 어떤 영향을 미칠지 생각해보라. 어떻게 보면 그것이 바로 새로운 결혼 생활을 지탱해주는 힘이 되기도 한다. 자신이 원하는 사람과 성관계를 가지면서 성적인 만족을 주고받을 수 있을 때만 자신의 파트너가 아닌 사람과 섹스를 하려는 유혹도 크게 줄어든다. 그렇기 때문에 정상적인 성욕에 돌아왔을 때 오히려 성적 관심을 가지고 성에 대한 지식을 쌓을 필요가 있는 것이다.

성적 관리가 필요한
이유와 그 방법

　이혼 과정에서 성에 관한 관심을 잃어버리는 것은 어쩌면 당연한 것인지 모른다. 이를 '관심 상실' 이라고 한다. 나중에 모든 것이 정상으로 돌아오겠지만 이 시기를 잘못 관리하면 성에 대한 관심을 영원히 상실할 수도 있다. 그래서 남자나 여자 모두 자위행위나 마사지와 같은 방법으로 성적 관리를 해주는 것이 좋다.

　자위행위를 한다고 하면 남자는 사정을, 여자는 오르가슴을 목표로 해왔다. 하지만 이제는 그 방법을 바꾸어야 한다. 남자는 자위행위를 하더라도 사정을 하지 않으면서 즐길 줄 알아야 하고 여자는 오르가슴 직전 상태에서 쾌감을 즐기는 훈련을 해야 한다. 그것만 해도 '정상 복귀'를 했을 때 예전보다 훨씬 질 좋은 성관계를 가질 수 있다.

여자가 오르가슴 직전 상태에서 쾌감을 즐기려면 성적 쾌감이 오르가슴을 향해 상승할 때 질을 조여서 오르가슴에 쉽게 도달하는 것을 막을 줄 알아야 한다. 그렇기 때문에 흔히 '케겔 운동'이라고 하는 성 근육을 강화시키는 운동을 해야 한다. 물론 잠시 자위행위를 멈추는 것도 하나의 방법이 될 수도 있다. 그러나 잘못하면 느낌이 사라질 수 있기 때문에 조금 힘들겠지만 질을 조여서 쾌감이 급상승하는 것을 막는 훈련이 필요하다. 그렇게 반복하다 보면 오르가슴을 느끼지 않으면서도 계속 쾌감이 커져가는 것을 경험할 것이다. 어느 순간 도저히 감당할 수 없으면 어쩔 수 없이 오르가슴을 느낀다. 급격히 올라갔다 떨어지는 오르가슴이 아니라 온몸으로 퍼져 나가는 달콤하면서도 나른한 오르가슴을 경험하게 될 것이다. 어쩌면 처음으로 자위행위를 통해서 '더 이상 바랄 것이 없다는 쾌감'을 경험할지도 모른다.

문제는 남자들이 성 불능 상태가 된다는 것이다. 이때는 자위행위를 하려고 해도 잘되지 않는다. 아침 발기도 되지 않기 때문에 자신감이 급격히 떨어져서 더 이상 섹스를 하겠다는 의욕이 사라진다. 그렇게 되면 '정상 복귀'를 기대하기 힘들다. 왜냐하면 남자의 성性은 3개월 이상 성적 활동을 전혀 하지 않으면 페니스 해면체에 섬유화纖維化 현상이 일어나 흥분해도 혈액 공급이 원활하지 못해 발기가 잘되지 않고 발기가 된다 해도 강직도가 떨어진다. 그렇기 때문에 성적 관리가 필요하다.

사람이 스트레스를 받으면 정신만 긴장하는 것이 아니라 몸도 긴장한다. 이때 음낭도 실제로 쪼그라든다. 물론 남자들이 나이가 들면서 음낭이 쪼그라들거나 축 늘어지는 경우가 있다. 쪼그라들면 예전과 다르게 조루 현상이 나타나고 축 늘어지면 발기가 잘되지 않는다. 이런 경우도 음낭의 정관을 마사지해주면 늘어난 음낭이 정상으로 돌아오고 쪼그라든 음낭 역시 정상으로 돌아온다.

정관이란 '수정관'의 준말로 양쪽 부고환으로부터 사정관까지 연결되어 정자가 이를 통해 이동한다. 음낭을 만져보면 타원형의 고환을 뺀 자루에서 양쪽에 한 개씩 선이 만져질 것이다. 이것이 바로 정관이다. 음낭 뿌리에서부터 정관을 따라서 마사지를 한다. 당기듯이 하면서 마치 음낭을 늘이는 느낌이 들게 마사지를 한다. 처음 시작할 때는 무리하지 말고 한쪽을 36회씩 해주고 서서히 횟수를 늘려서 나중에는 한쪽을 100회씩 해준다. 이렇게 매일 훈련을 하면 흔히 '고환이 퍼졌다'고 말하는 고환 주변에 기름기가 찬 것처럼 만져지던 것도 사라지고 고환 자체가 탱글탱글하게 느껴질 것이다.

마사지가 모두 끝나고 나면 다음에는 한쪽 고환을 한 손으로 잡아서 다른 손의 바닥으로 마사지해줘라. 한쪽이 끝나고 나면 다른 쪽 고환을 같은 방법으로 마사지한다. 그런 다음 고환을 한 손으로 감싸 쥐고 다른 손의 검지 중지를 포개어 약하게 혹은 강하게 톡톡 두드려 준다. 이렇게 하면 고환이 자극을 받아서 정자의 활동이 활발해지는 효과가 있다. 이때도 처음에는 한쪽을 36회씩 해주고 서서히 횟수를 늘려서 나중에는 한쪽을 100회씩 해준다.

이것이 어느 정도 익숙해지면 그다음에는 고환과 성기의 뿌리 부분 전체를 엄지와 검지로 감싸 쥐고 힘줄을 늘이듯이 잡아당기면서 좌우로 36회씩 돌려준다. 처음에는 이렇게 하면 아플 수가 있으므로 정관 마사지를 7주 이상 충분히 한 다음에 시도하는 것이 좋다. 이렇게 훈련을 하면 발기했을 때 강직도가 높아진다. 이때 중요한 것은 발기가 되지 않은 상태에서 해야 한다는 것이다.

이것이 남자들을 위한 성적 관리 방법이다. 이왕 성적 관리를 시작했다면 몇 가지 방법을 더해서 스태미나가 왕성한 남자로 바꾸어보는 것도 좋다. 전립선 부위와 장강혈을 자주 마사지하라. 이때도 처음에는 36회 마사지를 해주고 서서히 횟수를 늘려서 나중에는 한 번 할 때마다 100회씩 해주는 것이 좋다.

그리고 PC 근육을 강하게 훈련시켜라. 소변을 볼 때 오줌 줄기를 끊을 수 있게 하는 근육이 바로 PC 근육이다. 이것을 조였다 풀기를 반복함으로써 그 근육을 강하게 만드는 것이다. 호흡에 따라서 천천히 부드럽게 조였다 풀기를 해야 한다. 처음부터 너무 강하게 조이려고 하는 것보다 자연스럽게 해서 조일 때 확실하게 조여지게 하고 풀 때 확실하게 풀어지게 하는 것이 더 좋다. 처음 시작할 때는 하루 100회 정도 해주는 것이 좋다.

이런 성적 관리를 하면 '관심 부족'의 단계가 빨리 끝나게 되고 잘못 관리를 해서 생길 수 있는 성적 자신감 상실을 막을 수 있다. 남자에게는 성적 능력이 자존심과 같다. 그렇기 때문에 성적 자신감을 가진다면 이혼으로 인한 마음의 상처도 빨리 극복할 수 있다.

돌아온 싱글의
성생활

우리 사회는 아직까지 성관계란 배우자와 맺는 것이라고 강조하고 있다. 하지만 이혼한 지금, 몹시 당혹스럽고 혼란스럽다. 결혼 생활 동안에는 자신의 성욕을 인정하고 그 성욕을 해결하는 걸 당연한 권리로 생각해왔다. 이전 배우자는 섹스 파트너이기도 했다. 그 파트너와 헤어진 지금도 성욕은 계속되고 있다. 어떻게 성욕을 해결할 수 있을까.

아마 이혼 전에는 이혼한 사람들이 문란하게 성관계를 가질 것이라고 생각했을지도 모른다. 하지만 막상 이혼하고 나니 오히려 성관계를 갖는 게 조심스럽고 머뭇거리게 된다. 그래서 결혼 생활이 주는 안정감을 다시 누리고 싶어진다. 이혼하고 난 뒤 어느 시점에서 심하게 외롭다고 느끼면서 성욕이 강해지면 더욱 혼란스러워진다.

지금쯤 자신의 성욕을 인정하면서도 과연 혼자된 상태에서 섹스를 해야 하나, 말아야 하나 갈등을 겪고 있을지 모른다. 실제로 성관계를 가질 기회가 주어지면 '다시 결혼하기 전까지는 절대로 섹스하지 말아야지.' 하는 생각과, 또 한편으로는 그 유혹을 떨쳐버리지 못해서 많은 갈등을 겪는다.

당신은 어느 쪽인가? '결혼 전 성관계는 안 된다' 인가, 아니면 '좋으면 하는 것이지. 안 될게 뭐 있어' 인가? 결혼 전까지는 절대로 섹스를 하지 않겠다고 주장하든 아니면 자신이 원하면 섹스를 할 수 있다고 생각하든 모두 존중되어야 한다. 서로의 신념이 다르다고 비난하는 것은 옳지 않다. 섹스에 대한 태도와 신념이 어떻든 이제는 조금 다른 관점에서 섹스를 바라보는 눈을 가져야 한다. 그리고 어느 쪽을 선택하든, 어떤 기준에 의해 행동하느냐에 따라서 미래는 분명히 달라질 것이다.

이혼 후 섹스와 이성교제

이혼한 사람들 대부분은 데이트하는 것조차 조심스럽다. 시작 자체를 망설이고 친밀해지는 것을 거부한다. 여자들은 남자와 데이트를 시작하면 곧바로 성적인 관계로 옮겨갈 것을 염려한다. 그래서 더욱 남자 자체를 만나려고 하지 않는다. 그렇다고 성욕을 느끼지 않는 것도 아니다. 성욕을 인정하고 있기 때문에 오히려 데이트 자체를 불편하게 생각하는 것이다. 데이트는 섹스를 전제로 이루어지는 것이라고 생각하기 때문이다. 그렇다고 이혼한 지금 성관계를 자유롭게 하라고 말하려는 것은 아니다. 그보다는 인간관계를 너무 성적인 것과 연관시켜서 생각하지 말라는 것이다.

'혼외 성관계는 안 된다.'라고 결심했다면 원하지 않는 섹스를 당당히 거절할 줄 알아야 한다. 그것도 상대방이 기분 나쁘지 않게 거절하는 방법을 배워야 한다. 그래야만 두려움 없이 많은 사람과 데이트를 할 수 있다. 어쩌면 많은 사람과 데이트를 한다는 말에 조금 놀랄 수도 있다. 데이트는 한 사람과 해야지 어떻게 많은 사람과 데이트를 할 수 있느냐고 말이다. 그러나 이 말은 많은 사람과 가벼운 데이트를 하라는 것이지 깊은 관계를 가지라는 것이 아니다.

성을 억압하는 것과 남녀가 교제를 하는 것은 다른 것이다. 성을 억압한다고 이성과의 교제 자체를 차단하는 것이 오히려 이상하지 않은가? 많은 사람을 만나봐야만 어떤 사람이 자신에게 어울리는지 알 수 있다. 그래야만 실패하지 않을 배우자를 선택할 수 있다. 자신의 배우자 선택권을 포기하지 말라는 말이다.

의외로 많은 사람이 외모나 느낌만으로 한 사람을 선택하고 그 사람과 평생 함께할 것을 꿈꾼다. 경우에 따라서는 그것이 사랑이라고 착각하고 성급하게 성관계를 가진다. 그래서 오히려 성적으로 이용당했다고 피해 의식을 느낀다. 그 이유는 상대방의 대수롭지 않은 성적 행동을 사랑이라 착각하고 있기 때문이다. 그런 성급한 판단을 하지 않는 방법은 자신이 허용할 수 있는 성적 행동의 범위를 정하고 그것을 즐길 줄 알아야 한다.

이런 성적 행동의 허용 범위를 정하지 않으면 무조건 성적 행동을 거부함으로써 상대방을 밀어내게 된다. 성적인 행동을 두려워해서 상대방을 알아볼 틈도 없이 성급하게 도망치고 마는 것이다. 반대로 그런 행동을 마치 사랑의 표현처럼 받아들여서 잘못된 판단을 하기도 한다. 그렇기 때문에 허용 범위를 넓게 잡아서 성적 행동을 일상적인 친밀감의 표현이라고 받아들일 필요가 있다.

성관계를 하지 않는다고 해서 금욕적일 필요는 없다. 적절하게 자신의 성욕을 해결하는 방법을 터득하는 것이 중요하다. 그것이 자위 행위여도 좋다. 성욕을 해결하지 못한 상태에서 사람을 만나면 쉽게 유혹에 넘어갈 수 있고 사람과 친밀해지는 데 성급할 수 있다. 그리고 자신도 모르게 상대방에게 집착한다. 그것이 판단을 흐리게 만든다. 한 번의 실수를 반복하지 않기 위해서는 조금은 냉정한 자세를 유지할 수 있는 조건을 만드는 것도 필요하다.

성적 욕구를 해결하는 것과 배우자를 찾는 것은 다르다

또 자신의 왕성한 성욕 때문에 섹스 파트너가 필요하면 그렇게 하라. 받아들이기 쉽지 않겠지만 성욕 때문에 성급하게 배우자를 선택하려고 하면 오히려 그것이 불행을 만들고 상처를 입을 수 있다. 이 말에 대해 남자라면 가능하겠지만 여자는 그렇지 않다고 말한다면 할 말이 없다. 그러나 이것은 어디까지나 가치관의 차이일 뿐이다. 여기서 말하려는 것은 섹스를 했기 때문에 자신과 맞지 않는 사람과 결혼해야 한다는 생각은 하지 말라는 것이다. 또 섹스라는 달콤한 쾌감에 빠져서 성급하게 자신의 미래를 선택하지 말라는 말이기도 하다. 섹스 파트너와 미래의 배우자는 분명히 다르다.

사실 남자나 여자나 다시 사랑을 시작할 수 있을지 의문을 가지는 경우가 있다. 이 시기에 많은 여자는 스스로 늙고 매력적이지 않다고 생각한다. 처녀 때와는 많이 달라진 몸매로 인해 자신감을 잃고 그런 이유로 어색한 상황이 연출될까 봐 두려워한다. 그리고 한번 성관계를 가지면 문란해질지 모른다고 걱정을 한다. 하지만 오히려 섹스를 해보면 자신이 아직도 사랑받을 가치가 있는 사람이라는 것을 깨닫는다. 그렇다고 섹스를 했기 때문에 그 사람과 평생 함께해야 한다는 생각은 버려라. 섹스는 섹스일 뿐이다. 이런 생각이 섹스로 인해 상대방에게 끌려 다니지 않는 방법이다.

남자라고 해서 자유롭게 데이트를 즐기는 것도 아니다. 외로움을 잊기 위해 많은 여자와 성관계를 갖기를 원하지만 꼭 결혼을 생각하지는 않는다. 물론 여자 중에도 이런 경우는 많다. 그렇기 때문에 자신이 원하는 것이 무엇인지 분명히 알아야 한다. 그것이 외로움을 잊기 위한 욕구라면 단순히 포옹에서 끝낼 수도 있다. 성적 욕구를 해결하기 위한 행위라면 그것을 분명히 할 필요가 있다. 그것을 구분하지 못하면 오히려 섹스를 했기 때문에 골머리를 썩거나 자신에게 맞지 않는 배우자를 선택하는 잘못을 저지를 수 있다.

간혹 여자들 중에는 동정심이라는 함정에 빠지는 경우가 있다. 외로운 사람을 측은하게 생각하여 돌보고 베풀려는 욕구를 느끼는 것이다. 이런 감정이 섹스로 연결되면 결국 결혼까지 하게 되고 나중에는 후회하게 된다. 만약 자신에게 이런 성향이 있다면 좀 더 이기적일 필요가 있다. 자신의 욕구를 먼저 채우면서 자기 자신을 돌보아야 한다.

중요한 것은 자신의 욕구를 자기 자신의 성장에 두어야 한다는 것이다. 그리고 성적 욕구를 현명하게 처리하는 방법을 스스로 터득해야 한다. 자신이 섹스를 원하지 않는다면 '나는 아직 섹스를 할 준비가 되지 않았다.'고 분명하게 밝힐 필요가 있다. 설령 섹스를 한다 해도 '나의 욕구를 해결하는 것과 결혼 상대를 찾는 것은 다르다.'고 말할 수 있어야 한다. 그것을 머뭇거리면서 자신의 욕구를 채우려고 하면 결국 다른 사람을 이용하거나 이용당하는 결과만 초래한다. 이것이 자신의 성장을 방해하게 만들고 상처를 치유하는 시간만 길어지게 할 뿐이다. 그래서 분별 있게 자신만의 가치관을 가지고 현명하게 성적 욕구를 해결하는 방법을 배워야 한다.

이혼했으면
성공하라

이혼은 관계의 실패를 의미한다 / 지금까지 어떤 관계를 유지해 왔나?
관계의 중심을 나한테 둔다는 것 / 원만한 대화법 배우기 / 장점을 보지 못하면 서로를 존중할 수 없다
불만을 말하더라도 상대방을 비난하지 마라 / 두 사람만의 규칙 만들기 / 성장한다는 것

제6부
관계 맺는 방법을 배워라

우리는 관계 속에서 우리 자신의 모습을 보게 된다.
우리에게 맞는 상대는 우리 속에서 최고의 모습을 이끌어내는 사람이다.
그러나 자신과 맞지 않는 상대는
우리 속에서 최악의 모습을 끄집어낸다.

이혼은 관계의 실패를
의미한다

충분한 성찰과 연습 없이
성급히 새로운 사랑에 뛰어들지 말라

우리가 원하든 원하지 않든 이혼했다는 것은 부부 관계가 실패했다는 것을 의미한다. 사람들은 사랑만 있으면 결혼 생활을 충분히 해낼 수 있다고 생각한다. 그래서 무엇보다 사랑을 중요하게 생각하고 사랑이 변하지 않기를 바란다. 마치 요행을 바라는 것처럼 말이다. 하지만 사랑은 변하게 되어 있다. 그 다음에 남는 것은 바로 관계이다.

그런데도 사람들은 관계에 실패했음에도 새로운 사랑을 만드는 것에 더 신경을 쓴다. '옛 사랑의 상처를 빨리 잊는 방법은 새로운 사랑에 빠지는 것'이라고 하면서 말이다. 그래서 사랑이 끝나면 성급하게 또 다른 사랑을 찾아 나선다. 사랑도 관계라는 것을 모르다 보니 그저 감정에만 충실하려고 하는 것이다. 이런 사람들은 자신에게 조금만 관심을 가지고 잘해 주면 바로 "평생을 같이 할 사람을 찾았어. 그 사람과 함께라면 어떤 문제든지 해결될 거야. 그러니 꼭 잡을래. 그 사람은 나를 행복하게 해 줄 거야."라고 결론을 내린다. 새로 만난 사람과의 사랑에 매달리면서 그 사랑이 영원히 지속되길 바란다. 그래서 서둘러서 사랑을 시작하고는 똑같은 이유로 헤어진다. 그리고 "세상 모든 남자는 다 똑같아!", "세상 모든 여자는 믿을 수 없어."라고 하면서 모든 이성을 원망한다.

  이처럼 성급하게 사랑에 빠지게 되면 그 관계가 오래가지 못한다. 사람들은 이혼하게 된 이유를 전 배우자의 잘못에서 비롯되었다고 생각한다. 그래서 전 배우자와 완전히 다른 사람과 교제하기를 원한다. 자신이 스스로 생각할 때 전 배우자와 다른 사람이라면 행복했을 것이라고 착각하기 때문이다. 흔히 이것을 '과도기의 관계' 또는 '반동에 의한 관계'라고 말한다. 하지만 전 배우자와 완전히 다른 사람을 만나게 되면 뭔가 불편하기 때문에 삐걱거린다. 처음에는 매력적으로 보여서 좋을지 몰라도 조금만 시간이 지나면 오히려 불편해진다. 뭔지 모르지만 마음에 들지 않고 항상 긴장되기 때문에 다툼이 많아지고 어떻게든 헤어질 것을 생각한다. 그러다가 전 배우자와의 좋지 않은 기억을 떠올리게 하는 행동을 조금만 해도 혹시 이 사람도 전 배우자와 똑같지 않을까 속단하고 멀리하게 된다. 그리고는 "편한 사람이 좋다."고 말하지만 편한 사람은 결국 전 배우자와 똑같은 사람이다.

사랑은 각자의 감정이기 때문에 관계를 유지시키기 위해서는 희생과 양보를 요구한다. 상대로부터 자신의 결핍된 부분을 빼앗아서 채우려고 하기 때문에 상대가 양보하지 않으면 화가 나는 것이다. 또 예전의 상처를 상대방으로부터 위로받으려고 하다 보니 그것이 채워지지 않으면 불만이 생길 수밖에 없다. 사랑의 감정이 뜨거울 때는 용납이 될지 모르지만 사랑의 감정이 식을 때는 갈등만 만든다. 결국 상처만 입고 이별을 맞을 수밖에 없다. 그래서 관계를 배워야 하는 것이다. 관계는 서로 대등한 관계에서 함께 성장할 수 있어야 한다. 그것을 '성장하는 관계'라고 한다. 그렇게 하기 위해서는 무엇보다 자신이 관계를 유지시키는 데 문제가 있었다는 것을 인정해야 한다.

우리는 관계를 만들어가는 방법에 대해 한 번도 배운 적이 없다. 그래서 결혼이라는 관계도 사랑만 있으면 된다고 생각하고 사랑이 식어서 헤어졌다고 생각한다. 하지만 결혼도 관계이고 그 관계를 제대로 맺는 기술을 터득하게 되면 지속적인 관계를 유지시킬 수 있고 사랑도 성장시킬 수 있다.

많은 사람들과의 관계를 만듦으로써
관계의 기술을 익혀라

그렇기 때문에 나 자신의 문제점을 들여다 볼 필요가 있다. 아마 지금쯤 과거의 상처가 결혼 생활에 많은 영향을 미쳤다는 것을 깨달았을지 모른다. 그리고 전적으로 전 배우자의 탓만이 아니라 나 자신에게도 문제가 있었다고 인정하고 있을 것이다. 그렇다면 그 문제를 하나씩 해결하고 서로 다른 사람들이 어떻게 관계를 유지할 수 있는지 배워야 한다. 그리고 실제로 많은 사람들과의 관계를 통해서 하나씩 방법을 실천하고 익힐 필요가 있다.

어쩌면 많은 사람들과 관계를 맺는다는 말에 몹시 놀라워할지 모른다. 사람들은 관계를 맺는다고 하면 연애를 하는 것으로 생각한다. 연애할 때는 자신의 문제를 감추고 돋보이게 만들려고 노력을 한다. 그렇게 되면 자신의 문제점을 파악하기 어렵기 때문에 나 자신을 성장시킬 수가 없다. 또 새로운 연애를 통해서 미래를 설계하게 되면 자신도 모르게 상대방에게 의존적으로 바뀌게 되고 그렇게 되면 터놓고 이야기할 수 없게 된다. 혹시라도 모든 것을 터놓았다가 헤어지게 되면 오히려 처음부터 다시 시작해야 하는 고통을 당하게 된다. 그렇기 때문에 자신의 감정과 태도를 자기의 것으로 인정하고 이 새로운 관계를 공동으로 책임지는 주인의식을 갖는 것이 필요하다. 요컨대 원래부터 자신이 가지고 있던 고유한 힘을 되찾고 자신이 경험하는 좋은 느낌이 자기 때문임을 인정해야 한다. 그래야만 의존적이지 않은 '성장하는 관계'로 발전할 수 있다. 즉 지금은 연애가 아니라 우정의 관계가 필요하다는 말이다.

그래서 관계 자체를 회피하기보다는 적극적으로 관계를 만들어가는 것이 필요하다. 이혼했다고 해서 사람 만나는 것 자체를 멀리하게 되면 오히려 자신의 문제점을 그대로 안은 채 새로운 연애를 시작하게 된다. 그렇게 되면 이혼하자마자 서둘러 새로운 연애를 시작하는 것이나 오랜 시간이 지나서 뒤늦게 새로운 연애를 시작하는 것이나 시간의 차이만 있을 뿐 결과는 똑같아질 수밖에 없다. 이혼했다 해도 오히려 많은 사람들과 어울리면서 우정의 관계를 맺게 되면 이혼의 상처를 추스르고 다른 사람의 응원과 지지를 받을 수 있다. 그리고 자신이 배운 관계의 기술을 피드백 할 수도 있다.

그렇다고 연애의 감정을 가지지 말라는 것은 아니다. 연애의 감정을 가진다 해도 이런 관계는 짧게 끝난다는 것을 인정할 필요가 있다. 그렇기 때문에 친밀한 관계를 유지한다 해도 깊은 관계를 만들지 않는 것이 오히려 도움이 될 수 있다. 물론 상대방에게 자신의 현재 상태를 설명하고 도움을 요청하는 것이 필요하다.

어쩌면 이런 논리에 대해 당혹해할 수도 있다. 하지만 '왕자를 찾으려면 숱한 개구리와 키스를 해야 한다'는 말이 있다. 여러 개구리와 키스를 해 봐야만 나 자신이 원하는 왕자를 만날 수 있다는 말이다. 이 말을 상기하라. 이런 식으로 사고를 바꾸어 본다면 지금 가졌던 당혹감에서 벗어날 수 있다. 즉 다시 말해서 '내가 이 사람과 여생을 함께 할 수 있을까?'라는 생각이 아니라 '이 사람과 내가 한동안 서로에게 도움이 될까?'로 생각하라는 말이다. 지금 필요한 것은 연애 관계를 맺는 것이 아니라 관계 맺는 방법을 배우고 성장시켜서 사랑하는 사람과 지속하는 관계를 준비하는 데 목적이 있기 때문이다. 자, 이제 관계를 맺는 방법을 배워보자.

지금까지 어떤 관계를
유지해왔나?

일곱 가지 부부 관계와 건강한 관계

지금까지 결혼 생활을 하면서 어떤 관계를 맺어 왔는지 확인해 볼 필요가 있다. 사랑하기 때문에 결혼했다면 나 자신이 그 사랑을 어떻게 이해하고 있었는지 말이다. 사랑에 대한 정의는 제각각이어서 우리를 혼란스럽게 한다. 정말 사랑은 코에 걸면 코걸이처럼 무엇이 사랑인지 헷갈리게 하는 경우가 많다. 사람들은 자신이 경험한 것이 진정한 사랑이라고 말한다. 그런데 사랑이 아닌 것을 사랑이라고 말하는 경우도 많다. 그것은 사랑을 관계로 이해하지 못하고 단순히 감정 자체로 이해하기 때문이다. 분명한 것은, 사랑은 감정 이전에 관계이고 관계에는 건강한 관계가 있다는 것이다.

버지니어 사티어는 가족치료법에서 부부 관계를 일곱 가지로 나누어서 설명하고 있다. 이 모든 것이 우리가 말하는 사랑과 큰 차이가 없다. 그런 사랑이 서로에게 어떤 느낌을 주는지 사티어는 일곱 가지 자세를 만들어서 직접 해 보게 하였다. 일곱 가지 자세를 해 보면 무엇이 문제인지 쉽게 알 수 있기 때문이다.

첫 번째는 두 사람이 서로에게 기대고 있는 '의존적인 관계'이다. 다른 사람에게 의지하는 것은 기분 좋을 수도 있지만 구속받는 느낌이 들기도 한다. 서로 의지하고 있기 때문에 한쪽이 몸을 움직이거나 자세를 바꾸면 불안을 느끼게 된다. 하지만 변화 없이 순탄하게 서로 기대고 있을 때는 아무런 문제가 되지 않는다. 그러나 정말 어려운 상황에 부딪혀서 변화를 겪게 되면 이런 관계는 쉽게 깨진다. 서로의 성장을 방해해 왔기 때문에 새로운 변화에 적응하지 못하는 것이다.

두 번째는 "너 없인 살 수 없어. 너와 평생 함께하고 싶어. 내 전부를 다 바쳐서 널 행복하게 해 줄게. 네가 옆에 있으니까 너무 좋다."라고 하면서 서로를 힘껏 끌어안고 있는 형상이다. 보통 젊은 사람들에게서 흔히 볼 수 있는 '숨 막히는 관계'이다. 이것이 진정한 사랑이라고 착각하며 한동안 기분이 좋을지 몰라도 결국 둘 다 올가미에 걸린 듯한 기분이 들게 뻔하다. 이런 관계는 마치 두 사람이 꼭 끌어안고 물속에 들어가는 것과 같다. 각자 헤엄을 칠 수 있어야만 물속에서 빠져나올 수 있는데 그렇게 하지 못하기 때문에 결국 함께 질식하고 마는 것이다. 과연 이런 사랑이 오래 지속될 수 있을까?

세 번째는 '자신의 이미지를 사랑하는 관계'이다. 서로를 있는 그대로 보는 것이 아니라 자신의 환상을 그 사람에게 덧씌워 놓고 사랑하는 것이다. 일반적으로 외모를 보고 첫눈에 반해서 이상형이라고 사랑을 한다. 그리고는 자신이 상상하는 것에 그 사람을 맞추려고 한다. "어떻게 네가 그럴 수 있니? 내가 생각한 너는 그런 사람이 아니었어. 너를 내가 상상하는 모습이라고 생각했기 때문에 사랑한 거야."라고 말한다. 자신이 상상하는 이미지대로 상대방이 달라지기를 바라는 것이다. 이것은 그 사람의 실제 모습을 사랑하는 것이 아니라 자신이 상상하는 이미지를 사랑한 것에 불과하다. 그렇기 때문에 이런 관계는 갈등이 많고 정서적으로 가까워질 수가 없다.

네 번째는 '주인과 노예의 관계'이다. 마치 상대방을 끌고 가는 자세이다. 우리가 흔히 말하는 전근대적인 관계의 모습이다. 모든 결정을 가장이 하고 항상 주인 대접을 받으려고 하기 때문에 언제나 자기 멋대로 행동한다. 내가 가장이기 때문에 내 말을 무조건 따라야 한다고 말이다. 이런 경우가 대부분 남자에게 해당되는 것 같지만 실제로는 여자들이 그 역할을 하는 경우도 많다. 어느 한쪽이 무조건 따라야 하기 때문에 결혼 생활이 행복할 수가 없다. 물론 관계에서 한 사람이 다른 사람보다 조금은 강한 면이 있는 경우가 대부분이다. 그렇다 해도 중요한 결정을 할 때는 의견을 함께 나누는 것이 일반적이다. 하지만 이런 관계에서는 모든 결정의 주도권을 한쪽이 쥐고 있기 때문에 한쪽의 의견은 철두철미하게 무시되는 불평등한 관계일 수밖에 없다. 그렇게 되면 결국 언젠가는 한쪽이 반기를 들게 되고 갈등이 생기게 된다. 황혼이혼의 이유 중에 이런 경우가 많다.

다섯 번째는 '서로 등을 대고 있는 관계'이다. 가정을 마치 하숙집처럼 생각하여 퇴근하면 집에 들어오고 식사를 하고 텔레비전에 눈이 고정되어 저녁 시간을 보낸다. 각자 예전에 살았던 방식대로 나머지 저녁시간을 보낼 뿐 서로에 대한 애정 표현이 없다. 비록 각방을 쓰지 않는다 해도 서로 등을 맞댄 채 지내면서도 서로를 속박하려고 한다. 특히 성적으로 문제가 있는 부부의 경우, 이런 모습을 가진다. 성관계를 가지지 않기 위해 침대에서는 남남처럼 지내면서도 혹시 외도를 하지 않을까 서로를 의심하면서 괴롭히는 것이다. 물론 갈등이 심해서 이혼 직전에도 이런 경험을 하지만 말이다.

여섯 번째는 '희생적인 관계'이다. 한 사람이 완전히 누어서 자신을 밟고 지나가라는 자세이다. 늘 상대방을 위해 희생하고 봉사하며 자신을 위한 시간은 절대 갖지 않는다. 자신을 완전히 희생하는 것 같지만 사실은 이런 사람일수록 아주 지배적이다. 상대방에게 죄책감을 느끼게 해서 통제하기 때문이다. 자신을 위해 모든 것을 인내하면서 온전히 돌봐 주는 사람에게 화를 낼 수 있는 사람은 없다. 희생적인 사람은 바로 이것을 이용해서 상대방을 조정하는데 아주 능숙하다. 이런 사람과 같이 살면 죄책감이 너무 심해서 욕구나 화를 제대로 표현할 수 없다. 그래서 오히려 우울증에 걸릴 확률이 높다.

'건강한 관계'는 자신의 성숙과 상대방의 성숙을 모두 이룬다

일곱 번째 서로 각자의 자리에서 손을 맞잡는 '건강한 관계'이다. 서로에게 기대거나 상대방을 얽어매지 않는다. 스스로의 삶을 살면서도 사랑을 맺고 성장시킬 줄 안다. 이런 온전하게 성숙한 두 사람만이 진정한 행복을 느낄 수 있다. 그런 사람들은 서로에게 나눌 것이 많다. 자유로운 개별 인격체이면서도 사랑하기 때문에 삶을 함께 나누는 것이다. 그들은 서로에게 가까이 다가가서 일시적으로 숨이 막힐 정도로 열정을 보일 수도 있다. 또 아이를 키울 때 그러하듯이 손을 맞잡고 걸을 수도 있다. 따로따로 떨어져서 활동할 때도 있다. 각자의 경력을 쌓고 각자의 삶을 살면서 각자의 친구와 소통할 수 있다. 이들이 같이 사는 이유는 충족되지 못한 욕구가 남아서가 아니라 사랑하기 때문이다. '건강한 관계'는 상대방에게 성장할 여지를 허용하며 각자 자기 자신이 될 수 있도록 하는 것이다.

이 일곱 가지 사랑의 유형을 보면서 무슨 생각이 드는가? 오히려 건강한 관계를 보면서 '저게 무슨 사랑이냐?'고 말하는 사람도 있을지 모른다. 그러면서 다른 유형의 사랑이 진정한 사랑이라고 말할 것이다. 하지만 자신이 주장하는 사랑의 유형대로 자세를 취해보면 불편하게 느껴지고 결국 불편을 피하기 위해 다른 행동을 하게 된다. 어쩌면 그런 이유 때문에 이혼을 했을지 모른다. 그렇다면 이제 어떤 관계를 가져야 할까? 건강한 관계를 가지기 위해서는 자신이 많이 달라져야 하고 많은 노력이 필요하다는 생각이 들지 않는가.

서로 각자의 자리에서
손을 맞잡는 '건강한 관계' 이다.
서로에게 기대거나 상대방을 얽어매지 않는다.
스스로의 삶을 살면서도
사랑을 맺고 성장시킬 줄 안다.

관계의 중심을
나한테 둔다는 것

자기 자신을 사랑하라

우리는 어려서부터 이기적인 것보다 이타적인 것이 더 훌륭한 것처럼 교육을 받아왔다. 사랑이란 누군가를 배려하고 누군가에게 무언가를 베풀고 타인을 행복하게 해주는 것이라고 말이다. 관계의 중심을 상대방에게 두는 것이 오히려 정상인 듯이 착각하고 살아 온 것이다. 그러다 보니 성숙한 차원의 자기 사랑을 가지고 있는 사람은 거의 없다.

그래서 자신을 위한 모든 것이 상대방을 중심으로 만들어지기도 하고 없어지기도 한다. 그것이 좋은 관계를 유지하기 위한 것처럼 보여도 항상 위태롭고 불안하다. 자신의 입장과는 전혀 관계없이 그 사람에게 끌려 다니는 느낌이 들기 때문이다. 그래서 관계가 해체될 때 관계의 중심이 갑자기 사라져 버린다. 사랑하는 사람을 잃게 되면 그 고통이 큰 것도 이런 이유 때문이다. 그에 반해 자신을 사랑하는 마음이 넘칠 정도로 가득하다면 비록 자신이 사랑할 사람이 없거나 자신을 사랑해 주는 사람이 없다 해도 사랑에 대한 굶주림이 강하지는 않다. 이혼을 하게 된다 해도 고통스럽고 상처를 입은 것은 여전하겠지만 그렇게까지 황폐해지지는 않는다. 혼자서도 여전히 온전하게 자신을 사랑하고 있기 때문에 그렇다.

 자신을 사랑하는 법을 배우지 못해서 자기 내부에 관계의 중심이 없는 사람에게 이혼은 특히 큰 상처가 된다. 자신이 더 이상 사랑받을 만한 존재가 아니고 다른 사람을 사랑하지 못할 것이라고 불안해한다. 그래서 마치 굶주린 고양이가 쓰레기통을 뒤지는 것처럼 이혼 후 자신이 사랑받을 존재임을 입증하기 위해 '다른 사람을 사랑' 하는 것처럼 행동하려고 한다. 누군가를 깊게 사랑하는 것이 아니라 '사랑받는 행위'를 더 중요하게 생각한다. 그만큼 사랑이 가벼운 것이다.

 이때 예전보다 좀 더 관대하게 대하면서 조금은 저자세가 되기도 한다. 아니면 그 반대로 좀 더 인색하게 대하면서 조금은 고자세가 되기도 한다. 사실 따지고 보면 하나도 달라진 것이 없다. 어색하리만치 지나치게 행동하는 것뿐이다. 그런데도 사람들은 자신이 많이 달라진 줄 안다. 왜냐하면 내면에서는 예전보다 훨씬 많이 양보한다고 생각하거나 아니면 조금 당당해졌다고 착각하고 있기 때문이다.

 이렇게 행동하는 이유는 관계의 중심을 상대방에게 두다 보니 그 사람 뜻대로 하거나 아니면 자기 안으로 그 사람을 끌어들이려고 하기 때문이다. 사랑은 받는 것이 아니라는 생각에 그저 베풀기만 하다 보니 자신이 더욱 궁핍해지고 외로움마저 느끼게 된다. 또 사랑을 받으려고만 하는 사람 역시 상대방으로 하여금 자신의 부족한 부분을 억지로 채우려고 하다 보니 갈증은 더욱 심해져서 불만만 커지게 된다.

우리는 양쪽을 말할 때 하나는 이타적이고 하나는 이기적이라고 하지만 실제로는 관계의 중심을 상대방에게 두고 있기 때문에 양쪽 모두 의존적인 태도에 불과한 것이다. 자기 자신을 사랑할 줄 모르기 때문에 타인을 통해서 사랑을 충족시키려는 것이다. 한쪽은 '다른 사람을 사랑함'으로써 사랑받고 싶은 자신의 욕구를 감추고 있는 것이고 다른 한쪽은 '나를 사랑해 달라'고 보채고 있는 것이다.

관계의 중심을 나에게 두는 것은
남을 사랑하는 것의 출발점

그렇기 때문에 이혼과 같은 어려운 시기에는 연애를 멀리하는 것이 현명하다. 자신을 사랑하는 법을 배우기 전까지는 우정에 투자를 하는 것이 오히려 현명하다. 실제로 많은 사람들이 사랑하고 사랑받는 법을 배우지 못했다. 때로는 다른 사람은 사랑하면서 자신에 대한 사랑은 허용하지 않았다. 그렇기 때문에 나 자신을 사랑하는 방법을 먼저 배워서 관계의 중심을 나 자신에게 두어야 한다.

관계의 중심을 나 자신에게 두지 않으면 진정한 배려도 할 수 없다. 상대방을 자기에게 맞추려고 하다 보면 문제가 생길 수밖에 없다. 상대방이 완전히 변해야 할지도 모르기 때문이다. 또 자신을 상대방에게 맞추려고 하다 보면 자신의 너무 많은 것을 포기하게 된다. 성공적인 결혼 생활을 하려면 더도 덜도 말고 각자 자신의 모습을 잃지 않는 것이 중요하다. 상대방을 행복하게 해주려고 자기 본래의 모습을 버린다면 그 결혼 생활이 제대로 될 리가 없다.

어쩌면 이혼 과정에서 어떻게든 헤어지지 않으려고 애썼던 경험이 있을 것이다. 그런데도 상황이 점점 더 나빠지고 나중에는 원수처럼 미워하게 되었다. 그러나 사실은 상대방이 싫어진 것이 아니라 자신을 상대방에게 맞추기 위해 억지로 달라지려고 애써 온 모습에 더 이상 참을 수 없었기 때문이다. 사랑이 지속된다는 것은 상대방과 관련된 자기 모습을 좋아하는 것이다. 우리는 관계 속에서 우리 자신의 모습을 보게 된다. 우리에게 맞는 상대는 우리 속에서 최고의 모습을 이끌어내는 사람이다. 그러나 자신과 맞지 않는 상대는 우리 속에서 최악의 모습을 끄집어낸다. 결국 관계의 중심을 상대방에게 두다 보면 우리의 모습이 최악의 모습으로 바뀌게 되고 우리는 그것을 견디지 못하게 되는 것이다.

우리가 관계의 중심을 상대방에게 두는 데는 상대방이 알아서 자신을 기분 좋게 만들고 만족시켜 주기를 바라는 욕심이 숨어 있다. 그런데 자신이 아무것도 요구하지 않는데 어떻게 상대방이 알아서 기분 좋게 만들고 만족시켜 줄 수 있겠는가? 짧은 시간 동안은 잠시 그럴 수 있을지도 모른다. 그러나 장기적으로 보면 절대로 기분 좋게 만들지도 못하고 만족시킬 수도 없게 된다.

관계의 중심을 나 자신에게 둔다는 것은 나 자신을 사랑하는 사람만이 할 수 있는 것이다. 내가 나를 사랑할 줄 모르면 남이 나를 사랑해도 그것이 항상 부족하다고 불만을 토로하며 감사할 줄 모르게 된다. 언뜻 사랑에 굶주려 있는 사람이 사랑을 더 잘 할 것 같지만 사실은 그렇지 않다. 오히려 자기 사랑으로 충만한 사람은 그 사랑을 나누어줄 수 있지만 사랑에 굶주린 사람은 남의 사랑을 빼앗기에 급급해서 남을 사랑할 여력이 없다. 그리고 나 자신을 사랑할 줄 아는 사람만이 자신이 원하는 바가 무엇인지 정확하게 알고 있다. 자신감이 넘치기 때문에 자신의 말이나 행동을 상대방이 잘못 생각하지 않을까 두려워하지도 않는다. 그래서 자기 입장에서 생각하지만 그렇다고 상대방을 이해하는데 인색하지도 않다. 오히려 자기 사랑이 넘치기 때문에 넉넉한 마음으로 상대방의 입장을 생각할 수 있다.

그렇기 때문에 관계가 맞지 않을 때도 상대방 탓을 하는 것이 아니라 어느 부분이 잘 맞지 않는지 정확하게 알고 있어서 그 부분을 조정할 수도 있다. 있는 그대로의 자기 자신을 표현할 줄 알기 때문에 상대방도 있는 그대로 인정할 수 있는 것이다. 그래서 관계의 중심을 자기 자신에게 두는 것이 자기 자신을 무조건 양보하거나 상대방의 전부를 빼앗지 않고도 건강한 관계를 유지하는 방법이라고 말할 수 있다.

원만한
대화법 배우기

'너 전달법'이 아닌 '나 전달법'을 배워라

어떤 관계에서든 원활한 대화는 필요하다. 대화법을 향상시킬 수 있는 가장 빠른 방법은 '너 전달법'이 아니라 '나 전달법'을 배우는 것이다. 이 방법에 대해 '그렇다면 모두 부모 탓인가?'에서 간단하게 설명했다. 그것은 부모의 마음을 성숙하게 받아들이는 방법으로 설명했다. 하지만 여기서 또다시 설명하는 것은 '나 전달법'을 쓸 수 있을 때만 관계의 중심을 나에게 두고 생각하고 말할 수 있기 때문이다. 이 대화법에 익숙해지면 상대방에게 상처를 주지 않으면서도 자신의 의사를 분명하게 표현할 수 있다. 즉 관계를 조정하는 방법을 배우는 것이라고 이해하면 된다.

'너 전달법'은 마치 타인에게 독 묻은 화살을 쏘는 것과 같다. 누군가가 자신의 잘못을 지적하게 되면 사람은 기본적으로 방어적인 태도를 취하게 된다. 그래서 변명하거나 핑계거리를 찾게 된다. 또 어떤 말로 되갚을지를 궁리하게 된다. 최고의 방어는 공격이기 때문에 어떻게 하면 더 잔인한 방법으로 공격할지 생각하게 만든다. 그래서 상대방의 말을 끝까지 듣지 않게 되는 것이다. 반면에 '나 전달법'은 자기가 원하는 것을 분명하게 말하는 것이기 때문에 상대방을 공격하고 있다는 느낌을 주지 않는다. 자신의 감정을 자기 것으로 인정하고 자기 태도에 책임지겠다는 것을 다른 사람에게 알리는 대화법이다.

'나 전달법'을 사용하기가 힘들 수도 있다. 지금까지 남의 행동만 보아왔지 자기 내면을 들여다보지 않았기 때문이다. '나 전달법'을 사용하기 위해서는 자신이 원하는 것이 무엇인지 알아야 한다. 사람은 저마다 당연하게 생각하는 규칙을 가지고 있다. 그런데 당연하게 생각하는 자신의 규칙이 다른 사람에게는 별로 중요하지 않다는 것이다. 그렇기 때문에 자신이 원하는 것이 무엇인지 알고 그것을 요구할 수 있어야 한다. 그래야만 자신의 규칙을 상대방이 알아차리게 되고 그것을 협상을 통해서 조절할 수 있게 된다.

자기 자신이나 다른 사람에게 중요한 의사전달을 할 때 '나'로 시작되는 문장을 사용해 보는 것이다. "내 생각에~", "내 기분은~", "내가 원하는 건 ~이야.", "난 앞으로 ~할 거야." 이런 식의 대화법은 감정에서 생각을 분리하여 각 상황에 맞는 의사를 전달하는 데 도움이 된다.

자신이 원하는 것을 분명히 말해야 그것을 얻을 수 있다

사람은 자신이 원하는 것을 말하기보다는 상대방의 잘못을 지적함으로써 자신이 원하는 것을 스스로 깨닫게 하는 것에 익숙해져 있다. 바로 관계의 중심을 상대방에게 두고 있다 보니 자신은 관계 속에 전혀 존재하지 않고 마치 훈수를 두는 사람처럼 잘못만 지적하는 것이다. 그러나 그런 방식은 상대방이 자기주장을 수용하기보다는 지적을 통해서 상처를 받았기 때문에 자신을 방어하고 치료하기에 급급하도록 만든다. 그러다 보니 아무리 오랫동안 자기주장을 한다 해도 정작 상대방은 나 자신이 진짜 원하는 것이 무엇인지 모를 수밖에 없다. 기분만 불쾌해져서 어떻게 방어할지를 생각하느라 상대방이 원하는 것을 알아차릴 겨를이 없는 것이다.

예를 들어 남편이 늦게 집에 들어왔을 때, 아내가 "당신 지금 몇 시야?"라고 말을 하면 남편은 '지금이 몇 시인데 뭐 하다가 이제 들어오는 거야?'라고 공격하는 것으로 받아들이기 때문에 "밖에서 일하다 보면 늦을 수도 있지. 왜 짜증이야?"라고 방어를 하면서 되받아 공격하게 된다. 이때 아내가 "난 당신이 일찍 들어왔으면 좋겠어. 나는 당신이 연락도 없이 늦어서 혹시 사고나 나지 않았을까 걱정했다고."라고 말한다면 남편의 반응은 어떨까? 실제로는 남편이 또 늦는다고 속을 끓이며 화가 나 있었다 해도 이렇게 표현하는 순간, 남편을 안쓰럽고 불쌍하게 생각하는 마음이 느껴질 것이다. 그렇게 되면 그 애틋한 마음이 남편에게 전달되어서 남편 역시 미안한 마음을 가지게 된다. 남편은 집에서 걱정하고 있는 아내를 생각하게 되고 "미안해. 일 때문에 늦었어. 늦게 되면 미리 연락을 하거나 일찍 들어오도록 노력할게."로 대답하게 된다.

우리가 대화를 할 때 자신이 얻고자 하는 것이 무엇인지 아는 것이 중요하다. 불쑥불쑥 눈에 거슬리는 행동을 보고 아무 생각 없이 툭 한 마디 내뱉는 것이 아니라 원하는 것이 무엇인지 정확하게 자신의 의사를 표현할 줄 알아야 한다.

남자들은 종종 자신의 감정에 다가가고 그것을 말로 표현하기가 어렵다고 토로한다. "내 기분은~"으로 시작하는 문장이 이런 어려움을 극복하는 데 도움이 될 것이다. 한편 여자들은 종종 주변 사람들에게 자기가 원하는 것이 무엇인지, 자기에게 필요한 것이 무엇인지 꼬집어서 표현하지 못하는 경우가 많다고 한다. 그렇기 때문에 남녀 모두 '나 전달법'을 훈련함으로써 자기감정을 표현하고 자신이 원하는 것을 표현하는 능력을 높여야 한다. 자신이 원하는 것을 분명하게 말할 수 있어야만 자신이 원하는 것을 얻을 수 있기 때문이다.

장점을 보지 못하면
서로를 존중할 수 없다

지금쯤 어린 시절에 경험한 상처로 인해 자신의 시각이 많은 문제를 안고 있다는 것을 깨닫게 되었을 것이다. 그리고 관계를 맺을 때 상당히 의존적이고 자신의 규칙을 너무 인색하게 적용해 왔다는 것도 말이다. 사실 의존적인 사람일수록 '내 말대로 해.'라고 강요를 한다. 많은 사람들이 착각하는 것이 의존적인 사람은 상대방의 말에 고분고분 잘 들을 것이라 생각하지만 그렇지가 않다. 의존적인 사람은 항상 누군가에게 지시받으며 살아왔다. 자발적으로 생각하고 행동하게 되면 여러 가지 방법을 생각할 수 있지만 누군가의 지시에 의해 행동해온 사람은 그 방법 이외에는 다른 방법에 대해 생각하지 못한다. 그래서 규칙도 자신이 지켜야 할 한 가지밖에 모르다 보니 융통성을 보일 수가 없다. 그렇기 때문에 자신에게 익숙한 규칙을 지키기 위해 부부 싸움이 치열할 수밖에 없었던 것이다.

이런 자신이 과연 새로운 관계를 만들 수 있을지 의문이 들지 모른다. 그러나 걱정할 필요가 없다. 설령 마음의 상처를 가지고 있다 해도 언어 습관을 바꾸고 부정적인 사고를 긍정적인 사고로 바꾸게 되면 상처도 치료될 수 있고 좋은 관계를 만들 수 있다. 사랑은 기적을 만드는 힘이 있다. 그것은 바로 서로에 대해 긍정적인 사고를 하고 좋은 언어습관과 육체적인 친밀감을 만들 수 있다면 비록 시간이 걸린다 해도 관계를 좋아지게 만들 수 있기 때문이다. 물론 하루아침에 바꿀 수는 없다. 하지만 꾸준히 연습하다 보면 자연스럽게 상처도 치료가 되고 습관도 바뀌게 된다.

이에 대해 고트만 교수는 '장점 목록을 만들어라', '장점 목록을 상대방에게 읽어주라', '장점을 가지고 함께 대화를 해보라'고 말한다. 여기에 '정신적인 친밀감과 육체적인 친밀감을 표현하라'를 포함시킨다면 얼마든지 잘못된 관계를 극복할 수 있다.

1) 장점 목록을 만들어라

부정적인 사고를 하는 사람은 상대방의 단점만을 보려는 경향이 있다. 사실 사람이 미워지면 상대방의 단점이 보이기 시작한다. 단점이라는 것이 묘해서 한번 단점이 보이기 시작하면 좋은 점도 나쁘게 보게 된다. 그래서 원래 장점이라고 생각했던 것도 결국 단점이 되고 마는 것이다. 버지니아 사티어가 말한 것처럼 장점과 단점은 어떻게 해석하느냐에 달려 있다. 비록 단점이라고 생각했던 것도 관점을 바꾸면 장점이 될 수 있다. '소극적이다'를 다르게 표현하면 '신중하다'가 될 수 있다. 소극적이라고 하면 분명 단점이다. 하지만 그 사람은 일을 신중하게 처리한다고 생각하면 분명 장점이다. 그렇기 때문에 서로를 존중하는 습관을 키우기 위해 장점 목록을 만들어 보는 것이다.

사실 처음에는 한 가지를 적기도 힘들 수 있다. 상담을 할 때, 배우자의 장점을 적으라고 하면 몇 시간 고민하다가 그 사람은 '착하다'고 적고 더 이상 쓰지 못하는 경우가 많다. 그런데 시간을 가지고 한두 가지를 생각해내기 시작하면 계속 장점이 늘어나게 된다. 일반적으로 처음에는 10가지 장점을 적어 보라고 하지만 나중에는 50개, 100개를 적어 보라고 시킨다.

원래 하나의 장점을 보게 되면 그와 관련해서 다른 장점을 발견하게 되어 있다. 예를 들어서 '성실하다', '머리가 좋다'고 적게 되면 어떤 점에서 성실한지 생각하게 되고 그러면 직장생활에 열심이고 가정에 충실하다는 말로 가지를 칠 수 있다. 또 머리가 좋다고 하면 판단력이 뛰어나고 일처리도 잘한다고 생각하게 된다. 그렇게 사람의 장점을 보게 되면 그 사람에 대해 긍정적인 생각을 하게 된다. 그러면 당연히 그 사람 자체가 좋아질 수밖에 없다.

이때 자신의 장점도 함께 적는 것이 필요하다. 사람이 상대방을 나쁘게 보는 이유는 바로 자기 자신을 부정적으로 보기 때문이다. 상처는 자기 자신을 부정적으로 보게 만들어서 절망하게 만든다. 그렇기 때문에 상대방의 장점만 적는 것보다는 함께 장점 목록을 만드는 것이 필요하다.

2) 장점 목록을 상대방에게 읽어 주라

사람들은 사랑한다고 말하는 것을 어려워한다. 그러면서 '말하지 않아도 아는 것 아니냐?' 고 말한다. 하지만 말이란 것이 묘해서 '사랑한다' 고 말하면 내면에 사랑의 감정이 살아나게 되어 있다. 그 말을 했을 때 상대방의 반응이 좋으면 사랑이 더 커지기도 한다. 마찬가지로 상대방의 장점 목록을 만들어서 읽어 주면 상대방의 좋은 점이 느껴지고 상대방이 그 말을 듣고 기분이 좋아지면 자신도 기분이 좋아지게 된다.

상처가 있는 사람은 자신을 부정적으로 보기 때문에 상처가 아물지 않는 것이다. 그런데 상대방에게 칭찬의 말을 듣게 되면 사람은 그 말대로 해보고 싶은 충동을 느낀다. 만약 단점을 말하게 되면 사람은 자신도 모르게 단점대로 행동하게 된다. 어쩌면 지금까지 사람들과의 관계에서 단점을 말하는 습관이 있었기 때문에 그 사람이 자신에게 나쁘게 행동했을지도 모른다.

그렇기 때문에 서로에게 장점을 읽어 주면 자신의 내면에 잠자고 있던 장점들이 하나씩 살아나게 된다. 그리고 하나씩 실천하게 된다. 자신의 장점을 실천해서 상대방이 기분이 좋아지면 또 다시 자신의 감춰진 장점을 보여서 인정받으려고 한다. 그게 사람의 심리이다. 그래서 '칭찬은 고래도 춤추게 한다' 는 말도 있는 것이다.

3) 정신적인 친밀감과 육체적인 친밀감을 표현하라

서로의 장점을 칭찬하다 보면 자연스럽게 친밀감이 생긴다. 하지만 이때 '고맙다', '사랑한다' 고 말하지 않는다면 장점을 말하는데서 끝날 수도 있다. 장점을 말해 준 사람이 맥이 빠지는 것이다. 물론 듣는 사람의 자존감이 높아질 수는 있다. 하지만 이때 '나를 좋게 봐줘서 너무 고마워' 하면서 포옹을 하거나 입을 맞춘다면 두 사람의 관계는 매우 친밀해질 수밖에 없다. 어쩌면 '고맙다'고 말하는 사람보다 '고맙다'는 표현을 듣는 사람이 더 행복할 수도 있다. 그래서 의도적으로라도 감사와 사랑을 몸으로 표현하는 것이 필요하다. 의외로 많은 사람들이 이런 가벼운 스킨십을 하지 못한다. 그러면서도 자신은 사랑받지 못하고 있다고 불만을 말한다. 사람은 자신이 사랑받을 가치가 있다는 것을 인정받기를 원한다. 그런데 만약 상대방에게 자신의 장점을 말해준 것에 감격해서 뜨거운 포옹을 해준다면 상대방은 또 다른 칭찬거리를 찾아서 계속 칭찬하게 된다. 그러면 자신의 가치를 새롭게 발견하고 마음의 상처도 사라지는 경험을 할 것이다.

4) 장점을 가지고 함께 대화를 해보라

지금까지 단어 중심으로 장점을 적었다면 이제는 문장을 만들어서 대화를 해보는 것이다. '현명하다'는 형용사로 장점 목록을 만들었다면 실제 사례를 들어서 문장으로 만들어 본다. 예를 들어서 "당신은 매우 현명한 여자야. 예전에 보니까 분리수거 문제로 이웃집과 싸울 만한 상황인데도 상대방을 화나지 않게 하면서 당신의 생각을 분명하게 전하는데 내가 그런 사람과 함께 산다는 것이 자랑스럽더라."라고 말한다면 어떤 반응이 나올까? 지금까지 장점을 적어 보라고 하니까 억지로 장점을 말해 왔다고 의심을 가졌다 하더라도 실제 있었던 일을 예로 들어서 현명하게 처신한 것을 칭찬하면서 자랑스럽게 생각했다고 말해 준다면 상대방의 말에 확신을 가지게 된다.

사람은 자신이 인정을 받고 있다는 확신이 들면 자신감이 생기고 예전에 인정받지 못해서 생긴 마음의 상처를 치료할 수 있다. 그리고 더욱 인정받기 위해 자신감을 가지고 자신의 장점을 더욱 발전시키게 된다.

아무리 어려서부터 자존감이 바닥인 사람이라고 해도 이렇게 계속 감춰진 장점을 상대방이 찾아주면 자신이 사랑받고 있다는 확신이 생길 뿐 아니라 자신의 가치가 그만큼 소중하다는 것을 깨닫게 된다. 그렇게 되면 자신의 장점을 발견하고 칭찬해 주는 사람을 존중하지 않을 수 없게 된다. 그래서 '사랑을 받아 본 사람만이 남을 사랑할 수 있다.'고 하는 것이다. 자기 자신이 성장한다는 것은 바로 자존감을 높이는 일이다. 자존감이 높은 사람만이 성숙한 관계를 맺을 수 있다. 그렇다면 이런 간단하고 좋은 방법을 오늘부터 실천해보는 것은 어떨까?

불만을 말하더라도
상대방을 비난하지 마라

'공격적인 대화'와 '온화한 대화'

아무리 친밀한 관계라고 해도 살다 보면 불만을 가질 때가 있다. 뭔가 마음에 들지 않고 자신의 뜻과 맞지 않기 때문에 불쾌한 것이다. 그러면 자신도 모르게 감정이 격해져서 불만을 말하게 된다. 불만을 말하는 방식이나 그것을 들어주는 자세에 따라서 큰 싸움으로 번지기도 하고 문제를 원만하게 해결하기도 한다. 그래서 고트만 교수는 불만을 꺼내는 방식의 차이 때문에 불행한 부부가 되기도 하고 행복한 부부가 되기도 한다고 말한다.

불만을 표현하는 데는 '공격적인 대화'와 '온화한 대화'가 있다. '공격적인 대화'는 비난을 하는 것이고 '온화한 대화'는 자신의 불만을 말하고 그것을 해결하기 위해 요청을 하는 것이다. 이미 설명을 했지만 불만은 어떤 행동이 자신의 기대에 어긋났을 때 그 행동에 대해 표현하는 것이지만 비난은 그 행동을 한 사람 즉 그 사람의 성격, 인격, 능력 전체에 상처를 주는 행위이다.

자신의 요구를 들어주지 않는다고 비난하게 되면 상대방은 자신을 공격한다고 생각하기 때문에 '방어' 하기 위해 공격적으로 나오거나 아예 말을 하지 않고 피해버리는 '담쌓기'에 들어가게 된다. 이런 비난을 막는 방법은 적절한 불평과 요청이다.

예를 들어서 불평은 "집이 너무 어질러 있네."라고 말하는 것이지만 비난은 "당신은 도대체 뭐하는 여자야? 하루 종일 집에서 뒹굴면서 집안 청소도 안하고."라고 말하는 것이다. 이런 말을 듣고 기분 좋을 사람은 아무도 없다. 당연히 화가 나서 "네가 나한테 해준 게 뭐가 있는데 그런 소리냐?"고 되받아칠 것이 분명하다. 한쪽에서 공격적으로 비난을 하게 되면 상대방도 똑같이 비난을 하거나 침묵으로 일관하게 된다. 결국 불만은 해소되지 않고 또 다른 불만을 만들게 된다. 그렇기 때문에 "집이 어질러 있네. 청소를 했으면 좋겠다."고 자신이 원하는 것을 요청하게 되면 청소를 하게 된다. 물론 이런 경우도 "저녁 준비를 하느라 지금 청소할 수 없으니 당신이 대신 해주는 것은 어때?"라고 상대방이 요청할 수도 있다. 현재 당면한 문제를 서로 의논해서 해결하는 것이 된다. 이것이 바로 관계의 기술이다.

고트만 교수는 '온화한 대화'를 하기 위해서는 다음과 같은 방법으로 하라고 충고한다.

1) '당신은'이 아니라 '나는'이란 말로 시작하라

'당신은'이라는 말로 시작하게 되면 비난이나 지적을 하는 것이 된다. 그렇기 때문에 자신이 원하는 것을 분명하게 전달할 수 있는 '나는'으로 시작하는 방법을 훈련해야 한다. 예를 들어서 "당신은 내가 하는 말을 전혀 듣고 있지 않아."라고 말하는 것이 아니라 "난 당신이 내 이야기를 잘 들어주었으면 해."라고 말하는 것이다. 똑같은 말이라도 '나'로 시작하는 말은 '당신'으로 시작하는 말보다 훨씬 온화하게 들린다. 물론 '나'로 시작하는 말도 "난 당신이 너무 이기적이라고 생각해."라고 부정적으로 말한다면 온화한 것이 아니다. 그렇기 때문에 '나는'으로 시작했다면 자신이 원하는 것을 긍정적으로 표현할 줄 알아야 한다. 그것이 자신이 원하는 것을 분명하게 전달할 수 있을 뿐 아니라 상대방을 이해시키기 훨씬 쉽기 때문이다.

심리학자 하임 기노트Haim Ginott가 "'나'로 시작하는 말은 '당신'으로 시작하는 말보다 상대방을 비판하고, 상대방을 자기변명으로 내모는 요소가 비교적 적다"고 발표하면서 심리학에서는 '나 화법'이 좋은 대화법으로 즐겨 사용되고 있다.

2) 무슨 일이 있는지 말하고 상대방을 평가하거나 판단하지 않는다

상대방을 비난하지 않는다 해도 상대방을 자기식대로 평가하거나 판단해서는 안 된다. 예를 들어 "당신은 내 말을 전혀 듣고 있지 않아."라고 단정적으로 규정하게 되면 상대방은 오히려 불쾌하게 느낀다. 자신이 상대방이 아니기 때문에 그 사람이 자신의 말을 열심히 듣고 있는지 아닌지를 모른다. 단지 자신이 그렇게 느끼는 것뿐이다.

그런데도 너는 어떻다고 단정해 버리면 상대방은 황당해지고 그것을 공격으로 받아들인다. 그보다는 "나 혼자 떠들고 있는 기분이야."라고 자신의 느낌을 말하게 되면 상대방은 '내 말에 집중해 달라'는 것으로 받아들이기 때문에 "아냐, 듣고 있어"라고 대답을 한다. 그리고는 말을 제대로 듣기 위해 집중하게 된다. 별것 아닌 것처럼 보여도 그것을 받아들이는 사람에게는 큰 차이가 있다.

3) 분명하게 말하라

사람들은 자신이 원하는 것을 분명하게 말하지 않으면서도 상대방이 자신의 말을 알아듣기를 원한다. 예를 들어서 "왜 부엌이 이렇게 엉망이지?"라고 묻는다면 "요리를 했으니까 엉망이지."라고 대답할 수도 있다. 하지만 정작 말하는 사람은 '부엌을 치웠으면 좋겠다.'는 의미로 말한 것이다. 상대방이 신이 아닌 다음에야 자신이 말하는 의도를 정확하게 파악할 수는 없다. 그렇기 때문에 "부엌 정리를 했으면 좋겠다."고 자신이 원하는 것을 분명하게 말하는 것이 오히려 효과적이다.

자신의 의도를 분명하게 말하지 않게 되면, "요리를 했으니까 엉망이지."라는 말이 마치 자신을 야유하는 것으로 오해할 수도 있고 아니면 그 말에 대해 "무슨 사람이 그렇게 말귀를 못 알아들어!"라고 화를 낼 수도 있다. 그렇기 때문에 처음부터 자신이 원하는 바를 분명하게 말하는 것이 좋다.

4) 공손하게 말하라

불만은 자신이 원하는 것이 이루어지지 않았기 때문에 생긴다. 그렇기 때문에 원하는 것이 있으면 온화하게 요청을 하는 것이 필요하다. "미안하지만"이라든가 "부탁해요"와 같은 말을 사용해서 자신이 원하는 것을 요청하게 되면 훨씬 효과적이다.

5) 상대방에게 감사를 표한다

자신이 감사하게 느꼈던 상황을 설명하면서 자신의 뜻을 요청하는 방법이다. 예를 들어, "최근에 나한테 전혀 관심을 가지지 않는 것 같아."라고 말하는 것보다는 "예전에 당신이 내게 자주 연락을 하고 사랑한다고 말해 주었을 때는 너무 행복했어. 그때 당신에게 얼마나 고마웠는지. 내게 예전처럼 관심을 가져주었으면 해."라고 말하는 것이 더 효과적이다.

물론 자신이 요청한 일을 해주었을 때 기쁜 표정을 지으면서 "고맙다"고 표현하게 되면 상대방 역시 기분이 좋아져서 자신이 요청을 들어준 것에 자부심을 느끼게 된다. 그렇게 되면 다음 요청도 흔쾌히 받아들이게 된다.

6) 문젯거리를 쌓아 놓지 않는다

사람들은 참고 사는 것이 현명하다고 생각한다. 하지만 불만이 있는데도 참고 살면 불만을 가슴에 품게 된다. 불만을 가지고 있으면 상대방을 좋게 볼 수가 없다. 오히려 관계만 나빠질 뿐이다. 그런 상태가 지속되면 언제 불만이 폭발할지 모른다. 그렇기 때문에 불만이 있으면 그때그때 적절하게 푸는 것이 좋다. 이때도 위에서 열거한 방법대로 하는 것이 문젯거리를 없앨 수 있는 최선의 방법이다.

대화의 목적은 서로에 대한 공격이 아니라 불만을 해소하는 데 있다

물론 이 방법대로 온화하게 대화를 시작한다고 해서 상대방이 똑같이 온화하게 대답해 준다는 보장은 없다. 오히려 공격적으로 나올 수도 있다. 그렇다고 상대방의 대화에 말려들어서는 안 된다. 사람은 상대방이 공격적으로 나오면 자신도 모르게 화가 치밀어서 흥분하게 된다. 그래서 자신도 공격적이 된다. 힘들겠지만 끝까지 온화한 말로 자신이 원하는 바를 명확하게 말하면 결국 상대방도 온화한 대화를 하게 될 것이다. 목적은 불만을 해소하는 데 있지 서로를 공격하기 위한 것이 아니라는 사실이다.

끝까지 온화한 대화를 유지하기 위해서는 상대방의 결점에 관대해야 한다. 무엇보다 그 사람에 대한 최소한의 존중하는 마음을 가져야 한다. 강요에 의한 자신의 만족은 상대방의 희생 위에 존재한다는 사실을 알아야 한다. 그렇게 되면 잠시 승리감에 빠질지 몰라도 좋은 관계를 만들어갈 수 없다. 그렇기 때문에 강요하지 말고 상대방을 믿고 기다릴 줄 아는 여유가 필요하다. 어쩌면 이런 여유를 가지는 순간에 자신이 많이 성장했다는 것을 느낄지도 모른다.

두 사람만의
규칙 만들기

'바꿀 수 있는 규칙'과 '바꿀 수 없는 규칙'

지금, 진정으로 자신을 사랑하는 사람을 만나서 행복한 결혼 생활을 다시 시작하겠다고 생각하고 있을지 모른다. 그렇다면 '진정으로 자신을 사랑한다.'는 것은 무슨 의미일까? 어쩌면 자신에게 '잘해주는 사람'이라고 말할지 모른다. 바로 잘해준다는 것은 자신이 정한 규칙을 잘 따라 준다는 것이다. 그래야 행복하기 때문이다. 지금 그 규칙을 한번 적어보라. 행복하기 위해서는 경제적인 문제에서부터 성적 만족이나 애정표현 그리고 생활 태도에 이르기까지 다양할 것이다. 이런 것들을 적다 보면 아마 스스로도 놀랄 정도로 규칙이 너무 많다는 것을 깨닫게 될 것이다. 앞으로 만날 배우자는 바로 그 규칙을 따라야 한다. 지금 무슨 생각이 드는가?

사람마다 수많은 규칙을 가지고 있다. 그중에 바꿀 수 있는 규칙도 있지만 절대로 바꾸면 안 되는 규칙도 있다. 수많은 규칙이 갈등을 만들지만 절대로 바꿀 수 없는 규칙은 평생 가는 것이다. 그렇다고 절대로 바뀌면 안 되는 규칙이 사람마다 똑같은 것은 아니다. 어떤 사람에게는 얼마든지 바꿀 수 있는 규칙이 어떤 사람에게는 절대로 바꾸면 안 되는 규칙일 수 있다. 그런데도 결혼 생활을 하면서 "그 정도도 못 지켜주느냐?"고 화를 냈을지 모른다.

고트만 교수는 부부간에 풀리는 문제와 풀리지 않는 문제가 있다고 말한다. 그러면서 모든 부부가 지닌 문제 중에 31퍼센트는 풀리는 문제이고 나머지 69퍼센트는 풀리지 않는 문제라고 한다. 풀리지 않는 문제는 상황과 무관하게 두 사람 사이에 계속해서 고개를 드는 문제이다. 치열하게 다툰다 해도 해결 기미가 보이지 않는 것이다. 이 문제만 나오면 비난하고 거부당하고 이해 받지 못하는 기분이 들어서 억울하고 불쾌하고 슬프고 화가 난다. 두 사람 중 한 사람이라도 이렇게 느낀다면 풀리지 않는 문제이다. 바로 풀리지 않는 문제가 '절대로 바꿀 수 없는 규칙'인 것이다.

예를 들어 규칙이 "사랑한다면 집에 일찍 들어와야 한다."는 것이라고 하자. 그런데 배우자는 매일같이 늦는다. 자신의 규칙을 지켜주지 않는 것은 자신을 사랑하지 않기 때문이라고 화가 난다. 그런데 배우자의 규칙은 "내가 아내를 사랑한다면 열심히 일해서 경제적으로 여유롭고 안정적인 결혼 생활을 유지해야 한다."는 것이라면 어떨까? 두 사람 사이에 얼마나 큰 갈등이 생길지 짐작할 수 있을 것이다.

우리 사회의 남자들은 가정을 책임져야 한다는 규칙에 얽매여 있다. 경제적으로 위험을 당하게 되면 가정이 깨지기 때문에 가족 간의 사랑보다도 직장 일에 더 얽매여 있다. 한때는 여자들도 이런 남자들을 당연하다고 생각했던 적도 있다. 책임감이라는 규칙만 있을 뿐 가족에 대한 사랑과 관심은 크게 중요하지 않았다. 그러나 사회가 바뀌어서 여자들의 경제권이 강화되고 맞벌이를 하면서 경제적인 책임보다는 사랑과 관심의 비중이 높아졌다. 경제적인 문제는 아내도 해결할 수 있고 대체로 집에 일찍 들어온다. 그런데 남편은 계속 늦는다.

규칙이 이 한 가지라면 쉽게 조절이 가능하다. 그러나 규칙은 생각 이상으로 많고 그 조합도 다양하다. 한 가지를 더 예로 든다면, 부부 싸움을 했을 때 한 사람은 자신이 생각할 수 있는 시간을 갖기 원한다. 그래야만 분노를 가라앉힐 수 있고 자신을 지킬 수 있기 때문이다. 그래서 부부 싸움이 더 커지기 전에 밖으로 나가 버린다. 그런데 다른 한쪽은 부부 싸움 중에 밖으로 나가 버리면 자신을 무시하는 것으로 생각한다. 부부 싸움도 대화의 방법이기 때문에 충분히 싸우다 보면 자신의 생각을 모두 표현할 수 있고 상대도 이해할 수 있다고 생각한다. 자신이 틀렸을 수도 있다는 사실을 알고 있지만 계속 싸우다 보면 문제가 해결된다는 규칙을 가지고 있는 것이다.

그래서 부부 싸움 중에 밖으로 나가려는 사람을 막으면서 끝까지 자기 생각을 말한다. 그러면 참고 있던 다른 쪽은 언성을 높이게 된다. 아무리 부부 싸움을 하더라도 언성을 높여서는 안 된다는 규칙을 가지고 있는 사람이라면 더욱 더 화가 나고 그것이 고통으로 다가온다. 이런 고통이 상대방 때문에 생기는 것이 아니라 바로 자신이 가진 규칙과 맞지 않기 때문이다.

'나의 규칙', '너의 규칙'이 아닌 '우리 둘의 규칙'을 만들라

이처럼 각자 다른 규칙을 가지고 있으면 당연히 갈등이 생기게 된다. 그렇다고 그 규칙을 바꿀 수 없는 것도 아니다. 심리학에 이런 말이 있다. "현실이란 없다. 관점이 있을 뿐이다." 처음 규칙이 정해질 때의 생각 차이가 각자의 규칙을 다르게 만든 것이다. 우리가 규칙을 적용할 때 관점을 바꾸면 규칙은 얼마든지 바꿀 수 있다. 물론 고트만 교수가 말한 것처럼 풀리지 않는 문제도 있다. 그렇다 해도 조절은 가능하다.

사람들은 자신이 바꿀 수 있는 규칙과 바꿀 수 없는 규칙이 무엇인지 잘 모른다. 그렇기 때문에 일단 자신이 꼭 지켜 주었으면 좋겠다는 것을 작성해 본다. 바꿀 수 있는 규칙이나 바꿀 수 없는 규칙을 조정하는 방법은 모두 같다. 바로 사랑이다. 다시 말해, 서로의 인격을 존중하고 인정해주는 마음이다. 어떤 관계라도 상대방에게 잘못이 있다고 단정하게 되면 문제는 해결할 수 없다. 그렇기 때문에 서로에 대한 신뢰를 가지고 온화하게 대화를 시작하라.

이미 규칙들을 적었다면 조정 가능한 것부터 하나씩 지워나가라. 아마 그렇게 지우다 보면 나중에는 절대로 지울 수 없는 규칙이 있을 것이다. 그렇다면 왜 규칙을 절대로 바꿀 수 없는지 설명하라. 아마 자신의 과거에 있었던 상처를 이야기하면서 자신을 돌아보는 시간을 가지게 될 것이다. 그것이 자신의 상처를 치료하는 계기가 될지도 모른다. 부부라면 상대의 아픈 상처를 들으면서 자신도 모르게 그것을 안타깝게 생각할 것이다. 이때 "힘들었겠다.", "많이 아팠지!"하고 안아줘라. 이 한마디로 상처가 아무는 계기가 될 것이다. 이것이 계기가 되어 절대로 바꿀 수 없는 규칙이 바꿀 수 있는 규칙으로 바뀌기도 한다. 바로 성장했기 때문이다.

바꿀 수 있는 규칙이라고 해서 항상 쉽게 바꿀 수 있는 것은 아니다. 그렇기 때문에 시간이 필요하다. 고트만 교수는 "상대를 변화시키려면 먼저 상대를 있는 그대로 진정으로 좋아하라"고 충고한다. 다시 말해 '사람은 상대가 진정으로 자신을 있는 그대로 받아들여 주고 좋아한다고 느낄 때 비로소 변화한다.'는 뜻이다. 이 말은 틀림이 없다. 그 사람에게 사랑받고 있다는 확신이 있어야 바꾸고 싶은 마음도 생기기 때문이다.

서로의 규칙을 조정한다는 것은 두 사람만의 규칙을 만든다는 것이다. 지금까지는 '나'의 규칙과 '너'의 규칙만 있었다. 이제는 '우리'의 규칙이 필요한 것이다. 그렇다고 일방적으로 어느 한쪽의 규칙만 고집한다면 그 규칙은 지켜질 수가 없다. 두 사람만의 규칙을 만드는 이유는 공동으로 추구하는 가치가 있기 때문이다. 그것은 행복한 결혼 생활을 하는 것이다. 자신들이 가지고 있는 규칙이 행복한 결혼 생활에 맞는지 함께 의논하라. 처음에는 행복하기 위해 어떤 규칙이 지켜져야 하는지 각자 작성해서 나누어 보는 것이 좋다. 물론 그것이 오늘 한 번에 끝나는 것은 아니다. 서로의 의견을 나누다 보면 자연스럽게 "그 생각이 좋겠다."고 동조하는 것도 있다. 그러면 그것을 따르면 된다.

두 사람만의 규칙이 새로 만들어져서 그것을 함께 지켜 나가면 얼마든지 규칙은 바꿀 수가 있다. 그렇게 하기 위해서는 그 규칙이 두 사람 모두에게 이익이 되고 규칙을 지켰을 때 행복하다고 피부로 느낄 수 있어야 한다. 만약 집에 일찍 들어오는 규칙을 정했다 해도 집에 들어와 봐야 각자 일하기 바쁘다면 그 규칙은 지켜질 수가 없다. 또 일찍 들어오는 바람에 회사 일을 소홀히 해서 자신들에게 불이익이 돌아온다면 그 규칙은 지켜질 수 없다. 새로운 규칙은 양쪽 모두에게 이익이 되어야 한다.

규칙을 정하다 보면 두 사람 모두에게 절대로 바꿀 수 없는 규칙이 있다는 것을 알게 될 것이다. 그것을 인정하고 받아들일 필요가 있다. 하지만 아무리 바꿀 수 없는 규칙이라고 해도 두 사람이 정한 공동의 가치보다 우위에 있을 수는 없다. 예를 들어서 아내는 섹스를 하지 않는 것이 절대로 바꿀 수 없는 규칙이고 남편은 섹스를 해야 하는 것이 규칙이라면 어떻게 될까? 어쩌면 행복한 결혼 생활을 핑계로 어느 한쪽의 희생을 요구할 수 있다. 그러나 두 사람 모두에게 이익이 되는 것이 아니기 때문에 그것은 잘못된 것이다. 그보다는 아내의 관점을 바꾸고 성적 감각을 깨워서 섹스를 좋아하게 만들어 주어야 한다. 그것이 바로 성장이다. 만약 아내가 성적 쾌감을 느낄 수 있어서 섹스를 즐기게 되면 아내는 자신의 규칙을 바꾸게 된다. 원래 인간은 새로운 규칙을 받아들이게 되면 기존의 규칙을 왜곡하거나, 일반화하거나, 삭제하기 때문이다.

사람들이 자기 규칙에 강한 애착을 갖고 있는 이유는 그 규칙을 지킴으로써 자신에게 이득이 있었기 때문이다. 두 사람만의 새로운 규칙을 만들었다면 두 사람 모두에게 이익이 되게끔 함께 노력해야 한다. 그것이 관계를 좋게 만들 뿐 아니라 두 사람 모두 행복하게 만들기 때문이다.

성장한다는 것

이미 나이도 먹을 만큼 먹었고 결혼도 해봤는데 더 이상 어떻게 성장하라는 말인가 의문을 가질지 모른다. 하지만 몸은 이미 어른이지만 마음은 성숙하지 못한 경우도 많다. 바로 성장 과정에서 완수해야 할 일을 제대로 완수하지 못하면 성장이 멈추기 때문이다. 나이를 먹는다는 것이 스스로 낡은 사람이 되는 것을 의미하지는 않는다. 성장이 멈추게 되면 과거의 가치관에 얽매여서 스스로 새로운 것을 받아들이지 못하기 때문에 낡은 것을 고집하게 된다.

우리는 정보의 홍수 속에 살고 새로운 정보를 끊임없이 받아들인다. 새로운 정보를 받아들이기 때문에 끊임없이 자신을 업데이트update하고 있다고 생각한다. 이것이 자신을 변화시키고 있다고 생각하지만 아무리 많은 정보를 받아들인다 해도 자신의 가치관이 낡아 있다면 지식은 많을지 몰라도 그것을 해석하는 방법은 낡은 것이 될 수밖에 없다. 그렇기 때문에 사람은 계속 자신을 성장시켜서 가치관까지 시대의 변화에 맞출 줄 알아야 한다. 성숙한 사람은 새로운 것을 받아들이는데 망설임이 없고 자신을 변화시키기 때문에 시대의 변화에 적응력이 뛰어나다. 무엇보다도 자존감이 높기 때문에 낯선 경험을 하더라도 쉽게 자존심이 상하는 일이 없다. 그래서 성숙한 사람일수록 계속 성장할 수 있는 것이다.

사람들이 과거의 사고방식에 고착되는 이유는 바로 '내면의 아이'가 성장하지 못했기 때문이다. 브루스 피셔Bruce Fisher는 〈다시 짓기Rebuilding〉라는 책에서 독립적인 성인으로 성장해 가는 여정을 '껍데기 단계', '반항 단계' 그리고 '사랑의 단계'로 설명하고 있다.

'껍데기 단계'

'껍데기 단계'는 부모의 말을 따르고 부모를 기쁘게 하려고 애쓰는 유년기의 단계이다. 이 시기에는 부모로부터 인정받기 위해 부모가 기대하는 대로 생각하고 행동한다. 그래서 부모와 같은 종교를 가지고 부모와 동일한 도덕적 정치적 가치를 지향한다. 이 시기는 기본적으로 자신의 정체성을 가지고 있지 않기 때문에 부모의 가치관을 그대로 반영한다. 그래서 자신을 억제하는 말을 많이 하는 것이 이 시기의 특징이다. "사람들이 어떻게 생각하겠어? 내게 주어진 의무를 다 하는데 신경 써야 해. 사회 규율과 규칙을 따라야 해. 사회가 내게 기대하는 걸 지켜야 해."

어떻게 보면 성숙한 부모의 말처럼 들린다. 바로 내면의 아이가 성장하지 못하다 보니 '내면의 비판자' 의 감시를 받으면서 부모와 똑같이 생각하고 있는 것뿐이다. 자신이 정말 원하는 것이 무엇인지 모르고 타인의 눈치를 보는 행동을 한다. 의외로 많은 사람들이 어린 시절에 만들어진 가치관과 규칙에 고착되어서 변화하지 못하고 있다. 그래서 결혼 생활에서 배우자에게 자신의 어린 시절에 만들어진 가치관과 규칙을 지키라고 고집하거나 맹목적으로 순종하고 희생하기도 하는 것이다.

아무리 새로운 것이라 해도 시간이 지나면 낡은 것이 된다. 사고방식도 계속 변화하지 못하고 예전의 가치관에 묶여 있으면 낡은 것이 되고 만다. 바로 사람이 늙었기 때문에 옛것을 고집하는 것이 아니라 자신의 가치관을 새롭게 변화시키지 못했기 때문에 옛것을 고집하는 것이다. 부부간의 갈등도 부부가 함께 성장하지 못하면 각자가 옛날 어렸을 때 만들어진 가치관을 고집하면서 평생 티격태격하는 것도 바로 이런 까닭이다. 물론 부모에게 순종했듯이 체념하고 참고 살기도 하지만 말이다.

'반항 단계'

그리고 사람들은 성장 과정에서 사춘기라는 '반항 단계' 를 경험한다. '금지된 것' 을 하고 새로운 것을 해보고 싶은 충동을 가지는 시기이다. 이 단계에 고착되면 나이든 어른임에도 불구하고 아직 '반항단계'에 머물기도 한다. "난 내 식대로 해왔어. 당신 도움은 필요 없어. 당신만 아니었다면 내가 원하는 사람이 될 수 있었을 거야. 그러니 날 좀 내버려 둬."

모든 것을 타인의 탓으로 돌리면서 자신이 현재 억압을 당하고 있다는 압박감과 스트레스를 받게 된다. 주변의 도움을 거부하기 때문에 모든 책임을 짊어지고 완벽해 보이려고 노력하고, 사람들을 기쁘게 해주려 하고, 자신의 감정을 겉으로 드러내지 않기도 한다. 이 반항기를 극복하지 못한 상태에서 결혼을 하게 되면 배우자로부터 멀리 도망가고 싶어 한다. 마치 부모로부터 독립하고 싶어 했던 것처럼 배우자로부터 독립하기를 원하는 것이다. 부모와 사회가 부여한 가치관에 불만을 가지고 그것에 반대하다 보니 세상을 보는 눈이 부정적이고 십대처럼 행동하기도 한다.

그래서 결혼 생활 자체가 스트레스고 질식할 것 같고 불행하며 새장에 갇힌 듯한 느낌을 받는다. 자신의 이런 불행이 배우자 때문이라고 믿는다. "당신은 아무런 노력도 하지 않고 있어. 당신이 조금만 노력해서 바꿀 수 있다면 난 행복할 수 있을 텐데." 그러면서 자신을 위로해 줄 새로운 상대를 찾기도 한다. 그러고는 배우자에게 이렇게 말한다. "날 진심으로 이해하고 내 말에 귀 기울여 주는 사람을 찾았어. 당신은 지금까지 내게 관심도 가지지 않았잖아?"

항상 불만을 가지고 결혼 생활을 했기 때문에 다시 누군가를 만난다 해도 결국 불행할 수밖에 없다. 자신의 청소년기에 이루지 못한 반항을 계속하고 있기 때문에 이혼이 쉽고 종종 현재 사랑하는 사람까지 버리기도 한다. 바로 반항의 단계에 고착되어 있기 때문이다. 이런 사람은 사회의 가치관에 반기를 들고 있지만 그것을 어떻게 바꾸어야 할지 모른다. 더군다나 관계의 중심을 상대방에게 두고 있기 때문에 항상 불만만 가득할 뿐 자신이 어쩌지 못하는 것이다.

그래서 '껍데기 단계'에 머물러 있는 사람들은 '반항 단계'에 있는 사람들에게 오히려 '철이 덜 들었다'고 말한다. 자신들이 성숙한 사람처럼 말하지만 그들은 옛것을 맹목적으로 따르고 있을 뿐이다. 만약 '반항 단계'에 있는 사람이 자신을 들여다 볼 계기를 가지게 되어 부정적으로 보는 시각을 긍정적으로 바꾸고 관계의 중심을 자신에게 두게 되어 타인의 잘못이 아니라 자신의 내면에서 일어난 갈등이라는 점을 깨닫게 되면 더 빨리 성장할 수 있다. 그렇게 해서 '사랑의 단계'에 이르게 되면 마침내 자신의 정체성을 확립하기 시작한다.

'사랑의 단계'

사랑의 단계에 들어간 사람들이 하는 말에는 수용과 이해가 내재되어 있다. "부모님은 최선을 다하셨어. 그분들이 야단치실 때에는 화도 났지만, 그분들도 나름대로 열심히 노력하셨다고 생각해. 지금 난 부모님을 있는 그대로 이해하고 수용해." 이처럼 자신과 맞지 않았던 부분에 대해 이해하려고 노력하고 그럴 수밖에 없었다는 것을 인정하게 된다. 부모를 있는 그대로 받아들이게 되면 결국 자기 자신도 있는 그대로 받아들일 수 있고 배우자 역시 있는 그대로 받아들이게 된다.

부모를 인정한다고 해서 '껍데기 단계'에 있는 사람들처럼 부모의 가치관을 맹목적으로 따르는 것은 아니다. 그 당시에는 그럴 수밖에 없었다는 것을 인정하는 것뿐이다. 그렇기 때문에 부모의 가치관이 아니라 시대의 변화에 맞추어서 자기만의 새로운 가치관을 만들게 된다. 이것이 성장이다.

바로 내면의 아이를 성장시키게 되면 성숙한 사고를 할 수 있다. 더군다나 자신을 성장시켜서 가치관까지 변화시키게 되면 굳이 배우자 보고 자신의 가치관에 맞추라고 할 필요가 없다. 배우자 역시 성숙한 사람이라면 가치관까지 변화시킬 수 있기 때문에 결국 두 사람만의 새로운 가치관으로 성장시킬 수 있다. 그래서 두 사람이 자기 멋대로 행동하고 있는 것 같지만 두 사람 모두에게 아무런 피해를 주지 않는다.

어린 시절의 상처로 인해 부부간의 갈등을 만들어 왔다. 어쩌면 부모와 같은 결혼 생활을 원하지 않으면서도 자신도 모르게 빼닮아 있었다는 것을 깨달았을지도 모른다. 전혀 성장하지 못하고 '껍데기 단계'에 머물고 있었던 것이다. 그리고 이혼을 했다. 그렇다면 이런 모든 것을 버리고 새롭게 결혼 생활을 하기 위해서는 성장이 필요하다. 부부간의 새로운 가치관을 만들기 위해서는 자신이 그동안 지켜보고 배워 왔던 부모의 영향에서 벗어나야 한다. 그렇게 하기 위해서는 나 자신이 독립적인 성인으로 성장할 수 있어야만 가능하다. 물론 이런 성장은 자녀를 키울 때도 똑같이 적용이 된다. 자녀 역시 있는 그대로 인정하고 그들이 독립적인 성인으로 성장할 수 있도록 도울 수 있다. 진정한 어른이란 이런 것이다. 그래서 사람은 죽을 때까지 끊임없이 성장해야 한다.

이혼했으면 성공하라

관계를 정리하는데 오래 끌지 마라 / '놓아 보낸다'는 것은 어떤 의미인가? / 용서는 나를 위해 하는 것

자존감을 높여라 / 자신을 돌보는 법 배우기 / 자존감이 낮을수록 잘못된 배우자 상을 가지고 있다

당신 자신을 믿어라

제7부

새로운 시작을 위한 준비

우리 스스로는 지금보다 월등하게 뛰어나야만 누군가로부터 사랑을 받을 수 있다고 생각한다. 그래서 과장을 해서라도 지금보다 나은 사람처럼 행동하려고 한다. 하지만 지금보다 뛰어나지 않아도 된다. 단지 우리가 사랑하기 위해서는 자기 자신이 사랑받을 '가치 있는 사람'이라고 믿을 수 있으면 된다.

관계를 정리하는데
오래 끌지 마라

이혼 후 전 배우자에 대한 감정 정리는 빠를수록 좋다

새로운 시작을 하려고 해도 옛 배우자에 대한 미련 때문에 머뭇거리고 있다면 그것처럼 어리석은 일도 없다. 사실, 꿈을 함께 공유하고 살까지 섞어가면서 살아온 세월을 빠른 시간 안에 정리한다는 것은 쉬운 일이 아니다. 그러나 시간을 오래 끌수록 고통만 더해질 뿐 서로에게 아무런 도움이 되지 않는다. 전 배우자에 대한 의존을 끊지 못하는 한 고통은 계속될 수밖에 없기 때문이다.

이혼은 두 사람의 관계가 끝났다는 것을 의미한다. 그런데 떠나는 사람은 죄책감을 모면하려고 남겨진 사람에게 친절을 베풀고 싶어 한다. 이런 행동이 혹시 관계를 다시 시작하는 것은 아닌지 오해를 불러 일으켜 오히려 이혼 과정만 연장시킬 뿐이다.

떠나는 사람들 중에는 이혼하고 나서도 주변에서 맴도는 사람도 있다. 가끔 식사를 함께 하고 술이라도 한잔 하고 기분이 좋아졌을 때는 잠자리도 같이 한다. 이렇게 행동하는 것이 성숙한 사람의 태도인 것처럼 보이지만 그것은 관계를 정리하는데 방해만 될 뿐이다. 오히려 헤어지려고 결심했다면 빨리 자신을 정리할 수 있도록 단호하게 처신하는 것이 '호의'를 베푸는 것보다 훨씬 더 친절한 배려일 수 있다.

관계를 정리하는 것을 지연시키는 또 다른 경우도 있다. 정기적으로 아이를 만나는 것도 지지부진한 과정을 연장시킬 수 있다. 물론 아무리 이혼했다 해도 아이의 부모임에는 틀림이 없다. 그렇기 때문에 아이를 만날 수는 있다. 그러나 그것을 핑계로 두 사람이 자주 만나는 것은 오히려 관계를 정리하는 데 방해가 된다.

또 너무 가까운 곳에 살면서 서로를 감시하는 경우도 있다. 같은 도시 안에 사는 것은 문제가 되지 않지만 너무 가깝게 사는 것은 문제가 될 수 있다. 그런데 이런 것보다 더 심각한 것은 전 배우자에 대한 집착이다. 많은 사람들은 전 배우자와의 감정을 정리하는 문제로 힘들어 한다. 하지만 아픔을 놓아 보내는 것은 자신에게 자유를 주는 것이다. 그리고 원한다면 당연히 새로운 사람과 다시 사랑도 시작할 수 있다. 그런데도 이미 남남이 된 사람에게 정신적 지지를 받겠다고 계속 매달리고 있다면 자신에게 아무런 도움도 되지 않으면서 고통만 더욱 심해질 뿐이다.

감정적인 의존은 상대방으로부터 지지를 얻을 수 있을 때는 문제가 되지 않는다. 그러나 상대방의 사랑과 지지가 떠났을 때는 그 의존성을 놓아버려야 한다. 그렇게 하려면 관계가 이미 끝났다는 것을 인정해야 한다. 사람들은 이혼으로 관계가 끝났다고 말하면서도 전 배우자에 대한 감정을 정리하지 못하는 경우가 많다. 비록 전 배우자로부터 상처를 받았다 해도 감정을 정리하는 문제는 그가 아니라 나 자신에게 달린 일이다. 그렇기 때문에 감정을 빨리 정리하는 것이 좋다.

전 배우자를 놓아 보내는 방법과 자세

놓아 보내는 데 도움이 될 만한 몇 가지 특별한 조치를 소개하겠다. 먼저 집을 둘러보고 전 배우자를 생각나게 하는 물건은 모조리 없애라. 특히 사진, 결혼선물, 각종 기념일을 떠올리게 하는 물건들을 없애버려라. 가구 배치를 새로 하거나 도배를 새로 해서 전 배우자와 살 때와는 전혀 다르게 집을 꾸미는 것이 좋다. 결혼 생활을 하는 동안 함께 사용했던 침대는 특히 중요한 상징이므로 배치를 새로 하거나 다른 방에 갖다 놓거나 팔아 버리거나 내다 버려라.

이전 결혼 생활을 떠올리게 하는 모든 물건들은 상자에 넣어 창고나 골방에 보관하는 것이 낫다. 어느 특정한 날 그것들을 모두 태워 버리는 의례를 치루고 싶을 수도 있다. 예전 추억을 불태우면서 슬퍼할 시간을 가지고 싶은 것이다. 이러한 애도의 시간은 매우 슬프고 가슴이 아픈 일이다. 그렇기 때문에 자신을 지지해 줄 누군가가 옆에 있는 것이 좋다. 되도록 더 많이 슬퍼하고 눈물을 많이 흘리는 것이 더 빨리 놓아 보내는 데 도움이 된다. 그래야 내면의 슬픔을 완전히 털어내는 데 드는 시간을 줄일 수 있다.

이미 헤어진 전 배우자가 전화를 하거나 자신에게 문자를 보내거나 집에 찾아올 때 어떻게 대처할 것인가도 고민거리이다. 이미 헤어진 배우자가 매달리는 것이 분명하다면 신경이 거슬리기 때문이다. 지지부진한 관계를 끝내려면 분명하게 거절 의사를 표현해야 한다. 더 이상 전화를 하지 말라고 단호하게 거절 의사를 밝히거나 집에 찾아왔을 때 집에 들이지 않는 것도 하나의 방법이다.

전 배우자와의 상처가 치료되지 않아서 원망을 하거나 그 사람과 행복했던 추억이 떠올라서 눈물이 난다면 처음부터 다시 마음의 상처를 치료해야 한다. 그리고 진심으로 용서하고 마음에서 떠나보내야 한다. 그렇지 않으면 새롭게 시작할 인생에 방해만 될 뿐이다.

이제 전 배우자에게 의지해서 자신의 행복과 만족을 얻을 수 없다고 인식한다면 더 이상 전 배우자 때문에 괴로워할 이유가 없다. 이미 전 배우자는 남일 뿐이다. 자, 시간 낭비할 이유가 없다. 전 배우자와 헤어지면서 귀중한 교훈을 많이 얻었다. 그리고 아픈 마음을 치유하는 과정에서 무엇이 문제인지 알게 되었다. 그렇다면 이제 영원히 변하지 않을 진정한 사랑을 찾을 준비가 된 것이다.

'놓아 보낸다'는 것은
어떤 의미인가?

■
'놓아 보낸다' 는 것은 전 배우자에 대한
감정을 털어 버리는 것

   이혼을 했다면 이미 시들어 버린 관계에 감정을 쏟아 붓는 일은 그만두어야 한다. 이 말에 대해 온갖 정나미가 다 떨어졌는데 놓아 보내고 자시고 할 게 뭐가 있겠느냐고 말할지 모른다. 그러면서 이혼했으면 놓아 보낸 것이 아니냐고 반문한다. 하지만 마음속에는 아직도 전 배우자에 대한 원망과 비난이 남아 있다.
   그렇기 때문에 '놓아 보낸다' 는 말뜻을 정확하게 이해해야 한다. '놓아 보낸다' 는 것은 고통스럽지만 전 배우자에게 느끼는 강렬한 감정을 모두 털어버리는 것을 뜻한다. 전 배우자에게 아직도 집착하고 있다면 왜 아직도 집착하고 있는지 이유를 생각해봐야 한다. 사람들은 어린 시절 자신과 함께 잠자던 곰 인형에 집착했듯이 예전 감정이나 믿음에 매달리는 경향이 있다. 자신이 의지했던 것을 놓아 보낸다는 것에 대해 상당히 위협적으로 느끼기 때문이다.

사실 이별의 상처를 극복하기 위해서는 시간과 노력이 필요하다. 그리고 그것에 대응하는 자세는 사람마다 차이가 있다. 어떤 사람은 그것에 정면으로 맞서서 극복하고 어떤 사람은 계속 그것을 피하면서 시간만 허비하고 있다. 마치 세상에 내보일 훈장처럼 전 배우자에 대한 원망과 비난과 분노를 가슴에 품은 채 한숨지으며 살아가는 사람도 있다. 영원히 억울함과 슬픔에 갇혀 사는 사람들, 즉 새로운 인생이나 사랑에 마음을 열지 못하고 살아가는 사람들이 있다는 말이다.

'놓아 보낸다'는 것은 관계가 확실히 끝났고 앞으로 새로운 수많은 도전이 기다리고 있다는 것을 인정하는 것이다. 그것이 몹시 두렵기도 하다. 하지만 도전은 언제나 새로운 자신을 발견하고 자신의 삶속에서 정말 원하는 것이 무엇인지 찾게 만든다. 그리고 결국 새로운 사랑의 기쁨을 경험하게 될 것이다. 설레지 않는가?

그렇게 하기 위해서는 전 배우자에 대한 감정을 말끔히 씻어내야한다. 단순히 사랑만이 아니라 분노, 쓰라린 느낌, 복수심 등은 내려놓아야 하는 감정이다. 전 배우자에 관해 아직도 할 말이 많은 사람은 애정이든 분노든 그 사람에 대한 강렬한 감정을 미처 내려놓지 못한 것이다. 그렇기 때문에 처절하게 슬퍼하고 격정적으로 분노해야한다. 물론 그런 과정에서 예전에 풀지 못한 오래된 상처와도 만나게 될 것이다. 그것이 자신을 더욱 분노하게 하고 더욱 집착하게 했는지도 모른다. 그렇다면 그 역시 놓아버려야 한다. 더욱 분노하면서 전 배우자만이 아니라 자신에게 상처를 주었던 옛날 기억까지 모두 떠올려라.

원망과 비난은 유사한 것 같지만 다른 감정이다. 원망은 지속하지도 못할 결혼 생활을 지금까지 끌고 왔기 때문에 괜한 시간 낭비를 했다는 생각에 분개하고 자신의 희망과 기대가 충족되지 않은 것을 불쾌하게 생각하는 것이다. 그러나 비난은 이혼의 원인을 상대방 탓으로 돌리면서 그 관계에서 빠져나온 것을 너무나 다행스럽게 생각하는 경우이다. 물론 정반대로 자책감에 빠져서 이혼의 모든 책임을 자신의 탓으로 돌리는 경우도 있다.

네 가지 치유의 감정과 진정한 이별

원망하는 마음을 가지고 있는 한, 배우자를 용서와 애정으로 작별을 고하기란 어렵다. 비록 원망하고 분개하는 마음을 가질 권리가 있다 해도 한때 느꼈던 사랑을 기억하고 배우자의 잘못을 용서하는 것이야말로 이제부터 해야 할 새로운 과제인 것이다. 사랑의 상실을 충분히 슬퍼해야만 모든 원망을 놓아 보내고 전 배우자가 잘되기를 빌어 줄 수 있게 된다. 그렇게 하기 위해서는 분노, 슬픔, 두려움, 아쉬움과 같은 네 가지 치유의 감정을 하나하나 탐사해 볼 필요가 있다고 존 그레이는 말하고 있다.

우선 분노이다. 인생을 낭비하게 하고, 헤어지게 만들고, 마땅히 받아야 할 사랑과 지지를 주지 않았던 그에게 분노를 느낄 수도 있다. 그리고 슬픔이다. 관계가 끝나고, 사랑할 사람을 갖지 못하고, 일이 이렇게 되어 버린 데 대해 슬픔을 느낄 수 있다. 다음으로 두려움이다. 나 자신이 어리석었으며 또다시 바보짓을 할지 모른다는 걱정과, 관계를 잘 가꾸어 가는 방법을 모르고 있다는 두려움을 느낄 수 있다. 마지막으로 아쉬움이다. 일이 이렇게 되기 이전으로 다시 돌아갈 수 없으며, 잃어버린 세월을 되찾을 수 없고, 배우자의 마음을 돌릴 수 없다는 사실에 대해 아쉬움을 느낄 수도 있다.

비난의 경우도 마찬가지이다. 모든 것을 상대방의 탓으로 돌리고 자신의 해결하지 못한 감정을 계속 가지고 있는 한 이혼 전과 마찬가지로 자신과 맞지 않는 상대에게 관심을 가지게 된다. 이미 벌어진 일이기 때문에 빨리 잊고 싶어 하겠지만 문제를 해결하지 않으면 같은 문제를 반복하게 된다.

원래 안 좋은 일은 자신이 가장 두려워하는 쪽으로 삶을 몰고 가는 경향이 있다. 거절당하는 것이 두려우면 무의식적으로 거절당할 만한 일을 만들게 된다. 죄책감을 느끼고 싶지 않으면 죄책감을 느낄 수밖에 없는 상황을 스스로 만들게 된다. 전 배우자와 똑같은 사람을 만나는 것이 두려운 사람은 자신도 모르게 전 배우자와 똑같은 면을 상대방에게서 찾기 때문에 결국 똑같은 이유로 헤어질 수밖에 없는 것이다. 자신이 원하지 않으면서도 이런 상황을 얼마나 자주 만들고 있는지 그 예를 들자면 끝이 없다. 그래서 내면에 부정적인 생각이 사라질 수 있도록 '놓아 보낸다'는 과정이 필요한 것이다.

이런 과정을 통해 감정의 집착을 놓아 버리고 난 뒤에도 전 배우자를 떠올릴 때면 여전히 어느 정도의 슬픔과 분노는 느껴질 것이다. 어쩌면 자신의 감미로운 사랑과 내면의 강인함이 느껴질지도 모른다. 그러나 전 배우자를 기억하는 것이 더 이상 고통스럽지는 않을 것이다. 그러면서 살아온 정이 있어 아쉽기는 하지만 자신과 맞지 않는 사람이었다고 생각하며 진정으로 이별할 수 있게 된다. 그러면 당신은 새롭게 출발할 수 있다.

용서는
나를 위해 하는 것이다

용서가 필요한 이유

사람들은 용서의 진정한 의미를 이해하지 못한다. 그래서 용서하고 싶어도 할 수 없는 경우도 있다. 배우자를 용서하고 사랑하는 마음을 갖는다면 그와의 관계를 다시 회복해야 한다고 생각하기 때문이다. 이런 잘못된 생각은 버려야 한다. 가장 훌륭한 이혼은 그를 사랑하지만 살아 보니 자신과 맞지 않는 상대이기 때문에 이별하는 것이다. 만일 관계를 끝내기 위해서 반드시 "나는 더 이상 당신을 사랑하지 않아요."라고 말해야 한다면 결국 '사랑하지 않는다'고 하는 닫힌 마음만이 남게 된다.

어쩌면 죽는 날까지 용서하지 않겠다고 맹세한 사람도 있을 것이다. 그렇다면 죽는 날까지 마음속에 전 배우자에 대한 원망, 비난, 냉담, 죄책감, 불안, 절망, 시기와 질투의 감정에 고착되기 쉽다. 그것은 이별을 한 것이 아니라 이미 끝난 사랑을 계속 가슴에 묻고 있는 것이다. 그런 감정은 새로운 사람에 대해 온 마음으로 다시 사랑하지 못하도록 훼방만 놓을 뿐이다.

반대로 열린 마음을 갖고 있다면 누가 자신에게 맞는 상대인지를 더 분명하게 알아볼 수 있다. 전 배우자를 용서하게 되면 상대방을 이해하는 폭이 넓어지고 사랑의 마음이 커지기 때문에 오히려 새로운 관계를 지속시킬 가능성이 높아지게 된다.

우리가 이혼하고 나서 갈 수 있는 방향은 오직 두 가지뿐이다. 더욱 사랑할 힘을 키우든지 아니면 더 깊은 수렁에 빠져 헤어나지 못하든지 둘 중의 하나이다. 새 출발을 할 때 우리가 직면하는 가장 어려운 문제는 용서와 이해, 감사와 신뢰로 아픔을 놓아 보내는 것이다. 이렇게 작별하는 것은 자기 자신에 대해, 자신의 과거와 미래에 대해 좋은 느낌을 갖게 해준다. 그러나 말이 쉽지 실제로 그렇게 하기란 결코 쉽지 않다.

그래서 그렇게 복잡하게 고통을 치료하느니 차라리 사랑하지 않고 살겠다고 말하는 사람도 있다. 그러나 사랑 없이 살아가겠다고 결심하는 사람은 없다. 마음속에는 항상 사랑을 그리워하면서도 복잡한 것이 싫어서 도망치는 것뿐이다. 어떤 죽음보다도 더 비극적인 것은 사랑할 용기가 없어서 과거의 아픈 사랑을 가슴에 안고 살아가는 것이다.

우리가 자신의 불행을 상대방 탓으로 돌리면 자신도 모르게 고통스러운 감정을 모두 쏟아내는 것을 방해하게 만든다. 자신의 불행이 전적으로 배우자 탓이라고 생각한다면 그쪽이 변하기 전까지는 그 고통을 참고 견디는 것밖에는 자신이 할 수 있는 일이 아무것도 없다. 그래서 자신의 감정을 극히 제한적으로 만들어 버린다.

용서는 자기 자신을 위한 것이다

용서가 중요한 것은 그것이 우리 자신을 자유롭게 하기 때문이다. 이미 이혼을 했는데도 그 사람에게 자신의 감정까지 책임지라고 고통을 붙잡고 늘어질 이유는 없다. 그런데도 상대방 탓을 하면서 고통 속으로 빠져들고 있는 것이다. 그렇기 때문에 어떻게 해서라도 전 배우자와 상관없이 자기 스스로 상처를 떨쳐 버려야 한다. 그 방법은 오직 상대방을 용서하는 것뿐이다.

사실 용서는 상대방을 위해 하는 것이 아니라 나 자신을 위해 하는 것이다. 왜냐하면 용서를 하는 순간 나 자신의 기분이 좋아지고 다시 사랑을 찾을 수 있는 용기를 가질 수 있기 때문이다. 용서는 나 자신이 문제를 스스로 해결할 수 있다는 자신감을 가지게 한다. 그리고 아무것도 할 수 없다는 무력감에서 벗어날 수 있는 힘을 주기도 한다.

용서는 나 자신이 하는 것이다. 그런데도 우리는 종종 상대방의 태도를 보고 용서를 해야 할지 말아야 할지를 결정한다. 끝까지 결정권을 상대방에게 넘기고 있는 것이다. 그것은 상대방이 어떤 행동을 했기 때문에, 하지 않았기 때문에 비난하는 게 아니라 나 자신이 그의 행동이 마음에 들지 않기 때문에 비난하고 있다는 것만 확인시켜 줄 뿐이다. 그리고 아직 자신이 심리적인 치유가 끝나지 않았다는 것을 보여 주는 것이기도 하다. 그런 심리 상태에서는 용서를 할 수 없다. 만일 시간을 갖고 자신의 감정을 느끼고 용서할 마음을 갖게 된다면 상대방의 행동과 관계없이 나 자신이 그를 비난하지 않게 되고 용서하게 된다.

용서를 하지 않으면 상대방과의 과거를 끌어안고 있는 것이기 때문에 고통은 계속될 수밖에 없다. 그러나 용서를 하고 그 사람과의 과거를 잊어버리게 되면 그때부터 홀가분하게 고통에서 벗어날 수 있다. 그 사람이 더 이상 나 자신에게 고통을 제공해 주지 않기 때문이다.

상대방을 용서하고 나야 비로소 결혼 생활에서 자기가 한 역할을 돌아보게 된다. 이혼의 책임이 자신에게도 있다는 것을 깨닫는 순간 두 사람의 관계를 충분히 들여다보면서 해결되지 않은 감정을 하나하나 짚어 볼 수 있다. 무엇이 잘못되었는지 결혼 생활의 전모를 파악할 수도 있게 된다. 흔히 사람들은 과거를 깨끗이 잊고 새롭게 출발하라는 말을 많이 하지만 자신의 감정을 충분히 파악하고 나면 과거를 잊지 않고도 상대를 용서할 수 있다. 결국 과거의 잘못된 경험이 오히려 관계를 성숙시키는 방법을 배우는 계기가 될 수 있다. 그래서 굳이 과거를 잊어버리지 않아도 새로운 관계로 옮겨갈 마음의 준비를 할 수 있는 것이다. 자기 자신에 대해 책임지는 마음가짐을 가질 때 새로운 관계를 열어 가는 데 필요한 자신감도 가지게 된다.

그렇기 때문에 용서를 통해 이미 끝난 관계를 깨끗이 청산할 필요가 있다. 모든 것을 용서하고 전 배우자와의 관계를 좋았던 기억으로 추억할 수 있으면 새로운 관계에 신뢰를 보낼 수 있고 또다시 좋은 추억을 만들어 갈 희망을 가질 수 있다. 나쁜 추억을 가지고 좋은 미래로 나아간다는 것은 어렵다. 사랑에 대한 나쁜 추억을 가지고 있으면 새로운 사랑도 믿지 못하고 나쁜 관계로 발전할지 모른다는 생각에 자신의 모든 마음을 열 수 없기 때문이다. 그렇기 때문에 충분히 고통을 느끼고 냉정하게 자신을 돌아봐야 한다. 그 사람에게 문제가 있다기보다는 자신과 맞지 않았다는 것을 확실하게 인식하기까지 어느 정도의 시간이 필요하다는 말이다. 결국 전 배우자를 용서함으로써 나 자신도 용서를 하게 되고 그것이 새로운 출발을 축복하게 될 것이다.

자존감을 높여라

낮은 자존감이 행동과 사고에 미치는 영향

"오늘 아침엔 내가 아무것도 할 수 없다는 것이 너무 무력하게 느껴져 일어날 수가 없었어. 내가 없다고 아쉬워하는 사람도 없으니까. 내가 일어나거나 말거나 무에 그리 대수겠어?"

이혼하고 나서 어느 순간에 이런 느낌에 빠져서 헤어나지 못할 때가 있다. 자신이 쓸모없는 인간처럼 느껴지는 것이다. 이혼은 자존감을 매우 낮게 만들어 버리기 때문이다.

자존감은 행동에 크게 영향을 미친다. 낮은 자존감에서 벗어나려고 자존심을 내세우면서 강한 정체성을 추구하다가 그것이 이혼으로 이어지기도 한다. 역으로 이혼 때문에 자존감이 낮아지거나 정체성을 잃어버리기도 한다. 사랑에 많은 것을 쏟아 부었는데 막상 그 관계가 끝나고 나면 인생에서 실패한 것 같고 형편없는 패배자처럼 느껴져서 자존감이 훼손되는 것이다.

나 자신이나 다른 사람들과의 관계에서 일어나는 모든 일들은 나 자신이 가지고 있는 개별적 가치, 즉 자기 가치에 의해 결정된다. 원만함, 정직성, 책임감, 정열, 사랑과 같은 것은 자기 가치가 높은 사람에게서 자연스럽게 흘러나온다. 그런 사람은 모든 것에 관심이 많고 자신이 살아 있다는 것만으로도 이 세상이 보다 살기 좋은 세상처럼 느껴진다. 그리고 자신의 창조력에 대한 믿음이 있다. 다른 사람에게 도움을 청할 수 있으나 스스로 결정할 수 있고 자기 자신이 좋은 자원이라고 믿는다. 자기 자신의 가치에 감사하며 언제나 타인의 가치를 인정하고 존중한다. 신뢰와 희망도 마찬가지이다. 그리고 자신의 감정을 표현하는 것을 막거나 억압하는 규칙을 가지고 있지 않다. 자신의 모든 것을 인간적인 것으로 받아들인다.

생기 넘치는 사람은 대체로 높은 자존감을 가지고 있다. 사람들은 어느 한순간, 당장 다 집어치워 버리고 싶은 그런 시간들을 경험한다. 피로가 엄습할 때라든지, 이 세상이 한꺼번에 너무 많은 실망을 안겨 주었다든지, 사는 문제가 별안간 감당하기에 벅차 보일 때 그런 경험을 한다. 활력이 넘치는 사람은 일시적으로 낮아진 자존감을 있는 그대로 받아들이고 현재의 침체된 기분은 잠시 그런 것이라고 생각한다.

그러나 대부분의 사람들은 자존감이 낮은 상태로 자신의 삶을 살아간다. 그런 사람들은 스스로 가치가 없다고 느끼기 때문에 다른 사람들이 자신을 속이거나 짓밟거나 비난하고 있다고 생각한다. 항상 최악의 상태를 예상하면서도 그것을 자초하고 또 즐겨 그러한 최악의 상태를 경험한다. 그런 사람들은 자신을 방어하기 위하여 불신의 벽 뒤로 숨어들고 외로움과 소외감에 빠져서 스스로의 삶을 비참하게 만들기도 한다. 그래서 다른 사람들로부터 격리되어 자신과 주위 사람들에 대하여 무감각해지고 냉담해진다. 어떤 사실을 그대로 받아들이거나 분명하게 보고 듣거나 생각하기 어렵기 때문에 사실을 왜곡해서 오히려 다른 사람들보다 더 남을 짓밟고 비난하는 과오를 범하기도 한다.

늘 자존감이 낮은 상태에 있는 사람은 평소 활기차게 행동하다가도 조금이라도 자존감이 떨어지게 되면 마치 자신이 못나서 그런 것처럼 지나치게 절망한다. "나처럼 쓸모없는 인간이 어떻게 그런 일을 견뎌 낼 수 있을까?"라고 스스로에게 자문한다. 항상 패배감에 젖어 있다 보니 이따금 약물을 남용하기도 하고 극도의 중압감에서 벗어나지 못해서 자살하기도 한다. 자존감이 낮은 사람은 다른 사람에게 자신의 속내를 툭 터놓고 이야기하지 못하기 때문에 그것을 해결하지 못하고 혼자 상처를 받고 힘들어 한다. 이런 악순환은 자존감을 더욱 낮게 만든다.

그리고 은연중에 남들과 비교하는 버릇이 있어서 남들보다 조금 낫다 싶으면 우쭐해지고 반대로 남들보다 조금 못하면 열등감을 느끼고 주눅이 든다. 그래서 남들의 장점을 보기 보다는 단점을 찾아서 자신이 좀 더 낫다는 것을 증명하려고 한다. 또 자신의 규칙을 지키는데 지나치게 고집스럽다. 자신의 규칙이 지켜지지 않으면 자존심에 상처를 입기 때문이다. 자신이 상처를 입지 않기 위해 공격적인 말을 하다 보면 상대방에게 상처를 주게 된다. 그런데 중요한 것은 상대방에게 아무리 상처를 주어도 자신의 낮은 자존감이 올라가지 않는다는 사실이다. 오히려 기분만 나빠질 뿐이다.

그래서 신비주의 시인 윌리엄 블레이크William Blake는 "자신의 생각을 절대로 바꾸지 않는 사람은 고여 있는 물과 같고 마음속에 악어를 키우는 사람과 같다."고 말한다. 열등감에 빠져 있다 보니 새로운 것을 받아들일 용기도 없고 그러다 보니 자기 생각을 바꿀 기회도 없다. 오직 고집불통이 되어 괴팍하다는 소리만 듣게 되는 것이다.

자존감을 높이는 여섯 가지 방법

이혼한 지금, 당신의 자존감은 어떠한가? 아마 자존감이 바닥에 떨어져 있을 것이다. 지금 기분이 저조하다고 자존감이 낮은 것을 의미하지는 않는다. 기분이 낮다면 기분을 전환하면 된다. 하지만 지금까지 자존감이 낮게 살아온 사람이라면 이번 기회에 자존감을 높일 필요가 있다. 다행인 것은 누구든지 나이와 상관없이 자신의 자존감을 향상시킬 수 있다는 것이다. 다만 나이를 먹어 갈수록 그것이 조금씩 힘들어지고 시간이 더 걸리는 것뿐이다.

자존감을 높이는 방법은 우선 나 자신이 변하겠다고 결심을 해야 한다. 이혼과 같은 위기로 뿌리째 뽑혔다고 생각할 때 우리 안에는 자신의 잠재된 능력을 온전히 발휘하도록 돕는 힘이 있다. 이번 기회에 자신의 자존감을 높이겠다고 결심하라. 자존감을 높이겠다고 결심이 서면 삶 전반에 걸쳐 변화가 일어날 것이다.

두 번째는 자신을 바라보는 방식을 바꾸는 것이다. 우선 자신의 장점 스무 가지를 적는다. 그것을 다른 사람들에게 큰 소리로 말하라. 만약 자신의 장점 목록을 많은 사람들 앞에서 읽게 되면 기분이 좋아질 수밖에 없다. 그리고 자신이 평소에 자주 볼 수 있는 곳에 긍정적인 말을 써서 집안 곳곳에 눈에 잘 띄는 데다 붙여 놓는다. 거울이나 냉장고 같은 곳이 좋은 예다. '너는 항상 밝게 웃는 모습이 아름답다.'와 같은 칭찬도 괜찮고 자신의 장점 스무 가지 중에서 고를 수도 있다. 아니면 핸드폰에 자신의 장점을 적거나 혹은 '꿈의 보드'를 만들어서 그곳에 스무 가지 중에 중요하다고 생각하는 몇 가지를 그림과 함께 그려 놓고 매일 수시로 바라볼 수 있게 만드는 것도 좋다.

지금까지 자신이 가지고 있던 자신에 대한 부정적인 생각을 없애는 것이다. 먼저 자신의 단점을 장점으로 바꾸어서 생각하라. 그런 다음 내면에서 들리는 부정적인 장애물을 제거해야 한다. 어쩌면 이미 경험했을지 모른다. '너는 항상 밝게 웃는 모습이 아름답다.'라고 하면 '과연 내가 정말 아름다운가?'라고 의문을 갖거나 아니면 '넌 지금 네가 정말 아름답다고 생각하니?'라고 부정하면서 어려서부터 어른들에게 들어왔던 겸손해야 한다는 소리가 들릴 것이다. 바로 이런 것들이 자신의 자존감을 높이는데 방해가 된다. 이제는 성숙한 사람으로 자신의 자존감을 높이는 쪽으로 생각을 전환하라.

세 번째는 다른 사람과 맺은 관계를 다시 점검하라. 어쩌면 이것을 실행하기 쉽지 않을 것이다. 사람은 관계를 통해서 자존감이 높아지거나 내려가기도 한다. 지금 만나는 사람이 자신의 자존감을 깎아내리는 말을 하고 있다면 그 사람과의 관계를 자존감을 높여주는 관계로 전환하라. 하지만 이미 오래되어 굳어진 관계라면 그것을 바꾸기란 쉽지 않다.

그 사람을 알려면 친구를 보면 알 수 있다고 말한다. 사람은 기본적으로 자기와 자아개념이 비슷한 사람들과 어울리고 문제가 생기면 그들에게 조언을 구한다. 바로 자신과 비슷한 자아개념을 가지고 있는 사람들이 편하기 때문에 그들과 어울리는 것이다. 자신이 자신의 자아개념을 그대로 투영하는 집단을 선택했기 때문이다. 그렇기 때문에 지금보다 자아개념을 강화하기 위해서는 자아개념이 높은 새로운 사람들과 친구가 되는 것이다. 즉 친구를 바꾸라는 말이다.

그리고 새로운 사람을 통해 자신의 긍정적인 평가를 기꺼이 받아들일 줄 알아야 한다. 지금 자존감이 낮다면 누군가가 자신을 칭찬하면 그것을 부정하거나 모른 척하면서 이렇게 단정할 것이다. "말뿐이지 진심이 아닐 거야." 긍정적인 것은 아무것도 듣지 않으려고 귀를 막는 사람도 있다. 이미 마음속에 자리 잡은 낮은 자존감이 그러한 평가가 부적합하다고 속삭이기 때문이다. 그렇기 때문에 누군가가 칭찬하면 그 말 그대로 받아들이려고 애써 보라. 그렇게 할 때 긍정적인 평가를 들으면 기분 좋게 느낄 수 있다.

네 번째는 특정행동을 바꾸는 것이다. 자신의 성격 가운데 바꾸고 싶은 점을 정하라. 더 많은 사람들과 '인사'를 나누고 싶을 수도 있고 무력해져서 아무것도 하고 싶지 않아 항상 약속을 어기고 매일 아침 이불을 개키는 것도 미루고 있을지 모른다. 그렇다면 내일부터 그 행동을 바꾸겠다고 결심하라. 마음먹은 것을 해냄으로써 성취감을 느낄 수 있도록 쉬운 변화부터 시작하라. 그렇다고 자신이 하지 못할 것을 무리하게 추진해서 실패를 자초하지는 말라. 그리고 그날그날 성취한 것을 달력에 표시해서 자신의 성공을 자축하라. 한 달에 한 번 달력을 보면서 자신에게 이렇게 말하라. "해냈어. 뭔가 바뀌고 있다고! 내 성격에서 이 부분이 달라졌어." 첫 단계가 성공하면 그 다음에는 또 다른 변화를 시도하라.

다섯 번째 단계는 사람들과 의미 있는 의사소통을 시도하라. 이혼한 뒤에 사람들은 친구들과 솔직하게 대화하는 과정에서 뜻깊은 성장을 경험한다. 사람들은 자신의 내면을 누군가에게 보이는 것을 부끄럽게 생각한다. 그래서 거짓말이나 가식적인 표현을 해왔다. 하지만 거침없고 숨김없이 자신의 모든 것을 이야기함으로써 오히려 나 자신을 돌아보는 계기가 될 것이다. 그것이 나 자신에 대한 자긍심을 높이게 한다.

여섯 번째는 상대방이 이성이라도 자연스럽게 안고 안기는 것이다. 포옹은 마음의 상처를 치유하고 자존감을 빠르게 향상시킨다. 성적이지 않은 포옹을 통해서 자신의 내면을 따뜻하게 해 주고 자신이 사랑받을 가치가 있다는 것을 확인할 수 있다. 만약 상대방과 포옹할 수 있는 기회가 마련된다면 머뭇거리지 말고 그 자체를 즐겨라.

이 여섯 가지 훈련을 성실하게 한다면 낮은 자존감을 높일 수 있을 뿐 아니라 이혼 후에 빠지기 쉬운 무력감에서 벗어날 수 있다. 그리고 일시적으로 자존감이 낮아졌다면 이런 훈련을 통해서 다시 활기를 찾게 될 것이다. 이제, 낮아진 자존감을 높이기 위해 나 자신의 변화를 시도하자.

자신을 돌보는 법
배우기

자기 자신이 원하는 것을 스스로 해 보아라

이혼을 했건 그렇지 않건 지금까지 나 자신을 위해 살아본 적이 없다고 생각한다면 이 과제를 시도해 보는 것이 좋다. 사람들은 자신을 위해 무엇을 해야 할지 모른다. 그저 누군가가 자신을 위해서 뭔가를 해주기를 막연히 기다린다. 그렇게 기다리고 또 기다렸는데도 자신에게 뭔가를 해주지 않으면 섭섭하고 화가 난다. 그리고 자신을 위해 아무것도 하지 않은 사람을 원망하게 된다. 하지만 막상 누군가가 뭔가를 해주면 그것이 자신이 원했던 것인지 원하지 않는 것인지 당장 판단하지 못한다. 그날그날 기분에 따라서 그것은 자신이 원하는 것일 수도 있고 그렇지 않을 수도 있다.

그렇기 때문에 자신이 원하는 것을 나 스스로 직접 해보는 것이 필요하다. 그런데 막상 나 자신을 위해 뭔가 해보고 싶어도 자신이 원하는 것이 무엇인지 알지 못하는 경우가 많다. 자신이 하고 싶은 것을 구체적으로 알고 있기 보다는 추상적으로 알고 있는 경우가 허다하다. 설령 자신이 원하는 것을 알고 있다 해도 과연 자신이 원하는 것을 해도 좋을지 의문이 든다. 자기 자신을 위해 뭔가를 하게 되면 사치나 호사하는 것 같고 낭비하는 것 같은 기분이 든다. 그래서 한편으로는 하지 말아야 할 것을 하고 있는 것 같아서 불안하고 어색하기만 하다.

당신이 이혼을 했다면, 아니 이혼을 하지 않았다 해도 지금 내주는 과제를 무조건 실천해 봐라. 당신 자신을 위해 이 정도는 해도 괜찮다. 사실 막상 해 보면 별 것 아닐 수도 있다. 그러나 이런 작은 일조차 지금까지 해 본 적이 없었다. 그래서 누군가가 해 주었을 때도 대우를 받는 것 같아 어색하기만 하다.

우선 자신을 위해 근사한 것, 기분이 좋아지는 것을 하라. 오후에 아이를 데리러 가야 한다면 아이를 데리러 가기 전에 멋진 커피숍에 들러 자신이 좋아하는 달콤한 커피나 아이스크림을 사 먹어라. 그것을 들고 기분 좋게 거리를 활보해 보라. 물론 그날 자신의 기분에 맞는 옷을 입었다면 한결 기분이 좋아질 것이다. 그리고 거품 목욕을 오랫동안 하라. 거품 욕탕에 들어가서 와인 한잔을 곁들이면 더 좋을 것이다. 마치 영화에 나오는 공주처럼 그렇게 자신을 상상하며 환상에 빠져 보는 것도 나쁘지 않다.

혼자만의 시간을 가지면서 평소 읽고 싶었던 책을 읽어라. 무겁거나 딱딱한 책보다는 로맨틱한 꿈을 꿀 수 있는 연애소설이면 더 좋다. 새로운 취미를 찾아라. 문화센터로 가서 평소 관심이 있었던 것을 직접 배우고 실천에 옮겨 보라. 노래나 춤을 배워도 좋고 알 공예를 배워도 좋다. 당신이 몰두할 수 있을 정도로 재미있는 것을 배워라. 일주일에 한 번, 아니 그것이 힘들다면 적어도 한 달에 한 번은 전신 마사지를 받아 보라. 혹시 결혼 생활을 할 때도 받아 보지 못했는데 어떻게 그럴 수 있느냐고 말할 수 있다. 어쩌면 그동안에 겪은 일들로 인해 당신의 몸은 많이 뭉쳐있을 것이다. 그것을 풀어주고 편안하게 마사지를 받으면서 행복하게 잠시 수면을 취해 보라.

누군가의 보살핌을 받아 보아라, 자존감이 높아질 것이다

가끔은 누군가가 자신을 보살피도록 하라. 내가 아이도 아니고 어떻게 그럴 수 있느냐고 말할지도 모른다. 그러나 지금 당신에게 필요한 것은 잠시 누군가에게 기대어 보는 것이다. 그렇기 때문에 가까운 동성이나 이성 친구에게 금요일 저녁이나 토요일 저녁을 함께 보내자고 말해 보라. 단, 이날만은 오직 자신을 위해 시간을 내어 자신을 기쁘게 해 달라고 말하라. 정말 사랑하는 사람처럼 자신을 보살펴 달라고 부탁하라. 흔쾌히 부탁을 들어준 친구의 모든 행동에 대해 마음속으로 깊이 감사하라. 억지로라도 작은 것에 감사하는 마음을 가져 보라. 작은 것에 감사할 줄 알면 작은 것에 행복할 수 있다. 마음껏 친구의 보살핌을 받아 보라. 그리고 그것을 즐겨라. 행복하면 행복한 표정을 짓고 즐거우면 '와우!' 하고 소리라도 질러라.

그리고 자신을 보살펴 준 사람과 프리 허그Free Hug를 해 봐라. 사실 프리 허그란 '자신이 길거리에서 스스로 〈Free Hug〉라는 피켓을 들고 기다리다가 자신에게 포옹을 청해 오는 불특정 사람을 안아주는 행위'를 말한다. 그러나 여기서는 '나 자신을 위로해 달라'는 의미로 안겨라. 사람들은 애정 표현을 할 때조차도 서로의 몸이 닿는 것을 꺼리는 경향이 있다. 어쩌면 성性에 대해 지나치게 억압하다 보니 자신도 모르게 그렇게 된 것 같다. 하지만 온기가 담겨 있는 따뜻한 가슴에 안겨 보는 포옹은 아마 큰 위안이 될 것이다. 포옹은 마음의 상처를 치료하고 자존감을 높이는 역할을 한다. 동성도 상관이 없지만 이성 친구와의 포옹은 '나는 안길 가치가 충분이 있어!' 즉 다시 말해 '나는 사랑받을 가치가 충분히 있다'고 생각하게 해준다. 그렇기 때문에 안아달라고 부탁할 수 있다면 이혼으로 바닥에 떨어진 자존감을 높이는 역할을 해줄 것이다.

자신을 돌아보고 자기만의 시간을 즐길 수 있게 되었을 때 사람은 자신의 가치를 알게 되고 자신이 얼마나 소중한지 깨닫게 된다. 지금까지 누군가가 자신을 위해 뭔가를 해주기를 원했지만 한 번도 그런 경험을 하지 못했을지 모른다. 아니, 해주었다 해도 마음에 들지 않았을 것이다. 그런데 혼자서 자신을 위해 뭔가를 했을 때 어떤 기분이 드는가. 막상 해 보면 자신을 돌본다는 것이 너무 쉬운 일이지만 우리 자신은 이런 일조차 하지 않으면서 지금까지 살아왔다. 그래서 자신을 돌보는 법을 알지 못한다. 누가 나를 도와주지 않는다 해도 나 혼자서 충분히 즐길 수 있다는 것에 조금은 자신감이 들었을 것이다. 자, 이제 가슴을 펴고 자신 있게 나 자신을 돌보는 시간을 가져 보라.

자존감이 낮을수록
잘못된 배우자상을 가지고 있다

이마고

이혼한 부부들을 보면 마음속에 배우자에 대한 확신이 부족했던 것 같다. 우리 내면에는 나름대로의 배우자상을 가지고 있다. 그 상은 대부분 어린 시절, 자신을 양육했던 사람의 모습을 닮아 있다. 이것을 배우자상 즉 '이마고Imago'라고 한다.

대부분의 젊은이들은 어느 날 매력적인 이성에 끌려 결혼하게 된다. 그 배후에는 자신의 어린 시절, 때로는 전혀 기억도 하지 못하는 유아기 시절, 자신을 돌봐 주고 키워 줬던 사람에 대한 내재된 배우자상이 작용한 것이다.

그러나 막상 결혼하게 되면 기대했던 것과는 다른 양육자의 모습과 채워져야 할 욕구들이 충분히 채워지지 않음으로써 크게 실망하거나 부부 갈등을 일으키는 원인이 된다. 결국 많은 사람들은 무의식적으로 잘못된 기대를 가지고 배우자를 결정하게 되고, 채워지지 않은 기대로 인해 배우자와의 갈등이 심하게 된다. 예를 들어 어머니를 닮은 아내를 얻는다든지 아빠를 빼닮은 남편감을 택한다든지 하는 경우인데 막상 결혼해서 보면 전혀 기대에 맞지 않아서 실망하게 된다.

대부분 여자들은 자신이 신데렐라가 되어 백마 탄 왕자가 자기를 찾아와 주길 바라고 많은 남자들은 숲속의 잠자는 미녀가 나타나주기를 기대하는데, 이것은 모두 소설이나 드라마를 통해서 만들어진 허상이다. 그런 허상들은 대부분 결혼만 하면 행복할 것이라는 기대를 가지게 만든다. 어떻게 해야 부부가 행복할 수 있는지, 어떻게 해야 부부간에 트러블이 생겼을 때 조정할 수 있는지, 소설 속에는 설명되어 있지 않다. 순간의 감정이 만들어 내는 막연한 환상에 대한 기대감을 가지고 서둘러 결혼부터 하고 본 것이다.

가령 어머니를 닮은 아내를 얻었다 하자. 어린 시절 어머니는 자신이 원하는 것을 언제든지 제공해 주는 사람이다. 그래서 만능인 것처럼 생각이 들지만 실제로는 어머니가 할 수 있는 것에는 한계가 있다. 어린 아이였을 때는 자신을 충족시켜 주었을지 몰라도 어른이 된 지금은 나 자신이 원하는 것을 충족시켜 주지는 못한다. 마찬가지로 아버지를 빼닮은 남편을 택했다 하자. 어렸을 때의 아버지는 거대한 존재로 세상에서 제일 강한 사람처럼 느꼈을 것이다. 그러나 이제 성숙한 입장에서 아버지를 보면 어떤가? 아버지 역시 세상에서 제일 강한 남자는 아니다. 어쩌면 초라하게 느낄지도 모른다. 단지 나 자신이 어렸을 때 그렇게 믿었을 뿐이다.

남편의 경우도 결혼할 때는 자신에게는 특별한 존재였을지 몰라도 그저 평범한 사람에 불과하다. 남편은 어린 아이의 욕구는 얼마든지 충족시켜 줄 수 있다. 그러나 성숙한 자신의 욕구는 충족시켜 주지 못할 수 있다. 마찬가지로 아내 역시 어린아이를 돌볼 수는 있지만 남편을 돌보는 것은 제대로 할 수 없을지도 모른다. 그렇기 때문에 우리의 부모가 겪었던 갈등을 똑같이 반복하고 있는 것이다.

사람에 따라서는 아버지와 닮은 남자를 피하겠다고 했지만 막상 결혼해보니 아버지를 빼닮은 경우가 있다. 아버지를 미워했지만 어느 순간에 길들여져서 아버지를 닮은 사람이 편한 것이다. 어머니의 경우도 마찬가지이다. 결혼할 때는 분명 다르다고 생각을 했지만 살아보니 상당히 닮은 부분이 많다. 그것을 느끼는 순간 예전에 부모에게 못마땅하게 생각했던 것을 배우자에게 느끼면서 견디기 힘들 정도로 잘못된 선택을 한 것을 후회하게 된다.

낮은 자존감을 가진 사람의 환상과 특징

자존감이 낮은 사람일수록 배우자에 대한 환상을 가지고 있다. 자신이 하지 못하는 것을 모두 해줄 것이라는 기대를 가지고 있는 것이다. 그래서 배우자를 자신도 모르게 다른 사람과 비교하게 된다. "이웃집 누구는 승진하고 월급도 올랐다는 데 당신은 뭘 한 거야?", "누구의 아내는 재테크를 해서 얼마를 벌어서 좋은 집으로 이사를 간다

자존감이 낮은 사람일수록
배우자에 대한 환상을 가지고 있다.
자신이 하지 못하는 것을 모두 해줄 것이라는
기대를 가지고 있는 것이다.

는데 당신은 뭘 한 거야?"라고 서로를 공격하지만 사실은 다른 부부들과 자신의 부부를 비교함으로써 패배감만 키우고 있는 것이다. 부부가 서로를 공격하면 할수록 다른 부부보다 못하다는 것을 인정하는 꼴이 되기 때문이다. 그래서 열등감만 커진다.

자존감이 낮은 사람일수록 자존심을 내세운다. 그래서 부부간에 대화를 할 때도 알량한 자존심을 내세우며 배우자의 코를 납작하게 해야 직성이 풀린다. 그래서 배우자가 무슨 말을 하려고 하면 "당신이 뭘 안다고? 참견 말고 가만히 있어."라고 하면서 윽박지른다. 보통 대화에서도 조금만 자존심이 상하게 되면 "결혼해서 당신이 내게 해준 게 뭐가 있어?", "당신이 할 줄 아는 게 뭐가 있다고 그래!"라고 공격적으로 말을 한다. 이렇게 부부가 서로에게 상처를 준다.

자존심이란 남보다 열등하다는 것을 감추기 위해 더 완벽한 척하는 것이다. 열등감을 감추기 위해 아무리 우월한 척을 해봤자 자신감만 없어지고 두려움만 커질 뿐이다. 그러면서 속으로는 "왜 나는 되는 일이 없지? 정말 재수가 없어."라고 되뇌게 된다. 마치 세상이 자기에게만 불합리한 대우를 해주는 것 같아서 분노만 커진다. 그렇기 때문에 내면의 열등감이 사라지지 않는 한 배우자를 헐뜯는 것은 사라지지 않는다.

자존감이 낮은 사람은 자신이 가치 없다고 느끼고, 비뚤어진 의사소통, 융통성 없는 규칙, 자신과 다르다는 사실에 대한 비판, 그리고 실수에 대한 처벌 속에서 성장했기 때문이다. 문제는 그런 사람은 배우자에게도 자신과 똑같이 행동하도록 강요를 하고 그것을 따르지 않으면 헐뜯는다는 것이다.

중요한 것은 자신의 욕구를 스스로 충족시킬 수 없다는 것이다. 욕구는 있지만 그 욕구를 스스로 채울 능력은 없다 보니, 그냥 배우자에게 의존하거나 그 배우자의 부모에게 의존해서 욕구를 채우려 한다. 문제는 그렇게 채워져도 그것에 대한 감사한 마음이 없고 더 큰 욕구를 충족해 주기를 바란다는 것이다. 이처럼 배우자의 능력만큼의 요구가 아니라 자신이 꿈꾸는 욕구만큼을 충족 받으려 하기 때문에 갈등이 생긴다. 만약 자신이 스스로 욕구를 채워야 한다면 자신의 능력 범위 안에서 자신의 욕구를 채우려고 할 것이다. 그러나 자신이 하지 않고 배우자가 해주는 것이기 때문에 그 욕구가 한없이 커진다.

만약 자신의 능력만큼 작게 요구를 하면 충족감을 느낄 수 있을 것이다. 그랬다면 오히려 자존감도 올라갈 수 있다. 자존감이 낮은 사람일수록 배우자의 능력 이상으로 지나치게 요구를 해서 그것이 이루어지지 않으면 배우자를 잘못 선택했다고 후회한다. 그것은 우리 마음속에 있는 '있을 수 없는 허상'을 그리워하다가 실망만 안은 채, 좌절감을 맛보는 것과 같다. 바로 배우자를 잘못 선택한 것이 아니라 현실적이지 못한 잘못된 배우자 상으로 인해 스스로 불행을 자초하고 있는 것뿐이다. 이제 새로운 배우자상을 한번 만들어 보자. 어떤 배우자상이 자신에게 어울리는지 말이다.

당신 자신을 믿어라

자기 자신을 믿는 것이 새로운 관계를 시작하는 첫걸음

"왜 믿지 못하느냐고? 이혼한 지금 누구를 믿겠어, 너라면 믿겠니?"

자신의 인생을 다 바쳐서 사랑할 사람이라고 믿었다. 그리고 결혼해서 행복할 것이라 믿었다. 그런데 이혼을 했다. 그것도 이리 깨지고 저리 굴러서 만신창이滿身瘡痍가 다 되어 이혼을 했다. 이런 상황에서 누구를 믿는단 말인가?

어떻게 이혼할 수밖에 없는 사람을 만나서 치열하게 다투다가 그렇게 끝이 날 수 있었을까? 참고 참았지만 그것 역시 관계만 나빠졌을 뿐 아무런 효과를 거두지 못했다.

무조건 배우자 탓을 하기에는 뭔가 석연치 않은 부분이 있다. 분명 연애를 할 때는 꽤 괜찮은 사람이라 생각했다. 그런데 어째서 이런 일이 생길 수밖에 없었을까?

지금까지 오랜 시간 혼자 지내면서 누군가를 만나고 데이트도 했다. 그런데 누군가를 새롭게 만난다는 것이 두렵다. 내가 또다시 잘못된 선택을 할지 모른다는 불안감이 엄습한다. 그리고 많이 양보하고 많이 참으면서 관계를 지속시켜 보려고 했다. 그럴수록 그 사람을 만나는 것이 불편하고 꼭 이렇게 살아야 하나 회의가 들기도 한다. 한편으로는 누군가를 사랑할 자신이 없다. 아니 그 사람과 원만한 관계를 유지할 자신이 없다. 용기가 없다. 중요한 것은 내가 나를 믿지 못하겠다는 것이다.

이혼하고 나서 새로운 사람을 만나게 되면 예전의 실수를 반복하고 싶지 않아서 자신도 모르게 긴장하게 되고 과장되게 행동하게 된다. 자신감이 없기 때문에 쉽게 위축이 되고 저자세가 되어 버리기도 한다. 사랑에 대한 궁핍 때문에 욕심을 부리고 자존감을 억지로 높이려고 자존심을 내세우기도 한다. 자기 자신에 대한 믿음의 상실이 이렇게 만드는 것이다.

그렇기 때문에 새로운 사람에 대한 관계를 제대로 만들지 못하고 위축된 상태에서 관계를 만들거나 고압적인 태도로 관계를 형성하려는 잘못을 저지른다. 마음 한편에서는 끊임없이 도망치려고 하다가도 억지로라도 상대를 붙잡으려는 태도를 보이기도 한다. 그래서 상대방이 먼저 떠나가는 것보다는 자신이 상대방을 밀어내는 경우가 더 많다.

아직 때가 안 된 것일까? 이렇게 위안을 삼지만 시간이 지난다고 해서 달라지는 것은 아무것도 없다. 이때 우리는 질문을 해야 한다. 왜 우리는 자기 자신의 사랑할 자격을 박탈하는 것일까? 마리안느 윌리암슨Marianne Williamson은 〈사랑의 기적A Return to Love〉에서 이러한 해답을 제시했다.

"우리가 가장 겁내는 것은 우리가 불완전하다는 사실이 아니다. 우리가 측정할 수 없을 만큼 강한 능력을 가질 수 있다는 것, 즉 우리의 어두운 면이 아닌 우리의 밝은 면이 오히려 우리를 두려움에 떨게 한다. 우리는 스스로에게 영리하고, 잘생겼으며, 재능을 타고 났고, 굉장한 사람인지 묻고 있는가? 사실은 그렇지 않다."

나는 사랑받을 가치가 충분한 사람이다

우리 스스로는 지금보다 월등하게 뛰어나야만 누군가로부터 사랑을 받을 수 있다고 생각한다. 그래서 과장을 해서라도 지금보다 나은 사람처럼 행동하려고 한다. 하지만 지금보다 뛰어나지 않아도 된다. 단지 우리가 사랑하기 위해서는 자기 자신이 사랑받을 '가치 있는 사람'이라고 믿을 수 있으면 된다. 심리학자 나다니엘 브랜든Nathaniel Branden은 "귀중한 것을 가지고자 한다면, 자신을 귀중한 것을 가질 자격이 있는 사람이라고 생각해야 한다. 행복하길 바란다면 먼저 행복을 누릴 수 있는 사람이 되어야 한다."고 말한다. 마찬가지로 우리가 사랑받기 위해서는 자신이 사랑받을 가치가 있다고 생각해야 된다. 우리가 스스로 사랑받을 가치가 없다고 생각하는데 어떻게 누군가로부터 사랑을 받을 수 있단 말인가.

우리는 우리가 이루어 놓은 것들과 상관없이 우리 자신의 모습을 있는 그대로 받아들여야 한다. 우리가 사랑받을 자격을 가진 사람이라는 사실을 믿어야 한다. 우리가 존재하는 것 자체만으로 소중한 사람이라고 느껴야 한다. 우리는 삶이 주는 즐거움과 삶의 의미를 느낄 수 있는 심장과 영혼을 가지고 태어났기 때문이다.

자신의 가치를 인정하지 않는 것은 곧 자신의 재능과 잠재된 가능성, 그리고 인생을 즐길 권리를 외면하는 것이다. 이미 우리에게 주어진 행복의 단서들을 거부하는데 어떻게 행복해질 수 있겠는가? 결국 행복해도 행복을 느끼지 못하는 허무주의자가 될 뿐이다. 마찬가지로 우리가 억지로 과장되게 행동하거나 굳이 자신의 진짜 모습을 감추기 위해 가면을 쓰지 않아도 우리 자신이 있는 그대로 사랑받기에 충분하다는 사실이다. 그것을 깨닫지 못하면 사랑만 불편해지고 오히려 나 자신이 거꾸로 사랑을 밀어내게 된다.

우리는 '당신은 사랑받기 위해 태어난 사람'이라는 노래를 열심히 들으면서도 내면에서는 자신은 사랑받기에 충분하지 못하다고 생각하고 있다. 그리고 어떤 특정한 조건이 충족되어야만 사랑을 받을 수 있다고 착각하고 있다. 그래서 자신이 소중한 존재이고 사랑받을 가치가 있다는 것을 스스로 인정하지 못하는 것이다. 내가 나 자신의 가치를 인정하지 못하면 결국 어느 누구도 내게 사랑을 주지 않는다. 아니 설령 준다 해도 그것을 받아들이지 못하게 된다.

사랑이라는 선물을 받고 싶다면 스스로 기회를 만들어야 한다. 마개가 꼭 닫힌 병을 가지고는 아무리 세차게 물줄기를 부어도 물을 담을 수 없다. 물은 병 주위로 흐를 뿐 결코 병 속에 들어가지 않는다. 마찬가지로 우리가 자신에게 사랑의 문을 열어 주어야만 이미 와 있는 사랑을 만끽할 수 있다.

우리는 흔히 상대방에 대한 불신을 문제 삼지만 사실은 그보다도 자기 자신에 대한 불신이 더 큰 문제인 것이다. 솔직히 상대방을 의심한다고 말할 때가 더 편했을지도 모른다. 나 자신을 믿지 못한다고 하면 오히려 자존심에 상처를 입기 때문이다. 그래서 병마개를 굳건히 닫고 왜 내게는 물을 주지 않느냐고 끊임없이 불만을 토로하는 것이다. 한번 생각해보자. 우리는 과연 누구를 믿지 못하고 있는 것일까? 바로 우리 자신이다. 우리 자신이 사랑받기에 충분한 사람이라는 확신이 없기 때문에 남을 핑계로 병마개를 굳게 닫고 병마개조차 열어줄 사람이 과연 세상에 있을까 의심을 하고 있는 것뿐이다. 자, 이제 나 자신을 믿고 사랑을 시작하자. 내가 특별나지 않아도 나는 사랑받기에 충분하다. 지금 이 상태로도 얼마든지 나는 사랑을 시작할 수 있다. 무엇을 두려워하는가? 내가 남보다 못하기 때문에 사랑을 받지 못할 것이라고? 아니다. 나는 이대로의 나로도 사랑받기에 충분하다. 그리고 행복할 수 있다.

이혼했으면 성공하라

이혼은 분명히 기회다 / 어제 미래를 위해 목표를 세워라 / 외모를 가꾸어라
나만을 위한 교육 프로그램 짜기 / 행복 습관 새로 만들기 / 그래도 사랑이다

제8부
화려하게 성공하라

자신이 좋아하고 원하는 일을 즐길 수 있다면 삶 자체가 행복할 것이다. 그것은 사랑도 마찬가지다. 자신이 좋아하고 원하는 사람과 사랑을 해야만 행복감을 느끼고 하루하루가 즐거울 수 있다.
그런 사람은 자기 자신에 대해 자부심을 느끼기 때문에 사랑을 선택할 때도 자신보다 나은 사람을 선택하고 그 사랑을 성공시킬 확률이 높다.

이혼은 분명히
기회다

이혼 후 홀로서기는 성숙을 위한 좋은 기회이다

이혼한다는 것은 분명히 기회다. 왜냐하면 철두철미하게 혼자되어 보는 것이기 때문이다. 사실 부모 밑에 있다가 바로 결혼하여 혼자 사는 것을 경험하지 못한 사람들은 중요한 성장 시기를 고스란히 놓쳐 버린 셈이다. 이런 사람들의 공통점은 자기 스스로 자신을 기쁘게 하는 방법을 모른다는 것이다. 늘 누군가에게 의존해왔기 때문에 '홀로서기'를 한다는 것이 설레고 흥분되기보다는 불안하고 두려움이 앞설 수밖에 없다. 앞으로 혼자서 어떻게 하고 무엇을 해야 할지 모르기 때문이다. 누군가가 옆에 없으면 텅 빈 것 같고 아무것도 할 수 없다.

처음에는 혼자 한다는 것이 무엇 하나 불편하지 않은 것이 없다. 이혼을 하고 나서야 처음으로 부엌에 들어간 남자들은 자신이 할 수 있는 일이 하나도 없으며 간단한 식사 준비조차 못한다는 것을 깨닫게 된다. 옷을 세탁하는 방법은 물론이고 다림질은 더더욱 할 줄 모른다. 하지만 처음에만 그럴 뿐이지, 시간이 지나면 하지 못할 일도 아니다. 처음에는 라면 끓이는 것도 어려웠지만 요리도 하나씩 배우면서 식탁이 풍성해져 간다. 옷을 세탁하고 다림질까지 하면서 스스로 자랑스럽게 생각하기 시작한다. 자기 자신을 돌보는 법을 배우고 터득하게 되면 성장하는 것 같아서 하나씩 알아갈 때마다 성공한 느낌과 성취감을 주기 때문이다.

여자도 마찬가지다. 처음에는 기댈 만한 사람을 찾다가 점점 혼자 지내는 것에 자신감이 생기면 자신을 위해 무언가를 하기 시작한다. 침실 벽지를 바꾸고 직업을 찾게 되고 친구들과 어울리고 혼자 영화를 보거나 자신에게 도움이 되는 것을 배우기 위해 바쁘게 움직인다. 직장과 아이 돌보기도 혼자서 거뜬히 해치운다.

혼자라는 것의 좋은 점은 자신이 본질적으로 어떤 사람인지 어떤 것을 좋아하고 무엇에 열정을 보이는지 그것을 발견하는 시간을 가질 수 있기 때문이다. 지금까지는 부모에게서 배운 대로 살았고 배우자가 원하는 대로 맞추려고 노력하면서 살았다. 하지만 이제는 나 자신을 위해 살고 나 자신과 친해질 수 있는 기회가 생겼다. 한마디로 '책임 있는 어른'이 될 기회가 생긴 것이다.

그것은 이혼을 했기 때문에 가능한 것이다. 함께 결혼 생활을 할 때는 가정이라는 틀을 유지시키고 그 안에서 생활해왔다. 그런데 가정이 무너졌다. 바로 틀이 무너진 것이다. 지금까지는 전혀 생각할 필요도 없었던 일들이 불쑥불쑥 튀어나와 나 자신을 자극한다. 달라지지 않으면 생존하지 못할지도 모른다. 어쩌면 절박한 순간일 수도 있다. 어떤 절박함도 모두 기회가 될 수 있는 이유는 생존하기 위해 방법을 찾기 때문이다. 사람은 어려움을 겪게 되면 그것을 극복하기 위해 집중력이 높아진다. 그리고 과연 이런 계획이 자신에게 어떤 이익이 있는지 생각한다. 모두 자신에게 이롭게 생각하게 만들기 때문에 기회인 것이다.

기회는 변화 없이 만들어지는 것이 아니다. 지금까지의 나를 변화시키기 위해 많은 위험을 감수하고 배운 것을 연습하고 새로운 자신을 만들기 위해 자신을 틀 밖으로 끌고 나가는 단계이다. 그러면서 자신이 현재 하고 있는 일을 다시 생각하고 자신의 이익을 생각하며 질문하는 시간을 가질 수 있다. 더 적극적으로 탐구하고 과거를 완벽하게 놓아주고 새로운 삶을 개척하는 단계이다. 마음을 열어 새로운 지식을 흡수하고 자신에 대해 좀 더 깊이 알게 되고 스스로에게 제일 좋은 친구가 된다. 한편으로는 사교범위를 넓혀 새로운 친구들을 사귀고 새로운 사랑을 꿈꾸고 자기 존재를 확실히 하고 자신에게 행복을 추구할 자격이 있다는 것을 인식하는 것도 변화다. 이런 노력을 통해 자신이 있어야 할 자리를 찾고 인생이 주는 선물을 경험할 수 있을 것이다. 이런 변화의 기회는 노력이 필요하다.

변화란 예전의 자기 모습을 찾는 것이기도 하지만 예전과는 전혀 다른 나의 모습을 발견하는 것이다. 물론 변화에는 발견과 개발과 새로운 자아로의 도약이 포함된다. 자신이 도전하고 질문하는 과정을 통해 새로운 자아를 찾고 수정이나 개선이 필요한 부분이 어딘지 알게 된다. 그 노력이 성공한다면 자신이 정말 자랑스러워질 것이다. 이혼으로 잃었던 자신감이 돌아와 살아 움직이게 될 테니 말이다.

이제 자신이 늘 하고 싶었던 일이나 하지 못했던 일을 할 수 있다. 지금까지 자신에 대해 몰랐거나 모르고 있었던 것을 발견할 수 있다. 그 일을 하면서 조금씩 자신감도 생기고 그것에 몰입하면서 시간이 어떻게 지났는지 모르는 경험을 한다. 그리고 그것에 재미를 붙이면서 혼자 있는 것도 좋다는 생각을 가지게 된다. 혼자가 된다는 것은 바로 내가 좋아하는 일을 하고 잘할 수 있는 일을 찾아서 해볼 수 있는 기회이다. 어쩌면 지금까지 자기 스스로 속박해왔던 것들을 모두 털어내고 새롭게 자기만의 가치관을 세우게 될지도 모른다.

이유야 어떻든, 혼자된다는 것은 독립된 인간으로 성장할 수 있다는 점에서 진가를 발휘할 수 있다. 애정관계의 종말에 적응하는 방법 중 하나이기도 한 이혼 후 홀로서기는 과거를 놓아 보내고 자신 안에서 온전해지는 방법을 터득하고 자신에게 투자할 수 있는 기회가 될 것이다. 그래서 홀로서기는 꽤 괜찮기도 하려니와 꼭 필요하기까지 하다. 홀로 지내는 것을 즐기다 보면 다양한 기회를 만들 수 있다는 희망적인 메시지를 듣게 된다.

변화를 위한 계획과 실천

그렇다고 이혼만 한다고 기회가 저절로 만들어지는 것은 아니다.

이혼을 기회로 만들기 위해서는 '나만의 변화 리스트'를 만들 필요가 있다. 나 자신이 앞으로 어떻게 변화를 할지 적어 보는 것이다. 지금도 잘하고 있지만 어떻게 수정하고 변화시킬지 자기 자신에게 질문하라. 현재의 대인관계에 만족하고 있는가? 자신의 '응원군 리스트'를 보면서 어느 부분을 보완시켜야 할지 생각하라. 그리고 자신이 열정과 기쁨을 느낄 수 있는 취미가 있는가? 어쩌면 이번 기회에 스포츠 댄스를 배워 보고 싶은 충동을 느낀다면 그것을 적어라. 그것을 시작하는 날짜를 적고 가급적 시기에 맞추어서 댄스를 배워 보라. 물론 댄스를 배우는 목적을 적어 보는 것도 필요하다. 목적이 분명하면 댄스를 성공적으로 배울 수 있기 때문이다. 이런 식으로 그때그때 생각이 날 때마다 모두 적고 기회가 날 때마다 들여다보라. 이런 리스트를 들여다보며 자신의 인생에 대해 생각할수록 더 많은 아이디어가 생각날 것이다. 한편으로는 자신의 미래 직업이나 사업구상도 이런 것을 통해서 가능해진다. 이런 생각을 하는데 겁을 낼 필요가 없다. 아직은 초기 단계라 두려울 수 있지만 나중에는 그 리스트를 보게 되면 자신이 얼마나 많은 변화를 했는지 흐뭇하게 생각할 것이다. 자, 이제 기회를 나의 성장 발판으로 삼아 앞으로 나아가자.

이제 미래를 위해
목표를 세워라

감정이 정리되면 미래를 위한 계획과 목표를 세워라

이혼은 변화의 시기이다. 그렇기 때문에 직업을 가진 사람도 현재의 직업에 의문을 가지게 만든다. 직업적으로 만족하지 못했을 경우, 이혼은 새로운 진로를 결정하는 촉매제가 될 수 있다. 아니면 예전보다 더욱 직업에 충실하게 하는 계기가 될 수도 있다. 또 직업이 없다면 새로운 직업을 구하거나 뭔가 일을 해야 한다. 꼭 일과 관련되지 않았다 해도 이제 미래를 위해 목표를 세울 필요가 있다.

아무리 늦은 나이에 이혼을 했다 해도 살아야 할 날이 많다. 마흔 살에 이혼했다면 앞으로 지금까지 살아온 세월만큼 더 살거나 더 오랫동안 살아야 한다. 설령 50대라고 하더라도 40년 가까이 아니 그 이상을 살게 될지도 모른다. 아직 살아갈 날이 많다면 무엇을 목표로 살아가겠는가?

이제 과거에 대한 생각과 현재의 고통에서 벗어나 미래를 위한 목표를 세우고 결단을 내리기 시작할 때다. 하지만 심적 고통이 큰 사람은 미래의 계획과 목표를 세우기가 쉽지 않다. 아직도 심적 고통에서 벗어나지 못했다면 미래의 목표를 세워야 하는 지금이 부담스러울 수 있다. 그렇다면 미래의 목표보다 자신의 감정부터 정리하라. 이혼의 함정에 빠져 있는 사람들은 미래에 대한 희망이나 목표가 거의 없다. 그러나 지금까지의 과정을 충실히 거쳐 온 사람이라면 이제부터 미래에 대한 목표를 세울 것이다.

자신이 원하고 즐겁고 잘할 수 있는 일을 하라

이혼한 사람들 중에는 경제적인 어려움 때문에 어쩔 수 없이 자신이 원하지 않는 일을 하기도 한다. 그러나 성공한 사람들은 어떤 조건 속에서도 자신이 원하는 일을 해서 성공을 거둔다. 바로 깊은 관심을 갖고 희생을 하더라도 반드시 달성하고자 하는 목표가 '자아와 일치하는 목표'이기 때문이다. 즉 관심과 흥미가 있고 열정을 느끼는 일을 열심히 하는 것은 당연하다. 그렇기 때문에 정말 자신이 원하는 일을 선택한다면 그 자체가 경제적인 성공으로 연결될 수 있다는 말이다.

심리학자 케논 셀던Kennon Sheldon과 앤드류 엘리엇Andrew Elliot이

발표한 바에 따르면 이러한 목표는 '자아의 선택'으로부터 직접적으로 출발하여 '자아와 하나가 된 상태'가 되어야 한다고 말한다. 일반적으로 자아와 하나가 되는 목표를 세우려면, 스스로 목표를 선택해야 한다. 그것도 단순히 목표만 자신이 선택하는 것이 중요한 것이 아니라 자신이 정말 원해서 선택을 해야만 한다. 자신이 원하는 일을 하게 되면 그 일의 성공이나 실패와는 상관없이 열정을 가지고 몰입할 수 있다. 성공을 하면 긍지를 느끼고 실패를 하면 다시 도전하려는 의욕을 가진다. 그래서 결국에는 성공하게 된다.

사람들에게 어떤 일을 원하느냐고 물으면 편하면서도 수입이 많은 일을 하고 싶다고 말한다. 힘들게 노력하지 않아도 쉽게 성과를 얻기 바라는 것이다. 그러나 여기서 말하는 '정말 원하는 일'은 그런 의미가 아니다. 자신이 정말 좋아하고 그것을 잘하면서 즐길 수 있는 일이 무엇이냐는 것이다. 물론 좋아는 하지만 아직은 잘하지 못한다 해도 그것을 좋아하고 즐길 줄 아는 일이라면 '정말 원하는 일'이 될 수 있다. 그렇다면 자신이 정말 원하는 일을 어떻게 찾을 수 있을까? 우선 무엇을 하면서 살고 싶은지 깨달아야 하고, 하고 싶은 것을 과감하게 시도하는 용기도 필요하다. 자신에게 진정으로 무엇을 하고 싶은지 질문을 던져보자. 다음 세 가지 질문에 답을 적어보고 각각의 답에서 연관성을 찾아보라.

첫째, 나에게 의미 있는 일, 즉 나에게 일하고자 하는 목적이 되어주는 것은 무엇인가?

둘째, 나에게 즐거움을 주는 일, 즉 내가 즐길 수 있는 일은 무엇인가?

셋째, 나의 장점, 즉 내가 잘할 수 있는 일은 무엇인가?

이런 질문을 하면서 무슨 생각을 했는가. 당장의 경제적 어려움을 극복하기 급급한데 어떻게 자신이 정말 원하는 일만 하고 살 수 있느냐고 말하는 사람이 있을 것이고 당장은 아니지만 결국에는 자신이 원하는 일을 할 것이라고 다짐하는 사람도 있을 것이다. 그리고 내가 좋아하면서도 의미 있고 잘할 수 있는 일이 무엇인지 생각하고 그 일을 당장 시작하겠다고 결심하는 사람도 있을 것이다.

어쩌면 미래를 위한 목표가 꼭 경제적인 성공만이 있는 것이냐고 물을지 모른다. 하지만 사람은 일을 통해서 살아가는 보람을 느낀다. 자신이 좋아하고 원하는 일을 즐길 수 있다면 삶 자체가 행복할 것이다. 그것은 사랑도 마찬가지다. 자신이 좋아하고 원하는 사람과 사랑을 해야만 행복감을 느끼고 하루하루가 즐거울 수 있다. 그런 사람은 자기 자신에 대해 자부심을 느끼기 때문에 사랑을 선택할 때도 자신보다 나은 사람을 선택하고 그 사랑을 성공시킬 확률이 높다.

그러나 실패한 사람들을 보면 자신이 원하는 일이 무엇인지 모르고 시작도 하기 전에 자신의 한계를 미리 정해놓고 자신의 능력보다 한참 낮은 일을 하는 경우가 많다. 모든 일에 자신감이 없다보니 자신도 모르게 그렇게 하는 것이다. 그래서 위축된 심리에서 벗어나서 자신감을 가지기 위해서라도 자신이 정말 원하는 일을 하는 것이 필요하다.

목표와 계획을 세우는 방법

미래에 대한 목표를 세우기 위해서는 우선 자신이 살아온 시간과 앞으로 살아야 할 날을 한 장의 종이에 그려 볼 필요가 있다. 커다란 종이를 준비하고 그곳에 수직선을 그어라. 수직선 왼쪽은 이미 살아온 날을, 오른쪽은 앞으로 살아갈 날을 나타낼 수 있게끔 위치를 잡아라. 만약 인생의 절반을 살았다면 그 선은 중앙에 놓일 것이다. 이런 표시를 하면서 자신이 살아온 세월이 주마등처럼 스치고 지나갈 것이다.

과거의 삶을 돌아보면서 자신의 삶이 기본적으로 행복했는지 불행했는지 생각해보라. 스스로 생각할 때 행복의 기준이 되는 선을 정해서 수평선으로 그어라. 삶이 행복했다면 수평선 위쪽에 표시를 하고 그렇지 않다면 수평선 아래쪽에 표시를 하라. 어렸을 때부터 불행했다고 생각하는 사람도 있을 것이고 대체로 행복했다고 생각하는 사람도 있을 것이다. 불행했다면 왜 불행하게 느끼는지 그 이유를 적어 보라. 또 행복했다고 느낀다면 왜 행복하다고 느끼는지 그것을 기록해 보라. 물론 그곳에는 이혼이라는 시기가 있을 것이고 그 기간이 불행하다고 표시를 하게 될 것이다. 물론 결혼 생활이 너무 절망적이라서 이혼 이후가 행복했다면 그렇게 표시를 하고 그 이유를 적어 놓아라.

이제 자신의 미래를 그려 볼 차례다. 앞으로 어떻게 살아야 할지 장기적인 목표와 단기적인 목표를 그려 넣을 것이다. 미래의 삶을 불행하다고 생각하는 사람은 없다. 언제나 희망적이다. 특히 자아와 일치하는 목표를 가꾸고 추구하는 사람은 그렇지 않은 사람보다 행복할 뿐 아니라 더 성공적인 삶을 살 수 있다. 자신에게 진정으로 무엇을 하고 싶은지 질문을 던져 보자. 인간관계에서 직업까지, 삶의 각 영역에는 반드시 다음 상황들이 포함되어 있어야 한다.

• 장기적인 목표

사람들은 장기적인 목표라고 하면 거창해야 한다고 생각한다. 그리고 그 일을 이루기 위해서는 엄청난 고통을 감수해야 한다고 말한다. 하지만 장기적인 목표 역시 행복하지 않다면 아무 의미가 없다. 그래서 장기적인 목표도 궁극적으로 자신이 어떤 인생을 살 것인지 어떻게 인생을 즐길 것인지와 관련이 있어야 한다. 결국 앞으로의 삶을 자유롭고 행복하게 살기 위한 계획이 되어야 한다. 그렇기 때문에 삶의 방식에 따라 목표를 이루는 데 1년에서 20년 이상의 시간이 필요할 수 있으며, 자신의 성장을 요구하는 도전적인 목표여야 한다.

• 단기적인 목표

장기적인 목표를 단계별로 구분하여 세부 목표를 세우고 이뤄 나가는 것을 말한다. 목표를 이루기 위해 내일, 다음 주, 다음 달, 내년에 무엇을 해야 할지 적어 보자. 사람들은 장기적인 목표를 중요하게 생각하고 단기적인 목표는 중요하지 않다고 생각하는 경향이 있다. 그러나 단기적인 목표를 하나씩 성공시켜야 성공자산을 쌓을 수 있다. 그런 성공자산이 모여서 결국 장기적인 목표도 완성할 수 있는 것이다. 그렇기 때문에 단기적인 목표는 언제나 '달성 가능한 목표'를 정해야 한다. '달성 가능한 목표'를 세우라는 말에 조금 당황스러울 수도 있다.

어쩌면 이런 경험을 하면서 과거에 세웠던 목표에 대해 한 번쯤 다시 생각해보게 될지도 모른다. 그때 그 일은 '달성 가능한 목표'였는가 아니면 허황한 망상이었는가? 아마 성공했다면 자신에게 힘을 실어주는 목표였고 실패했다면 좌절감을 맛보는 경험을 했을 것이다. 그렇기 때문에 달성 가능한 목표를 정하는 것이 필요하다.

• 실천계획

'달성 가능한 목표' 목록을 만들어 보라. 직업과 사생활 측면에서 '달성 가능한 목표' 다섯 가지만 생각해보자. 매주 운동하는 횟수 늘리기, 포기했던 재능을 개발하기 위해 학원에 등록하기, 일주일에 한 번은 사람들 앞에서 3분 스피치하기, 당일 맡은 업무를 당일에 끝내기 그리고 좋아하는 사람들과 일주일에 한 번 재밌게 놀기 등을 예로 들 수 있다. 실천해야 할 일들을 달력에 적어 보자. 매주, 매일 해야 할 일 위주로 적되 한 번으로 끝날 일이라도 상관이 없다. 세부적으로 적고 실천하다 보면 이렇게 하는 것들이 습관이 될 것이다.

어쩌면 이 말에 피식 웃는 사람도 있을 것이다. 매주 운동을 하는 것이 어떻게 인생의 목표냐고. 또 좋아하는 사람과 재밌게 노는 것이 인생의 목표가 될 수 있느냐고. 우리는 너무나 당연한 것이기 때문에 그 일을 했다는 것을 성공이라고 생각하지 못한다. 그래서 감사할 줄을 모른다. 하지만 운동을 했고 그로 인해 자신의 몸매가 달라졌다면 그것을 성공했다고 기뻐할 줄 알고 감사할 줄 알면 자부심이 생기게 된다. 그 자체가 미래를 성공으로 이끄는 자산이 된다는 것을 알아야 한다.

생각하기에 따라서 미래를 위한 목표가 대단한 것이라 해도 그것을 하나씩 실천하는 것은 매우 쉽고 재미있을 수 있다는 것을 알았을 것이다. 그렇다면 이제 앞으로 살아갈 날들을 종이 위에 표시를 해봐라. 그리고 자신이 좋아하는 일을 하나씩 실천하면서 성공을 경험해 보자.

외모를 가꾸어라

운동하라, 운동은 활력과 긍정적 마음을 선사한다

이혼 과정에서 스트레스를 풀겠다고 술을 너무 먹어서 몸이 불어났다면 운동을 해서라도 예전의 몸매를 다시 되찾으라. 아니 나잇살이 붙었다고 말할지 모른다. 어떤 이유라도 좋다. 이제는 운동을 통해 새로운 나를 만들 필요가 있다. 무엇보다 건강한 사람이 건강한 정신을 가질 수 있다. 설령 몸이 불지 않았다 해도 자신의 건강을 돌아봐야 한다. 이혼 과정의 스트레스로 인해 몸이 아프기도 하고 몸매가 예전과 다르다 보니 모든 것에 자신이 없을 수 있다. 그래서 새롭게 사랑을 시작한다는 것이 두렵기만 하다. 자신의 몸이 예전과 다르다고 누군가를 만나는 것을 불편해하거나 누군가와 사랑에 빠져서 섹스를 하려고 할 때 거절해야 한다면 이 역시 문제가 아닐 수 없다.

그래서 운동하라는 말이다. 운동은 우리가 생각하는 이상으로 신체적 정신적으로 유익한 장점을 많이 가지고 있다. 우울한 기분을 던져버리고 활력을 되찾게 해준다. 그리고 서로 맞지 않는 결혼 생활을 하느라 많은 시간을 허비한 것을 보상받기 위해서라도 좀 더 행복하게 살고 싶으면 운동을 하라. 운동을 하면 불안, 스트레스, 우울함이 줄어드는 효과가 있다. 자부심과 집중력을 증가시키는 효과도 있다.

듀크 대학 부속병원을 포함한 몇몇 연구에서 규칙적인 운동이 항우울제를 복용하는 것만큼 우울증 치료에 효능이 있다고 밝혀졌다. 더 평온하고 행복하게 느끼게 하는 화학물질인 엔돌핀이 뇌에서 분비되기 때문이다. 어떤 사람들은 운동이나 활동에 열중하면 자신의 몸에 대해 더 긍정적인 기분이 들고 활기가 생긴다고 말한다. 신체적 정서적으로 더 강해질 수 있다. 불안이나 절망의 느낌이 줄어들고 자신감이 넘쳐서 성취감도 느낄 수 있다. 그동안 잠을 설쳤거나 못 잤다 해도 운동을 하게 되면 깊은 잠을 잘 수 있고 규칙적인 생활을 할 수 있다.

지금까지 사람들로부터 고립되어 왔다면 피트니스 센터에 등록하고 만나는 사람들과 친분을 쌓는 것도 좋은 방법이다. 즐거운 음악에 맞추어서 운동하거나 사람들과 어울리면서 활기차게 대화를 하다 보면 젊은 기분이 들고 새로운 이성을 만날 때도 자신감이 생기게 된다. 나이나 체형이나 신체 능력과 상관없이 피트니스 프로그램을 시작하면 매달 달라지는 자신의 몸을 측정하면서 변화의 기쁨을 경험할 수 있다.

처음에는 트레이너의 도움을 받는 것이 좋다. 그러면 운동 장소에 쉽게 적응할 수 있고 요령을 터득할 수 있고 자신에게 맞는 운동법을 체계화할 수 있다. 그렇다고 너무 단기간 내에 멋진 몸매를 만들겠다고 욕심을 내지는 말라. 무엇보다 규칙적으로 꾸준히 하는 것이 효과적이다. 지금까지 미래에 대한 불확실성 때문에 고민하고 있다 해도 몸이 활기차게 되면 미래에 대해 긍정적인 생각을 가질 수 있다.

외모를 가꾸어라,
나에 대한 만족과 자신감을 가질 수 있다

그런 다음에 외모를 가꾸는 일을 소홀히 하지 마라. 기분 전환을 위해 옛날부터 입었던 의상을 벗어던지고 옷을 새로 사는 것도 필요하다. 운동으로 예전의 몸매처럼 바뀌었다면, 아니 예전보다 더 나은 몸매로 더욱 멋지게 바뀌었다면 그런 몸매를 자랑할 수 있는 옷차림을 꾸며 보는 것도 좋다. 운동으로 만들어진 몸에 맞는 새로운 옷을 구입하면 한결 자신감도 생기고 기분도 좋아진다. 그리고 거울을 보고 미소를 지어보라. 예전의 내가 아니라는 생각이 들 것이다.

집을 나설 때 머리 손질을 하고 화장을 하고 멋진 옷을 차려 입었다면 어떤 기분이 들겠는가. 이제 새로 시작한다는 희망에 부풀고 자신감도 생긴다. 이런 것은 여자에게만 해당되는 것은 아니다. 남자의 경우도 마찬가지다. 요즘엔 남자들도 화장을 한다. 지금까지 한 번도 화장을 하지 않았다면 이제는 화장도 해봐라. 그리고 머리 염색도 해봐라. 흰머리가 없다 해도 머리 색깔을 과감히 바꿔 보는 것도 좋다. 나를 가꾼다는 것은 바로 내 마음을 가꾼다는 것과 같다. 어쩌면 그저 일만 하면서 살았을지 모른다. 무엇 때문에 일을 했는가. 가족을 위해서? 이제는 나 자신을 위해 살아야 한다. 나 자신을 사랑할 때만 누군가와 진정으로 사랑할 수 있다. 결혼 생활에서 사랑이 없다면 어떤 결과를 만드는지도 경험했다.

외모를 업그레이드 하는 것은 자기 계발의 또 다른 방법이다. 스스로 자신에게 만족을 느낄 때 사람은 무엇인가 변화를 하고 싶은 욕구를 느낀다. 그리고 무엇을 하더라도 성공할 수 있다는 자신감도 생긴다. 사람을 새롭게 소개받고 데이트를 하고 자신이 다니는 직장을 나가도 하루하루 생동감이 넘치고 기분이 좋기 때문에 모든 일이 잘 풀리는 기분이다.

때론 조금은 과감하게 관능적인 의상에도 도전하라. 꼭 얼굴이 예쁘고 몸매가 섹시해야만 이성으로부터 호감을 받는 것은 아니다. 자신의 매력을 한껏 살릴 수 있다면 그것으로 충분하다. 남의 시선보다는 나 자신의 만족이 더 중요하다. 내가 나를 사랑할 줄 알아야 타인과의 관계에서도 여유가 생기고 이해심도 생기게 된다. 그런 사람이라면, 하는 일마다 잘 풀리게 되고 활기찬 표정은 타인에게도 친숙한 느낌을 준다.

사랑을 새로 시작하든 아니면 일을 새롭게 시작하든 이제 자신의 매력을 한껏 발산하면서 살아라. 이제 두려울 것이 없다. 당신은 싱글이고 앞으로 좋은 일만 생길 것이다.

나만을 위한
교육 프로그램 짜기

이혼 후 배움을 얻고 성공한 삶을 이루려면
스스로를 교육하라

시련은 우리가 자청해서 겪는 것은 아니지만 성장 발전을 위해 중요한 역할을 한다. 투쟁 없는 삶이 항상 최선은 아니다. 시련은 전화위복의 계기로 삼을 수 있기 때문이다. 가장 성공한 사람은 평생 배우는 사람이다. 그런 사람은 시련을 통해서도 배우고 끊임없이 묻고 경이로운 세상을 탐험한다.

이혼하게 되면 자신도 모르게 '나는 안 된다.', '나는 할 수 없다.' 고 고통 속에 주저앉기 쉽다. 사람에 따라서는 그 고통을 벗어나기 위해 무조건 앞만 보고 달려가기도 한다. 그것이 마치 문제를 정면으로 돌파하는 것처럼 보일지 모르지만 오히려 문제에서 튕겨나가서 자신의 의도와는 전혀 다른 방향으로 나아갈 수도 있다. 그런 경우, 길을 잃고 방황하는 시간이 길어지기도 한다. 이혼을 통해 배움을 얻지 못하면 그 자리에 멈추어 있는 것과 다르지 않다. 그래서 자신만을 위한 교육 프로그램이 필요하다. 그것이 위기에서 벗어날 수 있도록 도와주고 삶을 성공으로 이끌어 주기 때문이다.

흔히 교육이라고 하면 누군가 교사가 있어서 자신을 가르쳐야 한다고 생각한다. 여기서 말하는 교육은 나 스스로 깨닫고 변화하고 성장하는 것을 말한다. 그렇기 때문에 '나만을 위한 교육 프로그램'에는 다음의 세 가지 요소가 반드시 포함되어야 한다. 첫 번째는 개인적인 인격성장이고, 두 번째는 업무수행능력 개발이고, 세 번째는 삶을 즐기는 방법을 터득하는 것이다.

삶을 즐긴다고 하면 그것을 부정적으로 보는 경향이 있다. 극단적으로 보는 사람은 방탕하고 무능력한 것으로 평가절하 하기도 한다. 그러나 우리에게 정말 필요한 것은 바로 삶을 즐길 줄 아는 것이다. 삶을 즐기는 태도는 개인적인 인격 성장에 방해가 되는 것이 아니라 오히려 경직되지 않은 인격 성장에 도움이 된다. 그리고 업무 능력에도 단순히 기계적인 능력이 아니라 유연하고 융통성 있는 인간적인 능력으로 발전하게 한다. 특히 인간관계에서 그런 유연함은 사람들과 함께 즐길 수 있게 만든다. 한번 '일'과 '여가' 사이에서 자신이 즐기고 있는 부분은 어느 것인지 생각해 보면 어떨까?

어쨌든 우리는 매일 스스로의 학습을 위해 일정 시간을 따로 확보해 둘 필요가 있다. 예를 들어 개인적 인격 성장을 위해 저명한 심리학자 나다니엘 브랜든Nathaniel Branden의 〈자존감 회복을 위한 여섯 가지 요소The Six Pillars of Self-Esteem〉나 앤서니 라빈스의 〈무한 능력 Unlimited Power〉, 또는 〈네 안의 잠든 거인의 잠을 깨워라〉를 매일 한 챕터씩 읽겠다는 계획을 세우는 것은 어떨까? 또 성공한 사람들을 본받기 위해 스티븐 코비의 〈성공한 사람들의 7가지 습관7 Habits of Highly Effective People〉을 읽는 것은 어떨까? 그리고 업무수행능력 발전을 위해서는 믿을만한 멘토 한 명을 선정하여 점심식사를 함께하며 이야기를 듣거나 자신이 종사하는 업계의 최신 정보 동향을 주제로 하는 세미나에 참석하는 것이 어떨까?

이 순간, 뭔가 머리가 아파지고 어깨에 무거운 짐을 짊어진 느낌이 들지도 모른다. 교육 프로그램을 짜라고 하면서 무슨 책만 잔뜩 읽으라고 하느냐고 말이다. 그렇다. 책만큼 우리에게 도움이 되는 것은 없다. 물론 우리가 흔히 하는 외국어 학원을 다니거나 예술문화 강좌를 듣는 것도 하나의 방법이다. 그러나 이들 교육이 첫 번째는 개인적인 인격성장이고, 두 번째는 업무 수행 능력 개발이고, 세 번째는 삶을 즐기는 방법을 터득하는 것에 적합한지 생각해 볼 필요가 있다. 그리고 그것을 배우는 일이 나 자신에게 큰 의미와 즐거움을 주고 나 자신을 행복하게 하는 일인지도 생각해 보아야 한다.

'나만을 위한 교육 프로그램'을 짠다는 것은 하루의 시간을 조정할 줄 알고 일주일, 한 달 단위로 시간을 관리할 줄 안다는 것이다. 1주 단위로 시간을 정해 놓고 매일 하루 일과를 기록해보자. 하루를 마무리하는 시간에 자신이 하루 시간을 어떻게 보내고 있는지 적어 보는 것이다. 하루 중에 30분 동안 독서를 한 것에서부터 3시간 넘게

텔레비전을 본 것까지 하나도 빠뜨리지 말고 적어보자. 분 단위로 지나치게 정확하게 기록할 필요는 없다. 그렇지만 자신의 전반적인 일과가 어떤 모습인지 파악할 수 있을 정도는 되어야 한다. 바로 자신이 하루를 어떻게 보내고 있는지 반성하고 새롭게 시간을 관리하는 습관을 만들어보는 것이다.

한 주의 마지막 날에는 그동안 했던 일들을 표로 만들어보자. 그 일들이 자신의 교육 목표와 맞는지, 삶의 목표와 교육 목표가 일치하는지, 만약 일치하지 않는다면 어떻게 조정해야 하는지, 어느 정도 기쁨을 주는지, 얼마나 많은 시간을 투자한 것인지 적어보자. 그리고 투자한 시간 옆에 앞으로 그 일에 더 많은 시간을 투자할지 아니면 시간을 줄일지 기록하는 것이다.

시간을 좀 더 투자하고 싶으면 플러스(+) 한 개를 덧붙이고, 투자한 시간을 조금 줄이고 싶으면 마이너스 표시(-) 한 개, 많이 줄이고 싶으면 마이너스 두 개(--)를 덧붙인다. 특정 활동에 투자하는 시간이 만족스럽다고 느끼거나 이러저러한 이유 때문에 더 이상 시간을 변동할 수 없다고 느낀다면 등호 표시(=)를 덧붙인다. 이런 과정을 통해서 자신이 어떤 일을 좋아하고 어떤 일을 싫어하는지도 알 수 있다. 자신이 좋아하는 일에 더 많은 시간을 투자하고 싶을 것이고 그렇지 않은 일은 시간을 투자하고 싶지 않기 때문이다.

여기서 말하는 교육이란 자신이 좋아하는 일을 깨닫고 그것의 능력을 최대한 높이는데 있다. 비록 그것이 춤추고 노는 일이라 해도 말이다. 이런 표시를 해보면 삶의 궁극적인 목표를 깨닫게 된다. 그 목표를 이루기 위해 자신이 무엇을 해야 하고 어떻게 준비를 해야 하는지 폭넓게 이해할 수 있다. 그리고 하나하나 목표를 성취하면서 미래에 대한 자신감과 희망이 생길 것이다.

여러 가지 상황과 조건 때문에 커다란 변화를 시도하기 어렵다면, 지금 당장 할 수 있는 일에서 최선을 다하자. 약간의 노력만으로도 나 자신의 미래에 이익을 주는 큰 성과를 얻을 수 있는 것이 무엇인가? 만약 출퇴근하는데 한 시간이 소요되지만 달리 시간을 줄일 방법이 없다면, 그 시간에 할 수 있는 일들을 찾아보자. 예를 들어 차를 타고 이동하는 시간에 스마트폰 앱으로 받아 놓은 강의를 듣거나 평소에 좋아하던 음악을 듣고 따라해 보자. 아니면 지하철을 타고 출퇴근하는 시간에 책을 읽어보자. 그리고 점심시간에는 자신이 본받고자 하는 사람과 함께 식사를 하자. 가능한 한 많이, 이러한 변화들을 습관으로 만들어보자.

비록 처음에는 환경 때문에 자신이 좋아하는 일을 하고 있지 않다 해도 그 일을 준비하고 잘할 수 있게 되면 삶이 달라진다. 그렇게 하기 위해 '나만을 위한 교육 프로그램'을 만들면 절반의 성공을 이룬 것이다. 꿈은 꾼다고 모두 이루어지는 것이 아니다. 실천하고 행동하다 보면 꿈은 자연스럽게 이루어진다. '나만을 위한 교육 프로그램'을 짜는 것은 바로 나 자신의 꿈이 무엇인지 그것을 어떻게 찾아갈 것인지 깨닫게 하는 '인생의 지도'를 만드는 일이다. 자, 이제 '나만을 위한 교육 프로그램'을 만들어보자.

행복 습관
새로 만들기

긍정적으로 보는 습관이 행복을 만든다

이혼을 경험하면서 우리는 자신도 모르게 불행한 습관을 만들기 시작한다. 한숨을 내쉬면서 자신의 신세를 한탄하고 누군가를 원망한다. 그리고 내 운명은 왜 이런가 하면서 스스로 질책하기도 한다. 그러나 행복과 불행은 습관이라는 것을 알아야 한다. 아리스토텔레스Aristoteles는 '우리가 습관적으로 하는 일들이 우리가 어떤 사람인지 결정한다. 완벽이란 한 번의 행위가 아니라 일종의 습관이다.'라고 말했다.

사람은 분명히 행복하기 위해 태어났고 행복하기 위한 구조를 가지고 있다. 그런데도 결혼에 한 번 실패했다고 더 이상 행복할 수 없는 것처럼 절망하고 세상의 모든 것을 비관하게 되면 결국 영원히 행복할 수 없다.

사람들은 자신의 불행을 감추기 위해 행복한 척을 한다. '사랑받기를 원한다면 행복하게 보이라'는 말이 있다. 하지만 아무리 행복한 표정을 짓는다 해도 내면에 고통을 안고 있으면 자신도 모르게 상대방과 행복을 나누는 것이 아니라 고통을 나누고 싶어진다. 자신은 행복한 척하면서 긍정적인 마음을 가지려고 애쓰지만 실제로는 누군가의 품에 안겨 울면서 위로를 받고 싶어 한다. 더군다나 내가 행복하지 않다면 아무리 사랑을 받는다 해도 결코 사랑받고 있다고 느끼지 못하기 때문에 행복하고 싶어도 행복할 수 없는 것이다.

그렇다고 행복할 수 없는 것도 아니다. 억지로 행복한 척을 하지 않아도 얼마든지 행복할 수 있다. 지금 이혼으로 불행을 겪고 있는데 어떻게 행복할 수 있느냐고 말할지 모른다. 하지만 그것은 다 생각하기 나름이다. 꿈을 이루고 성공했는데도 불행한 사람이 있고 불행과 고난을 겪었는데도 행복한 사람이 있다. 이혼한 것이 불행한 사건임에는 틀림이 없지만 그렇다고 꼭 불행하기만 한 것은 아니다. 오히려 앞으로 더욱 행복할 수 있다. 나를 변화시킬 수 있고 새로운 상대를 만난다는 것이 얼마나 행복한 일인가.

전 배우자에게 무시를 당하고 지금까지 살았기 때문에 불행하다고 말한다. 그러나 이것도 마찬가지다. 무시를 당한 것에 대해 자신이 정말 무시당할 사람이라고 생각하고 자책한다면 불행한 일이다. 그러나 무시를 당하게 된 이유를 생각하고 그것을 교훈 삼아 자신을 성장시키게 되면 자부심도 느끼고 행복감도 느낄 수 있다. 게다가 자신을 무시하던 사람과 헤어졌으니 얼마나 행복한 일인가.

슬픔이나 고통에 면역력이 있는 사람은 없다. 그러나 어떤 경우에도 즐거움을 찾고 행복해하는 사람은 있다. 그런 사람은 다른 사람의 성공을 축하해 주는 일 못지않게 자신의 성공을 즐길 줄 안다. 위기를 기회로 바꾸는 능력을 지니고 있으며 긍정적인 태도로 삶을 살아간다. 바로 모든 것을 긍정적으로 보는 습관에 길들여져 있는 것이다. 하지만 부정적으로 보는 습관에 길들여 있는 사람은 행복하게 살아야 할 이유를 찾지 못한다. 그들은 항상 삶을 비관적으로 바라보고 불평불만만 늘어놓으며 살아간다. 그래서 행복할 수 있는 일이 생겨도 오히려 부족하다고 불행하게 생각한다. 그러니 행복할 수 있겠는가.

모든 일이 좋은 쪽으로만 일어날 수는 없지만 모든 일을 항상 좋은 쪽으로 바꾸어 생각할 수는 있다. 항상 좋은 일이 일어나기를 바라는 것은 수동적이지만 항상 좋은 쪽으로 생각하는 것은 능동적인 태도이다. 비록 실패를 경험한다 해도 그것을 통해 깨달음을 얻고 성장해서 축하할 일을 만들 수 있다. 그러니 세상은 얼마나 행복한 일투성이겠는가.

그러나 불행하다고 생각하며 불평불만을 늘어놓는 사람은 행복하지 못한 것이 문제가 아니라 실패하게 되면 삶을 비관하게 되고 그것이 지나쳐서 결국 절망하게 된다는 것이다. 그러니 삶 전체가 얼마나 암울하겠는가. 바로 이것이 습관인 것이다. 그렇기 때문에 지금 절망하고 있다면 행복 습관을 만들어보라. 사실 습관을 만든다는 것은 쉬운 일이 아니다. 하지만 일단 시작을 하게 되면 그것을 유지하기는 비교적 쉬운 편이다.

행복 습관을 만들어 보라

어쩌면 이혼을 한 지금이 바로 행복 습관을 만들기 알맞은 시기인지 모른다. 이미 '우울증 극복하기'에서 '인지 치료'라는 것을 설명했다. 그와 마찬가지로 우리가 어떤 사건과 맞닥뜨렸을 때 부정적이고 바람직하지 않은 해석을 긍정적이고 바람직한 해석으로 바꾸는 것이다. 먼저 이혼 후 지금까지 살아온 삶을 부정적이고 바람직하지 않은 관점으로 자신의 노트에 기록을 해 본다. 그런 다음 다른 페이지에 긍정적이고 바람직한 관점으로 바꾸어서 기록해 본다. 양쪽을 비교해 보는 것이다.

이 이외에도 몇 가지 사건을 부정적이고 바람직하지 않은 관점과 긍정적이고 바람직한 관점으로 기록해 본다. 예를 들어서 새로운 직장에 면접을 보았는데 떨어졌다고 한다면 그것이 얼마나 화가 나는 일인지, 그로 인해 자신이 지금 얼마나 고통을 당하고 있는지 적어보라. 그리고 그 일이 자신을 얼마나 겸손하게 만들었는지, 보다 나은 직장을 구할 수 있는 기회가 주어졌다는 것에 감사해야 할 일인지를 기록한다. 물론 직장에서 떨어질 수밖에 없었던 이유를 찾아서 그것을 어떻게 보완시켜야겠다는 생각까지 적는다면 긍정적이고 바람직한 관점이 더 명확해질 것이다.

이때 기억해야 할 것은 긍정적이고 바람직한 관점이라고 해서 반드시 최상의 것을 떠올릴 필요는 없다. 오히려 허황된 관점은 자신의 불행만 더 키울 뿐이다. 또한 감당할 수 없는 일이 일어났는데도 무조건 행복해야 할 필요는 없다. 아버지가 돌아가셨는데 행복해할 수는 없는 것처럼 말이다. 다만 사실을 사실대로 받아들이고 그 안에서 최대한 긍정적이고 바람직한 관점을 가지는 것이 중요하다.

물론 긍정적으로만 본다고 해서 행복한 것은 아니다. 나 자신이 행복하다는 감정을 가져야 한다. 평소 기분이 좋아지고 즐거운 일을 경험하게 되면 사람은 자신도 모르게 행복감을 느낀다. 아무리 사건을 긍정적으로 본다 해도 나 자신의 기분이 좋지 않다면 행복할 수 없기 때문이다.

하루하루를 행복하게 만들어줄 습관을 몇 가지 정도 떠올려보자. 자신에게 자유로운 인간이 될 기회를 주는 것이다. 슬프면 슬픈 대로 기쁘면 기쁜 대로 감정을 받아들이고 표현한다. 그리고 서로에 대해 알아가는 것이다. 금요일마다 새로 만난 이성과 데이트한다. 또 나를 사랑하는 것이다. 아침에 일어나자마자 네 번 정도 숨을 깊게 들이쉬며 살아 있다는 것에 감사한다. 자신의 장점을 찾아보고 거울을 보며 '나는 정말 멋있어!, 나를 사랑한다, 그래서 나는 행복하다.'고 말한다. 가끔은 나를 위해 여유로운 시간을 가지는 것이다. 한 달에 한 번 정도는 재미있는 영화를 본다. 매주 두 시간 정도를 취미생활에 투자하는 것 등이 있을 것이다. 그리고 사람들과 만났을 때 그들과 기분 좋은 대화를 나누며 환한 미소로 행복하게 웃어보라. 나 자신은 물론이고 다른 사람에게도 관대하고 친절하게 대하는 것을 배우는 것이다. 기분이 침체되었을 때는 하늘을 보며 행복한 상상을 하라. 이런 것들이 좋은 예일 것이다.

일단 행복 습관을 가지겠다고 결심했다면 그것을 스마트폰이나 수첩에 기록해서 실천해 보자. 무엇보다 사건을 긍정적으로 해석하는 것이 중요하다. 하지만 이것은 훈련이 되지 않은 사람은 실천하기 어렵다. 그렇기 때문에 습관이 될 때까지 꾸준히 연습하는 것이 필요하다.

처음부터 무리하게 많은 목표를 한꺼번에 실천하려고 하다가 스스로 지쳐서 포기하지 않도록 하라. 토니 슈워츠Tony Schwarts는 이렇게 말했다. "점진적인 변화가 야심만만한 실패보다 낫다. 성공은 스스로 성장하기 때문이다." 바로 우리가 어느 정도 익숙해지면 마치 도약을 하듯이 엄청난 변화를 만들어낼 수 있다. 그러니 행복해지기 위해 행복한 습관 만들기를 작은 것부터 시작해보자.

그래도 사랑이다

사랑이란 대등하게 마주 보며
서로를 온전하게 만들어 가는 과정

이혼하고 나서 아무리 자신이 좋아하는 일을 하면서 경제적으로 성공했다 해도 자신의 성공을 함께 축하해 줄 사람이 없다면 그것처럼 슬픈 일도 없다. 어쩌면 진정한 성공은 사랑하는 사람을 만나서 행복을 누리는 것인지 모른다. 비록 이혼으로 아픔을 경험했지만 이제는 누군가를 사랑하고 사랑받으면서 자신의 가치를 인정받는 것이 진정한 성공이라고 할 수 있다.

그렇다고 다시 결혼하라고 강요하는 말은 아니다. 결혼은 어디까지나 자신의 선택이다. 꼭 결혼하지 않는다 해도 누군가와 사랑하기에 충분하다는 말이다. 이제 누군가와 사랑하고 설레는 마음으로 행복을 느낄 수 있다. 결혼은 충분히 사랑한 다음에 해도 늦지 않는다.

"저를 정말로 생각해 주고 보살펴 주는 사람과 다시 결혼하고 싶어요."

의외로 많은 여자들이 이혼 후 처음에는 이런 말을 한다. 이 말은 결국 자신의 뜻대로 따라주는 남자를 만나서 자신의 꿈대로 살고 싶다는 말이다. 그러나 세상에는 자신이 원하는 대로 무조건 복종할 노예는 없다. 그렇다고 주인이 보살펴 주는 대로 무조건 따를 여자도 없다. 그런데도 한결같이 힘들이지 않고 자신들이 보살핌을 받는 수동적인 사랑만을 그리워하고 있다.

하지만 홀로서기에 성공하면서 혼자 지내는 것도 괜찮다고 생각하게 된다. 의욕적으로 직업을 가지거나 자신의 재능을 살려서 예술 활동을 하거나 자신이 좋아하고 잘할 수 있는 일을 이용해서 사업을 하는 경우도 있다. 이런 사람들 중에 간혹 "재혼을 왜 해? 난 혼자서도 잘 지내."라고 말하는 사람도 있다. 멋진 말이다. 그러나 그것이 마음의 문을 닫고 누군가의 사랑을 거부하는 것이라면 문제가 있다.

누군가가 자신을 보살펴 주기를 바라는 것은 아직 성숙한 사람이 되지 못했기 때문이지만 마음의 문을 닫아걸고 사랑을 거부하는 것 역시 아직 상처를 극복하지 못했기 때문이다. 대체로 이런 사람들은 예전의 결혼 생활이 불행했고 부부간에 성관계를 가져도 별로 즐거운 줄 몰랐기 때문이다. 그래서 굳이 남자가 없어도 괜찮다고 말하는 것이다. 자신의 성욕이 무엇인지도 모르고 행복이 무엇인지도 모르는 사람이라고 할 수 있다.

물론 이런 사람들 이외에도 새롭게 사랑을 시작한다는 것에 대해 불안감을 가지는 경우가 있다. 다시 누군가와 사랑을 할 수 있을까? 또다시 가정을 꾸린다는 것에 자신감이 없다. 일부 사람들은 혼자 사는 것에 익숙해져서 누군가와 함께 지내는 것을 불편하게 생각한다. 그래서 사랑을 망설이는 사람도 있다. 하지만 이미 끝난 관계를 기준으로 앞으로 살아야 할 날들을 설계하는 것처럼 어리석은 것도 없다. 사람은 자신이 경험한 것이 전부인 것으로 착각을 한다. 자신이 경험한 것은 남들도 똑같이 경험하고 있을 것이라고 일반화하는 것이다. 그러나 자신의 경험이 전체가 아니라는 사실이다. 그리고 세상에는 자신이 전혀 생각하지 못한 매력적인 사람도 많고 전혀 경험하지 못한 멋진 사랑도 있다.

이제 처음 이혼했을 때와는 많이 달라졌다고 자부해도 된다. 이혼의 상처를 극복하고 어떻게 해야 관계를 이어갈 수 있는지도 알고 있다. 비록 관계 맺기에 조금 서툴다 해도 두 사람이 사랑만 있다면 얼마든지 관계를 발전시켜 나갈 수 있다. 그렇기 때문에 누군가 새로운 사람에게 열정이 생기고 그 사랑에 대해 긍정적인 마음이 생겼다면 망설이지 말고 사랑을 시작하라. 지금과는 분명히 다른 사랑을 할 수 있을 것이다. 이제 과거의 아픔쯤은 성장통으로 치부할 수도 있지 않은가. 사랑을 다시 시작해도 충분하다는 말이다.

어떤 사람이 좋은 사람인지 모르겠다면 너무 빠르게 사랑에 빠지지 말고 신중하게 관계를 만들어 가보라. 물론 말은 신중하게 행동하라고 하지만 그것이 뜻대로 되지 않는 것이 사랑이다. 그러나 지금 당장 결혼하라는 것이 아니니 일단 사랑을 시작하라. 사랑하면 반드시 결혼해야 한다는 생각은 버려라. 자신에게 맞지 않는 사람을 만나서 지금까지 시간을 허비하지 않았는가. 그러니 사랑은 하되 결혼은 신중하게 결정하라.

간혹 사랑을 할 때 예전 습관이 나오는 경우가 있다. 무조건 양보하거나 자기주장을 너무 고집하는 경우도 있다. 또 사랑에 대한 잘못된 통념을 가질 수 있다. 그런 통념이 남녀 간의 차이를 만들고 잘못된 사랑을 하게 만든다. 예를 들어서 남자는 모두 바람둥이라는 생각이 있다. 하지만 남녀가 바람을 피울 확률은 똑같다. 또 남자가 원하는 것은 섹스뿐이라는 생각이다. 아마 지금쯤 그런 말이 역전이 되었다는 것도 알았을 것이다. 오히려 여자가 섹스를 더 원하는 경우도 많다. 그에 비해 남자들이 섹스에 소극적인 경우도 있다. 또 이혼한 여자는 고집이 세다는 통념이 있다. 여자가 고집이 센 것이 아니라 남자가 자기 멋대로 행동하려다 보니 고분고분하지 않은 여자를 그렇게 표현하는 것뿐이다. 이런 말들은 남녀를 차별하면서 생긴 통념이다. 아직도 남녀가 다르다고 생각하는가?

이제 새로운 사랑을 시작하는 것이다. 그러니 이 말을 명심하라. 사랑을 한다는 것은 대등한 관계에서 누군가에게 종속되지 않고 나 자신을 유지시키면서 끊임없이 성장하는 것이다. 그럴 때만 진정으로 사랑의 감정을 나눌 수 있다. 그렇게 하기 위해서는 나 자신은 물론이고 상대방도 서로를 대등한 관계로 인정할 줄 알아야 한다. 그런 성숙한 사람을 만나서 사랑을 하라.

그렇다고 상대방이 완벽하기를 기대하지 말라. 사랑은 함께 완벽하게 만들어 가는 것이지 완벽한 사람끼리 만나는 것은 아니다. 한번 생각해보라. 지금 자신이 완벽하다고 생각하는가. 서로 부족하지만 온전하게 만들어 가는 과정이 바로 사랑이다. 나 자신이 앞으로 더 성장할 수 있는 여지가 있다는 것을 아는 것이 성숙한 사람이다. 자, 이제 두려워 말고 사랑을 시작하라. 당신은 인생을 즐길 권리를 가지고 있다. 그리고 행복하라.